U0907687

一本书读懂历代趣闻轶事

Read History

张 平 编著

中华工商联合出版社

图书在版编目（CIP）数据

一本书读懂历代趣闻轶事 / 张平编著 . -- 北京 : 中华工商联合出版社 , 2017.10（2021.6 重印）

ISBN 978-7-5158-2117-7

Ⅰ . ①一… Ⅱ . ①张… Ⅲ . ①中国历史—通俗读物 Ⅳ . ① K209

中国版本图书馆 CIP 数据核字（2017）第 247214 号

一本书读懂历代趣闻轶事

编　　著：张　平
责任编辑：林　立　崔红亮
装帧设计：北京东方视点数据技术有限公司
责任审读：魏鸿鸣
责任印制：迈致红
出版发行：中华工商联合出版社有限责任公司
印　　刷：唐山富达印务有限公司
版　　次：2018 年 8 月第 1 版
印　　次：2021 年 6 月第 2 次印刷
开　　本：710mm × 1020mm　1/16
字　　数：200 千字
印　　张：16
书　　号：ISBN 978-7-5158-2117-7
定　　价：78.00 元

服务热线： 010-58301130
销售热线： 010-58302813
地址邮编： 北京市西城区西环广场 A 座 19-20 层，100044
http: //www.chgslcbs.cn
E-mail: cicap1202@sina.com（营销中心）
E-mail: gslzbs@sina.com（总编室）

前　言

在很多人的印象中，历史是冷冰冰的数字，是无聊的年份表，是简单的事件罗列，而冷落了历史中那些鲜活的人物，以及跌宕起伏的故事情节。其实，历史不是沉寂、枯燥、索然无味的。那些看似细枝末节的故事都是一剂调料，它比我们想象中的要有趣得多。

有一些历史迷，他们知道文景之治，懂得开元盛世，熟悉李白杜甫，了解丝绸之路，知晓郑和下西洋。但是，谁又能说出隋文帝为何离家出走、唐朝的豪门望族为什么不愿意迎娶公主、“国之重器”司母戊方鼎曾历经哪些险恶……

历史到底遗留了多少谜团？

正史野史都是人们对过往的记载。然而，写下来的并不一定就是事实，人们认可的也未必就是真相。历史遗留下的谜团，仅仅从报刊拾零或点滴传说中寻找答案，不系统更不全面，很多对这些趣闻轶事充满求知欲的读者迫切需要有一本完整而权威的读物，以满足自己的好奇心。鉴于此，我们编写了这本书。

本书以知识性和趣味性为宗旨，展示了“先秦”“秦汉”“三国两晋南北朝”“隋唐”“宋朝”“元朝”“明朝”“清朝”时期具有研究价值、探索意义并为人们所关注的趣闻轶事，生动剖析了这些趣闻轶事背后隐藏的真相与悬疑，在严肃而充满趣味的探索中，帮助读者了解许多不为人知的历史细节，从而丰富知识储备，提升人文素养，开阔文化视野，汲取智慧，是一本值得阅读和收藏的历史知识读本。

目　录

先秦时期

机变诡异的宫苑猎奇

妙趣横生的名人逸事

百思不解的古物迷踪

秦汉时期

步步惊心的权力纷争

千奇百怪的逸闻荟萃

不可思议的市井角料

三国两晋南北朝时期

乱世豪杰的谋略密录

不忍细看的宫廷秘事

风流名士的煮酒闲话

隋唐时期

隋唐宫苑中的政治风波

李唐盛世的花边故事

宋　朝

赵氏王朝的细节写真

明　朝

令人惊叹的明宫内幕

啼笑皆非的江湖趣话

虚实莫测的史料掌故

清 朝

云谲波诡的清廷秘谈

疑窦重重的官场新证

出人意料的秘史档案

先秦时期

机变诡异的宫苑猎奇

有怪癖的亡国美女：妹喜

妹喜的美丽和神秘百变的气质受到无数世人的称赞，无数个“第一”的名号也让这位倾城王妃在历史上留下了浓墨重彩的一笔：“我国有史以来第一个女间谍”“我国第一个亡国王妃”等称号。

妹喜有三大嗜好，或者说是怪癖：一是喜欢观看人们在偌大无边的酒池中大肆饮酒作乐，看到尽兴时不禁放声大笑；二是她喜欢笑着听绢帛被撕裂时发出的响声，觉得那是无比美妙的声响；三是她偏爱男人戴的官帽，常常佩戴男官帽以显示自己的率性豪爽。

作为夏桀的新宠，对于妹喜的任何要求和癖好，夏桀都会竭尽全力地去满足她，只为博得美人一笑。史书记载称，夏桀曾为妹喜建造过面积大到甚至可以划船的酒池，并邀来众多歌者和饮酒者一边笙歌一边在酒池中开怀畅饮，一些饮酒者甚至醉死在酒池中。而夏桀就陪在妹喜旁边和她一同观赏眼前的一片狼藉之景。

对于妹喜的第二个癖好，夏桀自然也不敢马虎。绢帛虽为贵重之物，但夏桀毫不吝惜自己的金钱，派人将大批的精美绢帛送到宫中，并命人在她的面前将它们一匹一匹地撕裂开来，发出阵阵声响。这使得欣赏这一切的妺喜大为开心，成功获得了美人的芳心。当时，农耕时代尚处于初期，丝绸业等手工业刚刚兴起不久，精美绢帛实属珍贵的稀有之物，夏桀为了博得美人一笑竟然如此暴殄天物，其淫乱好色之态着实可见一斑。

妺喜的第三个癖好也颇为奇特。作为一个性格豪放的美女，妺喜常常喜欢把自己打扮成男人一般，戴上男人的官帽，英姿飒爽，别有一番勇武之姿。

作为从有施国派到夏朝的女间谍，令夏桀神魂颠倒、荒淫无度便是妺喜的目的，从这个角度来看，妺喜实际上是在以这种独特的方式履行着自己的使命。

妺喜的这些怪癖果然让她得到了夏桀的宠爱。他整日与妺喜寻欢作乐，无暇顾及朝政。荒淫和暴政也令其在百姓心中日渐失去了民心，各诸侯国也纷纷暗中勾结打算灭掉夏朝，夏朝情势岌岌可危。后来，商朝率兵一举击败了夏朝，夏桀最后被迫流放。而为商灭夏做出巨大贡献的妺喜也被一同流放至南巢，成了我国历史上第一个亡国王妃。

能征善战的商朝王后：妇好

妇好生活在公元前 12 世纪的商王武丁时期，是商王武丁的第一任王后，也是众多妻子中最特别的一位。她的特别之处不在于美貌，而在于她身上具有一般女子所不具备的飒爽，她力大无比，武艺超群，能举起一般人都无法举起的大铜钺，并在战斗中运用自如。她是我国历史上第一位可考的女将军，也是我国历史上第一位以女子身份出现的军事统帅和政治家。

商王武丁统治时间长达 59 年，在位期间十分宠爱妇好，妇好去世后，武丁悲痛不已，追谥妇好为“辛”。殷商的后人都尊称妇好为“母辛”。在遗留的史料中记载了妇好的很多能征善战的故事，人们在感叹这位女中豪杰传奇经历的同时，也禁不住感叹她的智慧和勇气。商朝发展到商高宗武丁时，其武力和综合国力已经十分强大了，并在武丁的带领下继续为扩张领土而四处征战。而在这一系列接连不断的战争中，正是武丁的得力助手——王后妇好带领着商的军队征战沙场的。

据史书记载，有一年，商朝北方边境上战事危急，双方兵力势均力敌，难分伯仲。见此状，妇好向武丁，主动表示要带兵前去作战。

对此，武丁一再犹豫，难以下令，但最后还是禁不住妇好的再三请求，便答应让她参战。没想到不战则已，妇好一参战便大获全胜，看到自己爱妻不凡的军事才能，武丁便任妇好为军队统帅大将，让她带兵征战。

妇好南征北战，以其独特的军事才能率军击败了周边数十个小国。在她参与的众多战争中，与武丁一起出征巴方的一场战役应该算是最精彩的了。

为了打好这场战争，妇好和武丁事先就制订了周密的战略计划，妇好提出，应该在敌人兵力较弱的四面预先埋伏好，然后武丁率领一批精英部队从东边向敌军发起突然进攻，趁敌人不备之时对其形成前后夹击，让巴军在重重包围之中处于混乱状态，使其军队阵形涣散，再集中军力将其一举歼灭。之后，按照事先的计划，武丁和妇好配合默契，顺利歼灭了巴军，成功将其南部的边境地区平定下来。这种战斗形式大概是我国有记载的最早的一次“包围战”。

其实，妇好不仅仅是身份尊贵的王后，是统帅大军的最高女将领，她还是朝内的主要祭司之一。当时的商朝上下对于魔鬼神灵之事坚信不疑，他们深信世界上是有神灵存在的，神灵神圣不可侵犯。因此，在每次出兵或国家有大事发生的时候，为了一卜吉凶，寻求保佑，国家都会举办大型的祭祀活动，以求平安。每逢祭司的时候，妇好经常被任命为祭祖、祭天、祭神灵的主持祭司兼占卜官员。妇好拥有许多男人都不曾拥有的重要身份，因此，地位自然尊贵，朝内的文武大臣都要让她三分，她甚至还拥有自己的大片封地，这恐怕是史无前例的。

多年的南征北战，不仅磨炼出了妇好坚毅的个性、杰出的军事才能，更为她在商朝的地位和权力上奠定了坚实的基础。妇好的英勇无畏令她屡立战功，为商王朝扩张领土和地位的巩固做出了巨大的贡献，这样一位巾帼英雄，以其传奇的经历在我国历史上写下了不朽的篇章。

周天子是怎么“债台高筑”的

早在3000多年前，周武王灭掉商朝，并一手建立了强盛一时的周朝，从历史上的“大周八百年”上就可以看出当时周的繁荣之势。不过有盛必有衰，几百年过去后，周朝的势力已经渐渐衰退，周天子的权力地位也大不如前，待到周赧王即位的时候，周的领土已经仅剩很小的一片土地了，这与同时期的秦国、楚国等国已经远远难以比较了。

在这样的情势之下，周的天子周赧王几乎只是徒有名号而已，实际上已经没有实权，濒临任人摆布的边缘。

当时，各国中当属秦国的综合国力最为强大，野心也最大，因而常常率兵平定周边的一些小国。但秦国也并不是百战不败，就在秦出兵进攻赵国的时候，却意外失手，被魏国的救兵信陵君击败了，赵国因此获救。此事在诸国之间引起一阵不小的轰动，各国仿佛突然之间看到了战胜秦国的曙光，诸谋士也纷纷出谋划策，企图联合起来共同抗秦。当时的另一大强国楚的国君楚考烈王便接受了名士春申君的建议，计划借此机会联合众小国，集中抗秦势力，将企图称霸群雄的秦国一举歼灭。这样一来，不但可以除掉心头之痛，也更能进一步巩固自己的地位，并顺利坐上诸国盟主之位，一举两得。

于是，在春申君的协助之下，楚考烈王便派人去周赧王处游说，表示想要借助周天子的名义号召各国势力联合起来，共同出兵对抗秦国。毕竟周赧王挂有天子的名号，对各国还是有一定威信力的。

接到楚考烈王的联合公文之后，周赧王心中暗喜，想到自己多年来贵为天子，领土却不断被秦国侵占的悲惨现状，再想到或许可以借助这个大好机会灭掉秦，重现当年的强盛，他便毫不犹豫地在天子令上签下了自己的名字，正式出兵参与到多国的联盟中。

多国联盟达成一致后，周赧王才清醒地意识到自己现状的不堪：自己的领土本就不多，可以出兵的人力又严重不足，战斗力更是极其有限，而且军队还需要供给粮饷和兵器，这都需要大笔金钱的支持。可是反观自己的国库，却是一片空虚，根本无法支付这笔巨款。无奈之下，周赧王只好向领地中的有钱地主和商人等借债，并许之以灭秦的战利品，表示自己战胜归来一定会加倍奉还，这才勉强凑够出兵的物资。

然而，事情并非周赧王想象的那么顺利，直到他出兵时才发现，之前答应联合出兵的各国都因国力不足等各种借口不愿出兵，结果联军只剩下楚国和周，于是还没来得及出兵抗秦，周赧王的军队就被迫撤了回去。

虽然没有参与任何战斗，但出兵的过程中已经花费了不少金钱，这让本就窘迫不堪的周赧王更加无力偿还。那些债主们见偿还无望，便整日去周天子的拱门外声讨追债，大有冲入宫中逼问的趋势。惊恐万分的周赧王只得四处躲藏，甚至跑到了后宫之中，那里有一个高高的台子，周天子就干脆爬到了台子上面不敢下来。后来，这个台子就被称为了债台，表示躲避债务的台子，这便是成语“债台高筑”的由来。

“债台高筑”一词至今仍被沿用，用来表示欠下的债务太多以致无力偿还。

卫懿公因喜鹤而亡国

春秋时期，卫国处于如今的河南鹤壁、安阳地区，国都位于今淇县。那里土地肥沃，植被茂密，山清水秀，对仙鹤来讲是非常适宜的栖息之地。仙鹤作为卫国的一种常见动物，以其优雅的身姿和美妙的歌声，受到了卫国人民的普遍喜爱。

卫国的国君卫懿公对仙鹤更是喜爱有加，不仅在宫中饲养了许多仙鹤，还把仙鹤当成珍贵宝贝一样爱惜，整日与鹤为伴，如痴如醉，甚至还专门为他的仙鹤准备轩车：当时专为大夫一级官员配备的一种有帘子的马车。也就是说，当时卫国很常见的仙鹤在卫懿公那里居然能够享受到大夫这一级别的待遇，这就有些不正常了。

按理说，一国之君最关心的应该是国家大事和百姓疾苦，可卫懿公不光整日歌舞升平，寻欢作乐，更把仙鹤当作国宝一般，沉迷于仙鹤而不顾国家朝政。卫懿公之好鹤在全国上下都是人尽皆知的，因此无论是朝中大臣还是平民百姓，对国君的这一嗜好都嗤之以鼻。时间一久，大臣们的抱怨之声越来越多，说自己的地位还比不上区区宠物，百姓也是怨声载道，埋怨国君不顾百姓生死只顾玩弄仙鹤。

不久之后，卫懿公的这一做法终于为自己带来了致命的危害。当时，在卫国周边有一个叫作狄的胡族部落，势力日渐扩张，并且天生好斗，野心勃勃。他们窥伺卫国已久，对入侵卫国蠢蠢欲动。终于有一天，在卫懿公带仙鹤出行的时候，狄人突然大举进攻卫国，卫懿公闻声色变，惊慌失措，忙下令发放武器，整顿军队，准备作战。但或许是由于长时间的不理朝政，朝中上下早已人心涣散，一时间根本无人理会国君的命令，武器发放迟迟不到位，士兵百姓也因对卫懿公恨之入骨而无心应战，纷纷四处逃散，因此军队也难以召集。无奈，卫懿公只好向世人悔过，还杀死了自己最为心爱的仙鹤，把它们煮了给大家吃。但局势已经无法挽回，无论卫懿公如何悔改、动员，俨然是大势已去，卫懿公成了孤立之君。

后来，狄人进入卫国大肆烧杀抢夺，卫懿公就这样死在了狄人的刀下，成了遭人唾弃的亡国之君。

齐桓公与“座右铭”的由来

很多人都有自己的座右铭，但很少有人知道座右铭一词的由来。关于座右铭的由来，有两种完全不同的说法。

第一种说法与我国的著名教育家孔子有关。史书记载，为了纪念有春秋五霸之一称号的齐桓公，齐国人在齐桓公去世后为他专门修建了一座庙堂，并在庙堂中放置了各种各样的祭祀用器具，包括一个十分独特的酒器：攲器。

这种酒器的设计十分别致有趣，里面没有液体的时候，它是倾斜的，而若向其中倒入一半的酒的话，它就会自动直立起来，十分奇怪。某天，孔子和他的学生们一起来到这座庙堂中进行祭拜，看到了这支设计新颖独特的酒器，在好奇心的驱使下，他们向庙堂中的人询问酒器的详情，并从管理香火的人那里得知这是一种叫作攲器的器具。看着眼前的酒器，又联想到一些关于齐桓公的事情，孔子大致推断出了这个攲器的意义。

孔子指着攲器，意味深长地对他的学生们说，这个酒器之所以空着的时候向一侧倾斜，而倒入大半酒水的时候却能稳稳地直立起来，若继续加酒至满的话就会倒下去，正是在提醒人们不能过于自满，太过自满的话是一定会吃苦头的。齐桓公当时就非常喜欢这种攲器，经常把它摆在自己的座位右边，以随时提醒自己不要自满。因此，在建造这座为了纪念齐桓公的庙堂时，人们便将这个意义深刻的酒器一同摆在了庙堂中，以供后人参拜。

说罢，孔子便在学生们面前将水倒进了欹器中，欹器果然像所说的那样。然后，孔子又将这一道理用到了读书上，提醒学生在读书时更要学会做人，谦虚使人进步，骄傲使人落后。而且，据说孔子回到家后也请人做了一个一模一样的酒器摆在自己的座位右边，以时刻警示自己。据说，到了南北朝时期，我国古代著名科学家祖冲之也曾经请人为齐武帝的儿子做过一个类似的器具，以示警醒。在这之后，在座位右边放置欹器渐渐演变成了将文字镌刻在金属器具上，但座右铭的叫法却一直沿用了下来。

另一种说法是，座右铭一词来源于宋朝，当时有个非常喜欢史书的人名叫吴介，他对史书不光是读读而已，还会将书中看到的一些有意义的事情抄写下来，并放在自己座位的右侧，作为自己获得知识和经验的来源。随着他所写内容的增多，他家的墙上、桌子上便一天天布满了各种警句名言。这便是“座右铭”的由来，这之后，这种将激励自己的文字刻在物品器具上的做法便渐渐流传开来，成了人们勉励自己的一种习惯做法，而写在上面的文字就叫做座右铭。

被饿死的国君：齐桓公

春秋时期，齐桓公因其卓越功绩被誉为春秋五霸之首。年轻时，齐桓公就立志要称霸天下。在齐襄公时期，齐襄公因风流之事杀死鲁国君主一事引起了许多人的不满和愤怒，之后，公孙无知谋反杀死齐襄公，齐桓公得以坐上齐国君主之位。

即位后的齐桓公任鲍叔牙为大夫，随后向鲁国发起进攻，打败了鲁国。打败鲁国之后，齐桓公原本打算除掉那些与他为敌的人，这其中就包括曾差一点儿杀死自己的管仲。但管仲是一代奇才，是个颇有远见卓识和治国之道的难得人才，这样一个人无论到了哪个国家都必定是一员大将。而齐国大夫鲍叔牙作为管仲的故交自然对这点更为了解，于是他便劝诫齐桓公留下管仲。胸怀大志又知人善任的齐桓公听从了鲍叔牙的劝谏，不计前嫌，不但没有杀掉管仲，更是对他礼遇有加，还封管仲为大夫，称其为“仲父”，让他和鲍叔牙一起辅佐自己管理朝政，巩固齐国地位，可谓一代贤明之君。

在管仲的辅佐之下，齐国大力发展农业生产，鼓励百姓努力劳作，以增强国家的经济实力，富国强兵。此外，齐桓公制定了一些符合当时社会现状的政策法规，整顿不良社会风气，还要求民众学习礼仪之术。在他的努力之下，齐国逐渐摆脱了之前混乱的局面，百姓的生活一天一天安稳起来，经济、政治一片欣欣向荣之势，这些都使得齐国的综合国力日益增强。

齐桓公不仅知人善任，胸襟豁达，而且还是一个十分重礼节、尊重人才的君主。他对朝中的贤能之才向来以礼相待，毕恭毕敬，也因此身边有许多得力臣子。在齐桓公统治齐国最困难的时期，管仲为齐桓公提供了不少治国良计，为齐国日后的繁荣昌盛做出了巨大的贡献，可以说，若没有管仲的辅佐，也就没有后来的春秋五霸齐桓公。

可惜人无完人，齐桓公的英明贤德也伴随着其在位时间的增加而日渐消亡。晚年的齐桓公渐渐开始变得骄傲自大，目中无人。或许是之前取得的丰功伟绩让他有了自满的资本，于是到了后期，他开始更多地追求饮酒作乐，甚至还不听管仲生前的劝告，任用了奸佞小人易牙、开方等人。结果，这些奸臣逐渐掌握了朝中大权。桓公四十三年（前 643 年），齐桓公身体状况江河日下，重病不起，其子嗣便开始趁机肆意勾结，为夺取大权争得你死我活，朝中奸臣也开始兴风作浪。一时间，朝野陷入一片混乱，形势岌岌可危。此时的齐桓公已经自顾不暇，更无力平息这场混乱，甚至还被这帮奸臣软禁起来，最后落得一个活活被饿死在病榻上，无人收尸的凄凉下场。直到齐国公子无诡登基，齐桓公的尸体才得以入土为安。

曾经的春秋五霸之首，开创了齐国的繁荣盛世的齐桓公，因为晚年的自甘堕落和骄傲自满，最终竟然落得个被活活饿死的悲惨下场，真可谓是聪明一世，糊涂一时，让后人不禁为其扼腕。

挖地道与母亲见面的郑庄公

《左传》中记载："公入而赋：'大隧之中，其乐也融融。'姜出而赋：'大隧之外，其乐也洩洩。'遂为母子如初。"所谓"大隧"就是地道，大隧之中，有何乐？亲生母子何以大隧相见？这其中到底有着怎样的蹊跷，又有着怎样的传奇故事？

春秋时期，郑武公在申国娶了申侯的女儿，名叫武姜。姜氏生了庄公和共叔段两个儿子。生庄公时姜氏难产，吓坏了姜氏，所以取名叫寤生，并因此很讨厌长子寤生，而偏向次子共叔段，希望立共叔段为太子，就向武公请求，武公没有同意，并正式立寤生为太子，只把一块很小的地方给共叔段做封地，于是，姜氏对寤生更加不满。

武公死后，寤生继位，是为郑庄公。姜氏见扶植共叔段的计划失败，便替共叔段请求庄公将京邑封给共叔段，庄公不好推辞，只好答应了。

郑大夫知道后，立即面见庄公说："分封的都城，它的周围超过三百丈的，就对国家有害。按照先王的制度规定，国内大城不能超过国都的三分之一，中城不能超过国都的五分之一，小城不能超过国都的九分之一。现在将京邑封给共叔段，与制度不合。这样下去恐怕您将控制不住他。"庄公答道："母亲喜欢这样，我怎么能让她不高兴呢？"

历史上的共叔段，多才、好勇，郑人爱之。但是此人颇有野心，加之在母亲姜氏的袒护下，他也一直想找寻机会除掉庄公以夺取大权。于是，在得到京邑后，他以射猎为名，天天训练士卒，招兵买马，接着，将西鄙、北鄙两地作为自己的封地。庄公对这些视而不见。公子吕对庄公说："国家不能有两个君主，君王您将怎么办呢？如果想把大权给共叔段，我请求让我去为他效力；如果不给他大权，就请除掉他。不要使民心变了。"庄公说："不需要，我自有主张。"共叔段又收了两地作为自己的封地。地界都到了廪延（地名）。公子吕说："够了，共叔段富了，将会得到众人的拥戴的。"庄公说："多行不义必自毙。共叔段虽然图谋夺权，但还没有公开造反，我如果派兵征讨，母亲必然从中阻挠。这样，既达不到消除隐患的目的，还白白惹人议论，我现在姑且不去管他，等到他公开反叛时，我再公布他的罪行，然后名正言顺地讨伐他，这时，人们不会帮他，母亲也无话可说了。"

基于先天的原因，母亲姜氏从内心深处厌恶长子，偏爱次子。但是这个糊涂的女人，只知道一味地溺爱次子，恨不得连长子的天下也夺了来送给次子，殊不知，她无原则的爱助长了次子内心不可遏制的权欲，这种权欲扩张到一定程度必然会泛滥成灾，而当事人也许将会面临被淹没的危险。在此意义上，姜氏对次子共叔段的溺爱，埋藏着极大的祸端。

当然，这其中郑庄公的态度也匪夷所思，应该说他是古今第一个深谙欲擒故纵之妙处的人。欲擒故纵，是一种谙熟人心的计谋。"擒"和"纵"，是一对矛盾，"擒"乃目的，"纵"乃手段。在情况危急之时，如果把对手逼急，他只得集中全力，拼命反扑。与其这样还不如暂时放松一步，使对手丧失警惕，斗志松懈，然后再伺机而动，歼灭对手。

对于郑庄公来说，他明知道弟弟共叔段自小受到母亲的偏爱，自然性格骄横，容易飞扬跋扈，这样就会"多行不义必自毙"。于是他便纵容弟弟犯下诸多错误，引起朝野和百姓的愤怒。最后又主动给其弟创造叛乱的机会，也给自己反戈一击找到合理借口，如此便洗脱了"残害手足"的不仁、不义的历史骂名。这一点展现出了郑庄公残忍、毒辣的一面。

共叔段修筑城墙，聚集人力，整治军队，准备战车，想要袭击郑庄公，并与母亲姜氏约定日期作为内应，企图偷袭郑国都城，篡位夺权。

庄公对共叔段的一举一动早已看在眼里，并有所防备。当他得知共叔段与姜氏约定的行动日期后，故意导演了一场引蛇出洞的戏。一天，庄公告别母亲，说自己要去朝拜周天子。实际上早已命令大将子封率领二百乘兵车提前进攻京邑，只等共叔段有所行动，就立马出击。姜氏得知后，认为时机已到，立即写信给共叔段。其实，庄公并未离开，并截获了姜氏的信，看过之后，随即又让公子吕仍旧把信送给了共叔段。共叔段得信后大喜，率领军队离开了京邑。庄公立即命令公子吕率领二百辆战车征伐京邑。京邑的部队背叛了共叔段，共叔段逃到鄢，庄公到鄢讨伐他。共叔段兵败，部下知道他谋反，纷纷离开了，他叹息道："是母亲害了我啊，我有何脸面去见哥哥呢？"然后举剑自杀了。

可叹一个共叔段，到死也不知道是什么害了自己。他只怨恨母亲一味溺爱和袒护，让他走上了夺权的不归路，却不明白在此过程中哥哥庄公一味地忍让，实际上是在纵容自己的野心，二者共同作用才真正使其酿出了谋反的大祸。虽然母亲和庄公等人的行为极大地影响了共叔段的人生，但是话说回来，如果共叔段天生就是一个清心寡欲之人，这一切祸端可能不会发生。可问题恰恰在于，出身王家的共叔段内心不可避免地滋生着权欲的根芽，而母亲的骄纵和哥哥的隐忍让权欲的种子找到了合适的土壤，最终权欲之果炸破，共叔段的人生也随着毁灭。

事后，庄公把合谋叛乱的生身母亲武姜押送到一个名叫城颍的地方囚禁了起来，并发誓说："不到黄泉，母子永不相见！"君无戏言，但此话一旦出口，庄公就后悔了。这时有一个名叫颍考叔的官员看透了庄公的心思，便带了一些野味以贡献为名晋见庄公。庄公赐其共进午餐，他有意把肉都留了下来，说是要带回去孝敬自己的母亲："小人之母，常吃小人做的饭菜，但从来没有尝过国君桌上的饭菜，小人要把这些肉食带回去，让她老人家高兴高兴。”

庄公听后长叹一声，道：“你有母亲可以孝敬，寡人虽贵为一国之君，却偏偏难尽一份孝心!”颍考叔明知故问：“主公何出此言?”庄公便原原本本地将发生的事情讲了一遍，并说自己常常思念母亲，但碍于誓言，无法改变。颍考叔哈哈一笑说：“这有什么难处呢！只要掘地见水，在地道中相会，不就是誓言中所说的黄泉见母吗?”庄公大喜，便掘地见水，与母亲相会于地道之中。母子两人皆喜极而泣，即兴高歌，儿子唱道：“大隧之中，其乐也融融!”母亲相和道：“大隧之外，其乐也洩洩!”颍考叔因为善于领会庄公的意图，被郑庄公封为大夫。

不管这场“黄泉见母”的大戏，到底是源于政治作秀还是出于一片孝心，总之它显现出了庄公天性中善良的一面。虽然所谓的“黄泉”也是一场骗局，但终归是一场善意的骗局，郑庄公因此也赢得了孝顺的美名。

妙趣横生的名人逸事

为何孔子会被称为“凤”

在我国古代，龙、凤、龟和麒麟被并称为“四灵”，尽管这其中有三种都不曾为人所见，但它们都以其美好而特殊的形象深受人们的喜爱，尤其是凤凰，它以其高雅的身姿和高贵的象征在百姓心中一直占据着重要地位。

我国古时的典籍中就有许多关于凤凰的记载，《尔雅》中就对凤凰的美丽姿态做过描述，形容凤凰身高大约六尺，有着鸡一样的头，蛇一般长长的脖颈，乌龟似的脊背，鱼一样的尾巴，全身羽毛五颜六色，是一种姿态十分优雅的罕见鸟类。此外，《山海经》和《说文解字》中也对其有过描述。在古人眼中，凤凰就是一种集合了所有动物的美丽的神奇鸟类，据说它是上古留传下来的一种鸟的图腾，这种图腾充分融合了自然界神奇物种的特点，代表了人们对自然的敬畏和崇拜，因而，凤凰的形象向来是圣洁、令人崇敬的。

在远古时代，凤凰的地位甚至超过龙，在很长一段时期内都是各种壁画、布帛中的绝对主角，只是在后来漫长的朝代更迭中，其地位渐渐被龙所取代，但它仍以特殊的形象和高雅优美的姿态深受民间百姓的喜爱。在人们生活的方方面面，凤凰的形象几乎随处可见，印有凤凰团的布帛、凤钗，或者是凤图案的贴纸等都是人们生活中十分常见的物件，成语中更是有龙凤呈祥、龙飞凤舞等，都是表达吉祥如意的积极含义，而且很多通过自己的努力而最后成才的女子也常常被赞美为金凤凰，可见凤凰在人们心中的地位很不一般。

我国历来便是农业大国，而历法更是在农时中占据着主导性地位。“凤鸟氏”在古时就被当作管理历法的第一大官职。据说，当时，黄帝的儿子名叫少皋，他是郯子的祖先。鲁昭公十七年的时候，郯子造访鲁国，鲁昭公热情地上前迎接，并问他为何少皋氏要叫作鸟官名。于是，郯子便回答说少皋是自己的祖先，在少皋登基之时，恰好远方飞来一只巨大无比又十分美丽的凤凰，以示祝贺。之后，为了纪念那只凤凰，此后便将不同的职位以鸟来命名，而在当时有重要地位的历法管理官员就叫作凤鸟氏。

在我国古代，凤确实是一个尊贵的象征，能称得上“凤”的人也必定是一些真正德高望重的人物。我国古代著名的思想家、教育家和哲学家孔子便是历史上第一个被赋予“凤”这一尊称的人。孔子之所以能够得到这个当时十分尊贵的称号，自然与他在教育事业、政治、道德文化等方面所作出的巨大贡献分不开。《庄子》中记载，有一次，老子见到了带着大概五个弟子的孔子一行人，便向其打听这五个弟子均为何人，孔子回答说，他们分别是智勇的子路、聪明的子贡、孝顺的曾子、仁爱的颜回，还有武艺高强的子张。于是，老子不禁感叹道：“我以前便听说南方有一种神奇的大鸟叫作凤凰，它居住于千里之遥的岩石中，栖息于高高的树枝之上，身上五颜六色，十分高贵典雅。而且，这种鸟类的头上还戴着圣洁的婴仁，周围总是聚集着一群贤明智慧之人。”言外之意，便是称赞孔子就像凤一样，是地位尊贵的贤德之人。

正是因为在文化教育等方面所作出的杰出贡献，孔子才被称为“凤”，这代表了当时人们对孔子的极高赞誉。

孟子没有主张“性善”论

古往今来，学术界多有论调，称孟子主张性善论，但实际上，这是对孟子思想的错误认识。

孟子所处的时代，人性问题已经成为热门话题，出现了立论各异的学说。据《孟子·告子下》记载，当时已有“性有善有不善”“性可以为善，可以为不善”“有性善，有性不善”等各种不同的说法。孟子之后还有荀子的“性恶论”，商鞅和韩非子的人性“好利恶害”等观点。这些人性学说基本上都是以人的“食色”等自然生理属性来定义人性的。唯有孟子的人性论独树一帜，他对人的自然生理属性和社会道德属性作了严格区分，认为前者只是“性”，后者才是“人性”。

孟子是在人与动物的比较中界定“性”与“人性”的。他所说的“人性”就是“人之所以异于禽兽者”，包括“人皆有之”的“恻隐之心”“羞恶之心”“辞让之心”和“是非之心”。他认为，凡是人，都有这“四心”，没有这“四心”的就不能算作是人。可见，“四心”就是人之所以为人的本质之所在，亦即人性的具体内容。

人除了具有与动物不同的“四心”之外，还有与动物的相同之处，孟子说“人之所以异于禽兽者几希”。但他并不把这些看做人的本质属性，因而也不认为它属于“人性”，只称之为“性”。“口之于味也，目之于色也，耳之于声也，鼻之于臭也，四肢之于安佚也，性也。”他所说的“性”显然就是人的生理欲求，即人跟动物相同的自然属性；而“人性”，则是“人之所以异于禽兽”的道德属性，集中表现为能够把人和动物区别开来的仁义礼智等善德。

为显示这两者的不同，孟子在称“人性”时，通常总是在“性”之前加上“君子”“其”等限定语，以免与表明人的“食色”等生理欲求的“性”相混淆，如“君子所性，仁义礼智根于心”“存其心，养其性，所以事天也”“尽其心者，知其性也”。

孟子对人的“人性”与“性”，是有着严格区分的。他说：“人之有道也，饱食暖衣、逸居而无教，则近于禽兽。”一味满足人的“性”（自然属性）而不进行道德教化，人就会变得跟禽兽相差无几，“性”是陷人于不仁不义的罪恶之源。因此，一提到“性”和“欲”，他就告诫人们要“忍”、要“寡”；而一谈起“人性”或“四心”时，则视为“善端”并赞美备至，极力主张要“养”、要“存”、要“扩充”。

由此可见，“性”和“人性”在孟子心目中是泾渭分明、不容混淆的。他所主张的实际是“人性善”而非“性善”。对于表明人的自然欲求的“性”，在他看来不仅不善，甚至可以说是“性恶”了。孟子从“人性”为善端，“性”为恶源的认识出发，进而提出扩充善端、抑制恶源的道德修养原则。

因此，孟子所主张的并不是“性善论”，而是“性恶论”和“人性善论”。

申包胥痛哭七日搬秦师

申包胥是楚国国君蚡冒的后人，春秋末期楚国的大夫。申包胥向来以国家大事为重，一心为国效力，而且平日就以其高尚的人格魅力和重义气的品质受到世人的尊敬。此外，申包胥和伍子胥也是多年好友，后来伍子胥因其父遭小人陷害而被迫逃出楚国来到吴国，并在吴国受到重用。

楚昭王十五年（前 506 年），在大夫伍子胥的辅助和策划下，吴国率兵向楚国发起进攻，来势凶猛令楚国无法招架。无奈之下，申包胥只得向当时的强国秦国请求支援。

据《清朝通志·氏族略》中记载，某日早朝刚过，一个衣衫褴褛、行色匆匆的男子奋力冲破重重阻拦来到刚刚下朝的秦哀公面前，一边行大礼，一边用焦急的语气向秦哀公大声禀报说自己是楚国的大夫申包胥，目前伍子胥率领的吴国军队随时可能攻下楚国都城，进而占领楚国。楚国已渐渐失去抵抗的力量，自己又不能眼看楚国被吴国毁灭，而且纵观各国，眼前只有秦国有能力解救危难之中的楚国，因此想请求哀公出兵支援，救楚国于水火之中，哀公的大恩大德一定会在日后报答。

秦哀公从自身利益出发，考虑是否应该支援楚国。假如此次楚国被吴国所灭，秦国刚好可以趁着这个机会向东部扩张势力，而且当前北方边境急需增兵，国内兵力也很紧张。于是，秦哀公便以国内兵力紧张，难以出兵为理由委婉地拒绝了申包胥的请求。申包胥听罢竟然当即号啕大哭，哭声伤心欲绝，难掩绝望悲痛之情，以致殿堂内所有大臣都为之一颤。但出于国家利益考虑，秦哀公仍旧没有因此而动摇，反而表情冷漠地离开。

然而，走投无路的申包胥此时唯一的希望就是求得秦国的支援，想到秦哀公的拒绝与楚国随时可能灭亡的形势，申包胥更加悲痛欲绝，经过好几个时辰，他不但没有停止哭泣，反而越哭越悲伤，泪水湿透了他的衣服他也仍旧没有丝毫要离开的意思。就这样，一天过去了，申包胥仍旧在秦国大殿中，不进食也不喝水，只是伏身在地上，时而痛哭时而小声啜泣，并不时大声地喊出自己的苦衷，其中就包括他对昔日旧交今日敌人的伍子胥的埋怨之情。

第三天，他依旧如此大哭着乞求秦哀公的支援，并发誓如果秦国不同意出兵自己就哭死在这里。这样的情况一直延续到了第七天，无休止的哀号和乞求令秦国朝中一直无法清净，这令哀公又气愤又无奈。于是，第七天的时候，不知是出于同情还是无奈，秦哀公终于答应了申包胥的要求，出兵支援岌岌可危的楚国。就这样，在秦国的支援下，楚国免受了亡国的命运。

楚国脱险后，楚昭王召见最大的功臣申包胥，并问他想要什么作为奖赏，然而，申包胥只是摇摇头，表明自己哭秦七日只是为了国家，而非为己，自己只希望能够功成身退，到山林中安稳地度过余生。而本就担心自己地位动摇的昭王自然答应了他的要求。就这样，在经历了一番大风大浪后，申包胥终于回到了与世无争的环境中，安静地度过了余生。

纵横家张仪二戏楚怀王

纵横家张仪是战国时期著名的外交家，在苏秦死后，张仪运用纵横之术成功地使秦国在不动武、不流血的情况下取得了一边倒的有利局势，获得了十分可观的政治利益，同时为自身谋取了终生的荣华富贵，更在遇到危难时能够以纵横之术巧妙自救，可谓是善于谋事更精于谋身之人。他在与楚怀王的一场对弈中，更是将楚怀王玩弄于股掌之上，骗得楚怀王团团转。

张仪为破坏齐国和楚国的合纵关系而出使楚国。当时齐楚联盟是秦国的心腹之患，而离间齐楚联盟，就成为秦向东扩张过程中的关键。于是，秦相张仪去拜见楚怀王。他对楚怀王说：“如果大王能够与齐国断绝关系，臣下将请求秦王把六百里地方献给楚国。这样，齐国就一定会被削弱，齐国的实力下降，大王就可以使役齐国。”

楚怀王一听，觉得有利可图：一得了地盘，二削弱了齐国，三又可与强秦结盟。于是他不顾大臣的反对，痛痛快快地答应了。楚怀王派逢侯丑与张仪赴秦，签订条约。二人快到咸阳的时候，张仪假装喝醉酒，从车上掉下来，回家养伤，逢侯丑只得在馆驿住下。过了几天，逢侯丑见不到张仪，只得上书秦王。秦王回信说：既然有约定，寡人当然遵守。但是楚未绝齐，怎能随便签约呢？

逢侯丑派人向楚怀王汇报，楚怀王哪里知道秦国早已设下圈套，立即派人到齐国，大骂齐王，于是齐国绝楚，并和秦结盟。

这时，张仪的“病”也好了，碰到逢侯丑便说：“你怎么还没有回国？”逢侯丑说：“正要同你一起去见秦王，谈送商于之地一事。”张仪却说：“这点小事，不要秦王亲自决定。我当时已说将我的奉邑六里送给楚王，我说了就成了。”逢侯丑说：“你说的是商于六百里！”张仪故作惊讶：“哪里的话！秦国土地都是征战所得，岂能随意送人？你们听错了吧！”

逢侯丑无奈，只得回报楚怀王。楚怀王看到承诺的六百里土地，到头来成了区区六里地，心中甚是气愤，大骂张仪是出尔反尔的小人，并要兴兵伐秦。可是秦齐已经结盟，在两国夹击之下，楚军大败，秦军尽取汉中之地六百里。最后，楚怀王只得割地求和。

在战国时期，齐楚秦都是大国，在秦国统一的过程中，齐楚是秦国最大的障碍，现在齐楚联盟被破坏，楚国又惨遭兵败的命运，这样能够与秦国抗衡的国家就只剩下了齐国。

惠文王十四年（前 311 年），秦国派人与楚国谈判：愿分汉中之地给楚国，以求同楚结盟。然而，楚怀王对张仪一直恨之入骨、耿耿于怀，因此没有要这汉中之地，却要张仪以解心头之恨。张仪听到楚怀王的条件，就主动向秦惠王申请到楚国去交换黔中一带的土地。秦惠王关心他的安全，说：“楚王一直欲杀你，你为什么还要送上门去呢？”张仪分析说：“首先，秦国是强国，而楚国是弱国，所以，楚王在权衡利弊之下，最后一定不敢拿我怎么样。其次，楚王的嬖臣靳尚与我关系很好，靳尚是楚王的宠姬郑袖的心腹，而楚王又对郑袖的话言听计从。所以，我只要通过靳尚让郑袖为我求情，楚王必然会放了我。”

张仪到楚国后，就被楚怀王囚禁起来，楚怀王准备杀掉张仪以祭先祖。但张仪使用种种手段，通过楚国大夫靳尚，向楚怀王夫人郑袖说情，郑袖于是劝楚怀王把张仪放掉，与秦和亲。楚怀王受夫人蛊惑，又害怕得罪秦国，加上仍贪于土地，权衡再三，最后下令把张仪释放。于是张仪又趁机发挥他纵横家的本色，用虚幻的利益来引诱楚怀王，他承诺说："秦国出兵攻打卫都和阳晋，一定会堵塞天下的关口。大王出动全部军队去进攻宋国，不用几个月宋国就可以攻下来。拿下了宋国，然后一直向东，那么泗水边的众多小国就全归大王所有了。现在秦国和楚国接境连界，本来是地缘亲近的邻国，大王如果能听取我的意见，我将让秦国太子到楚国做人质，楚国太子到秦国做人质，长久作为兄弟邻邦，永世互不攻伐。我认为没有比这更好的计策了。"

一席话说得楚怀王连连点头称是，他马上同意与秦和好，并厚礼代之，送他回去。不久屈原出使归来，问及楚怀王为什么不杀张仪时，楚怀王才明白自己又上了当，派人去追却为时已晚了。

范雎看透穰侯躲搜查

范雎是战国时期魏国人，我国著名的政治家、军事家。他智慧过人，擅长谋略，曾担任秦国丞相的要职，在秦国统一六国的过程中作出了巨大的贡献，起到了很大的推动作用。

范雎十分有谋略、擅长揣摩人心，这样一个不可多得的人才是后来经过秦国使者王稽的举荐才得以一展才华的。周赧王四十四年（前 271 年），王稽作为秦国派往魏国的使节来到魏国，之后郑平安便借此机会将自己的好友范雎举荐给了王稽，表示他的朋友范雎虽然只是一介布衣，但他绝对是一个大有前途的人才。于是，王稽便将范雎召见来，并用了整整一夜的时间和他促膝长谈。其间范雎向他表达了自己对于朝政之事的看法，以及对治国之道的见解和自己想要为秦国效力的决心。经过这次彻夜长谈，王稽不禁对范雎的才能大为惊叹，当下便决定将其一同带回秦国。

在两人共同返回秦国的途中，一行人到了一个叫秦国湖的地方，这时，对面刚好又来了一批人马，而这批人中就有当时的秦相穰侯魏冉。范雎凭借对秦国国情、朝政大臣等的深入了解，知道他是秦昭王的舅舅，并仰仗着姐姐的身份地位在朝中执掌大权，操控朝政。而且，他还有一个特点令范雎十分担心，那就是他对于从其他国家招贤纳士这类事情极其反感，因为他担心会有外来的贤才对自己的权力和地位造成威胁。

经过一番思考，范雎觉得自己绝对不能如此明目张胆地出现在穰侯的面前，最好躲起来，以免功亏一篑。于是，范雎便藏身在了一个大箱子中。很快，看到来人是王稽，穰侯便迎上来寒暄，互相问候一番之后，穰侯看了看王稽一行人，转过头对王稽说道："你这次到魏国去一定见到了不少贤能之人，依我看，那些人都是凭借自己有一点本事，就口出狂言，其实最后还是想要攀龙附凤，没有几个是真心为国效力的。"说着他又看了看王稽身后的随从人员，接着说："你这次应该没有招回什么宾客吧?"

王稽一听这话，心里一惊，随即面不改色地赞同穰侯的话，并表示自己没有带什么宾客。

由于没有发现什么可疑情况，穰侯也不好再说什么，便带人离开了。

刚刚躲过一劫的范雎从箱子出来后，心里仍然觉得不妥，便对王稽说："据我所知，穰侯这个人疑心很重，若没有彻底检查是绝对不会安心的，说不定一会儿就会回来。"说完，他便暂且离开了王稽一行人，躲到了树林中。结果，没多久，20几个骑兵便从后面匆匆赶来，并表示是奉穰侯之命前来搜查。他们将王稽的马车和随行人员、物品全部检查一遍之后发现的确没有可疑人物，便悻悻地离开了。范雎也由于自己对于穰侯的了解和准确的判断成功地躲过搜查，顺利进入秦国。而他的这次精准的推断也令王稽对他再度刮目相看，更加确信了范雎的才能和深谋远虑。

来到秦国的范雎在王稽的提携下，终于凭借自己的实力成了秦史上继往开来的一代名相，为秦的统一和繁荣发展作出了巨大的贡献。

谁最早发现了哈雷彗星

哈雷彗星是最为人们所熟知的彗星之一，它平均每 76.1 年环绕太阳一周，是人类第一颗有记录的周期彗星。也是唯一一个能够直接用肉眼观察到的短周期彗星，据科学推测，哈雷彗星下一次经过近日点的时间是 2061 年的 7 月 28 日。

在人类历史上，哈雷彗星曾经多次被天文学家观测和记录过。而它之所以被命名为哈雷彗星，是因为它的轨道最早是由英国科学家德蒙・哈雷测得的。但实际上，关于哈雷彗星的记录，最早和最翔实的还要数中国。据专家考证，秦始皇七年（前 240 年）开始，一直到清朝宣统二年（1910 年）超过 2000 年之间，关于哈雷彗星的记录就有 29 次，并且全部符合计算结果。

中国是一个历史悠久的国家，也是世界上著名的四大文明古国之一。当时在世界上，中国无论在农业生产还是天文科学等方面都处于十分领先的地位。据古书《淮南子》中记载，在 3000 多年前的周朝时期，周武王率兵讨伐商纣王的时候，当武王的大军走到共头山的时候，东方的天空中突然升起了一颗彗星。根据这一故事中所提到的信息，中国著名天文学家张钜哲采用电子计算机对这颗彗星进行了计算，并得出了这就是哈雷彗星的结论。可是这一历史记录不够翔实，史料也不够正式，因此并没有被公认。

另一个确实存在的记录是鲁文公十四年（前 613 年）鲁国天文学家和周朝史官的记录，据他们的描述，两人同时观测到了一颗彗星横扫北斗的壮观景象并迅速记录了下来，这大概是世界上最早的关于哈雷彗星的记载了。

然而，以上两个都没有得到世界范围内的公认，世界上公认的第一次哈雷彗星观测记录始见于《史记・秦始皇本纪》。据记载，秦王嬴政七年

(前 240 年) 时有彗星的光芒从东方天空闪现，之后又出现于北方，到了五月份则出现于西方……“复见于西方十六”，这一记录相较于国外最早的古罗马时期的记载要早上 228 年，是世界上公认的最早的关于哈雷彗星的记录。并且这之后每次哈雷彗星的出现在中国的史书中都有记载，前前后后共达 29 次之多，这在世界上是最为完整的。而且，在中国 1000 多年前的《晋书》中还有关于彗星发光原因的记载：彗星自身无光，只有当它接近太阳的时候才能靠反射的光来发光。

从中国史料上关于哈雷彗星的这些记载来看，几千年前中国古代的文明的确非常发达，然而可惜的是中国只有其记录，却没有进一步对其运行规律和周期等情况进行深入研究。

直到 1704 年，英国著名天文学家德蒙·哈雷在研究过程中发现它分别出现于 1531 年和 1607 年，这两次彗星运行的轨道与 1682 年他自己观测到的一颗彗星的空中运行轨道非常相似，间隔时间也十分接近，都是 76 年。于是经过分析计算，德蒙·哈雷最终得出了一个大胆的猜想：这几次的彗星都是同一颗，同时，他也由此推测 76 年后，也就是 1758 年，这颗彗星将会再次出现。果然，到了 1758 年，这颗彗星真的如预测一样再次出现了，可惜当时他已经去世。虽然没有等到那一年的到来，没能亲眼印证自己的这个推断，但他的这一研究成果却对哈雷彗星的研究起到了突破性的进展，是天文学上的一个重大成就。于是为了纪念他的成就，这颗彗星便被命名为哈雷彗星。

百思不解的古物迷踪

中国人为何自称为“龙的传人”

中国人大都喜欢以“华夏儿女”“龙的传人”来称呼自己，中国的文化也被称为“龙的文化”。我国古代的皇帝的座椅叫作龙椅，所穿的服饰叫作龙袍，端午节要划龙舟，不知不觉间，龙文化似乎一直伴随着我国的历史文明进程，在中华文明中占据着重要地位。而龙作为一种人们想象中的并非实际存在的生物，它究竟为何与中华文明有着如此深厚的渊源，中国人又为何被称为“龙的传人”呢?

据考证，中国人自称为“龙的传人”是源自龙的传说和我国古代的图腾文化。关于龙的由来有这样的说法：

据说夏朝时期洪水肆虐，鲧被派到凡间助人类治水，当看到当地人民因肆虐的洪水而流离失所，饱受苦难之后，鲧对他们十分同情。就在洪水的来势越来越凶猛，河堤即将失防的危急时刻，鲧再也无法亲眼看着人民被洪水吞噬了，于是铤而走险，到天庭盗取了一个叫做“息壤”的宝物，借助这一宝物令堤坝更为坚固，从而足以抵抗暴虐的洪水侵袭。

在鲧的帮助下，人们终于逃离了洪水的侵袭，开始了全新的安稳的生活。看到这一幕，鲧感到十分欣慰，但天庭无法饶恕鲧盗取宝物的行为，于是不仅收回“息壤”，还让洪水再次席卷大地，破坏了人们刚刚得到的美好生活。而无计可施的鲧也被处以极刑：被雷电击死。一心为人民却不得善终的鲧死不瞑目，被击毙后身体三年都没有腐烂，其尸体后来被勇士用大刀劈开，但就在劈开的一瞬间，鲧的冤魂化为一条金光灿灿的黄龙。我国历史上第一个真正的王朝：夏朝的建立便是以龙作为氏族的标志物。从此，龙便在我国的文化中渐渐被传扬开来。

关于“龙的传人”的说法的另一来源便是龙图腾。

相传，黄帝在统一中原之前并不是用龙作为图腾的，但中原统一后，黄帝使用了一种新的以龙为标志的图腾，它是由原来的熊图腾中熊的头部和蛇图腾中的蛇身结合在一起构成。实际上，这个龙的图腾是由黄帝的母族与父族的图腾形象结合而成的。后来，龙便以其神圣威武的形象成了中华民族的一种象征，代表了中华民族发展进程中多民族不断融合的过程。

随着时间的推移，“龙”的形象渐渐作为中华民族的标志流传于各种图案中，从服饰到人们使用的器具，无处不见龙的形象，并且随着历史文明的发展，龙逐步从一种形象演变成了文字，被人们用在生活的各个方面。从一些商代出土的甲骨文中还可以找到刻有龙字的物品，而且一些远古瓷器上面也可以找到龙的图案。这些都表明了龙的形象的确是从我国远古时期就被用在生活的各个领域。

考古表明，我国对于龙的崇拜有至少5000年的悠久历史。

由于对神灵的敬畏和对大自然的崇拜，中华民族在几千年的发展过程中渐渐创造出了龙的形象，并认为龙是天地之间最具灵气的神奇生物，它具有兼容一切的广大胸怀，能够为人类消除灾难。这其实也是中华民族对于美好生活的一种愿景，也正因如此，龙在中国人的心中有着极为重要的地位。

就这样，龙和中华民族的文化紧紧地联系在了一起，既然龙作为华夏民族始祖的图腾，中国人也就自然成了“龙的传人”。

殷墟之外的三种甲骨文

我国的文字发展有着几千年的历史。最早发现的、体系较为完善的文字是甲骨文。甲骨文又称殷契、殷墟文字，是殷商时期刻在野兽骨头和龟甲上面用来做记录的一种文字。甲骨文于 19 世纪末期被发现于殷朝都城的遗址处，它沿袭了陶文的造字方法，是我国商代后期在王室中用来做记录和占卜等实用的一种文字，一直被使用到殷商灭亡之后的周朝时期，可以说是我国古代文明的见证。

殷墟甲骨文作为世界上存在的最为古老的文字已经被大家所熟知，而且我们如今日常所使用的汉字也是源自殷墟甲骨文。实际上，我国的甲骨文其实不只是殷墟甲骨文一种，除了殷墟甲骨文之外，还存在三种更为古老而神奇的甲骨文，只是大多数人对此都不是很了解。

其中一种甲骨文比殷墟甲骨文还要早 1200 多年，它是由陕西省的考古工作者在西安市郊区的一个原始社会遗址发现的。这些甲骨文刻在几块兽骨、兽的牙齿和一个骨竿上面。经过对这些兽骨、兽牙的清理鉴定后，研究人员发现这是一种与殷墟甲骨文十分相似的字体，它字体细小，笔画有如细丝一般，但字迹清晰可辨，笔法刚劲，书写有力，字体结构设计也十分规整明了，是远古时期人类文明程度的有力见证。经专家研究，这种甲骨文就其出土地址属于距今 5000～4500 年的龙山文化晚期。

此外，还有一种甲骨文是在陕西省岐山县古周原凤雏村中发现的，这些独特的微刻甲骨文是刻在近 300 片兽骨上的，文字细小，笔画清晰可见，字迹流畅工整。在这批发现的甲骨文物品中，有的兽骨仅有硬币般大小，面积仅为 2.7 平方厘米，而刻字的部分则更小，在仅仅 1.7 平方厘米的面积上竟然刻了 30 个文字，但依旧清晰可辨，字体十分纤细。这些字中又分为圆笔和直笔两类。这些文字所记录的内容大部分是西周时期的历史，以及商被西周灭掉之后一直到周康王初年的史实。至于上面所刻字迹为何如此纤细微小，当时的人们又是通过何种手段做到的就不得而知了。这些珍贵的微刻甲骨文至今仍作为珍贵的文物被收藏在陕西省岐山县的文物保护部门中。

除了以上两种甲骨文之外，还有一种被刻在陶器上面的甲骨文字。这种甲骨文是于 1978～1979 年由考古人员发现的，发现地是贵州省的威宁苗族、彝族和回族自治县一带的水汉墓群中。墓中挖掘出的大量陶器和瓷片上刻有大量的甲骨文字。经过研究发现，这些瓷器上有多达 51 个文字，这些文字形似象形文字，却比象形文字更为丰富，所使用的符号和笔画也更多。经科学鉴定认为这些文字是迄今为止贵州省出土的历史最久远的文字，有 2000 多年的历史。从研究意义和影响深度来看，这些刻在陶器上的甲骨文其重要性堪比殷墟甲骨文，有着很高的研究价值。同时，这种文字也因与彝文的密切关联而被许多研究者称作彝族甲骨文。在这种彝族甲骨文被发现之后，曾先后有许多专家对其进行了深入的研究，最后，这种甲骨文终于在近年被贵州省某研究所的研究人员成功破译。

上述除殷墟甲骨文外的三种甲骨文虽然没有殷墟甲骨文那样众所周知，但在我国的历史文化进程中也起到过重要的作用，同样值得关注。

历史上的第一座监狱

经考证，我国历史上第一个有文字记载的国家监狱位于如今的羑里城遗址中，具体位置在河南省安阳市南部约 15 千米处，汤阴县城北部八华里羑、汤两条河流间的平原之上。这个建筑是一座东西宽度达 103 米，南北向长 106 米，距地面高度约 5 米的台地，其上被十几株松柏环绕，庄严肃穆，松柏之中建有文王庙，坐北朝南，周围还有数十座房屋。

美里城是《周易》的发源地，现存有演易坊、周文王演易台、山门等建筑遗址，还有数十座刻有“文王易”“周文王羑里城”等文字的石碑，是《周易》研究人员的重要参考资料，具有很高的文化价值。并且，羑里城的本质是殷纣王用来囚禁周文王的监狱，也是我国第一个有记载的监狱。

《史记》中记载，商纣王是一位荒淫的暴君，他不仅整日沉迷酒色，还一度遍设酷刑，常年的暴政令国家上下苦不堪言，百姓因此对纣王充满了怨恨。而同一时期，商朝西部的一个诸侯国首领周文王则在国内大行仁政，在他的治理之下，百姓安居乐业，国家日益繁荣昌盛，文王的贤明仁德也令百姓津津乐道。

这消息传到商纣王那里之后，令纣王十分担忧，唯恐周文王威胁到自己的统治地位。于是，纣王便趁机将周文王抓起来，囚禁在了羑里城监狱中。被囚禁的文王受尽了纣王的各种凌辱，纣王甚至将他的儿子残忍杀害做成人肉汤，逼文王喝下。文王悲痛欲绝，每天吃完食物之后都要呕吐出来，时间久了竟然形成了一个小丘，被后人称作“吐儿冢”。

当时被囚禁的文王已经年逾八旬，他在这般残虐之下越挫越勇，化悲痛为力量发奋治学，在狱中专心研习伏羲，将其演为 16 卦、384 爻，还提出了“刚柔相对，变在其中”的相对辩证观点。经过漫长而痛苦的 7 年时间，他终于完成了《周易》一书。《周易》一书不仅在当时被深受推崇，在如今也有着深远的影响，据说现代计算机中还引用了其中的二进制原理。

为了纪念伟大的周文王，后人在文王被囚禁的羑里城遗址处建造了一座文王庙以供后世之人瞻仰祭祀。而如今所看到的建筑是经过明代重新修整的。

近年来，一股《周易》风潮迅速兴起，海内外许多学者和研究人员都对《周易》的研究充满了兴趣，而其中也有不少人提出应迎合这个风潮，将羑里城建成一个可供人们朝拜观仰的旅游胜地，同时也可以起到推广周易文化的作用，并且这一想法也得到多个周易研究会的认同，纷纷给予支持。就这样，在众人的支持下，羑里城遗址被建成了一座东侧有洗心亭和御碑亭，西侧有玩占亭，中间环绕着大殿的建筑群，大殿中矗立文王铜像，四壁上绘有文王的生平经历，可供人祭祀朝拜。

羑里城是周文王被监禁长达 7 年之久的牢笼，但这里却因文王的智慧结晶《周易》成了后人争相参拜的胜地。因此，羑里城虽然是象征苦难的监狱，但同时也是孕育智慧的发源地，对后世文化有着重要而深远的意义。

开凿郑国渠是一次间谍活动

战国时期，郑国渠是一项具有十分重要意义的水利工程，不仅如此，它还与当时的一起间谍活动有关。郑国渠的修建关系到一个国家的生死存亡，因而在我国历史上留下了浓墨重彩的一笔。

关于郑国渠修建的故事，《史记》中就有一段简单明了的记载。据说，秦昭襄王五十一年（前 256 年），为了巩固国家实力，增强国力，秦国在商鞅的领导下开始实施变法，这便是著名的“商鞅变法”。正是因为变法，秦国打算利用本国土地面积广大的优势大兴水利，修建河渠以供给水源，为人民生活和农业生产提供便利。秦国变得日益强大，领土也不断扩展，其野心在这个过程中也渐渐萌发，并将自己侵占的目光投向了较为弱小的邻国——韩国。韩国与秦国毗邻，刚好占据在秦国的重要交通要塞上，对秦的扩展计划造成了不小的阻碍。

当时的秦国不仅兵力雄厚，而且士兵个个都英勇善战，无所畏惧，因此对于其他国家来说无疑是巨大的隐患。邻国韩国对于这一点自然也是心知肚明的，因此面对如此强悍的秦，韩国国内上下整日寝食难安，随时都可能受到秦国的突然袭击。而秦也早已视韩为首要障碍，一场侵略与抵抗的战争只是时间问题。

周赧王八年（前 307 年），函谷关被秦国一举夺下，秦的征战之路也因此豁然开朗。公元前293年，韩国和魏国两国联合抗秦，在今洛阳地区进行了一场大规模战役，结果在骁勇善战的秦国军队的攻击下，韩魏两国最终还是不敌对方，被秦大败，实力大受重创。两年后，韩国的重镇宛又被秦占领，在秦的威逼之下，韩国只得向秦割土赔罪，但这仍旧无法阻止秦日益膨胀的野心。秦昭襄王四十一年（前266年），秦王终于下定决心除掉邻国韩国，一步步开始实行自己的吞并计划。到了秦庄襄王元年（前249年）时，韩国已经在秦的连续攻击之下处于灭亡的边缘，但仍旧顽强抵抗着。

就在如此危急的关头，韩惠王突然心生一计，打算使用“疲秦之计”对付秦国：将自己国内最优秀的水利工程师郑国派往秦国，表面上表示愿意帮助秦国大兴水利，修建水渠，实际上则是为了借修建水渠一事消耗掉秦国的大量人力物力财力，以分散秦国对自己的攻势，削弱侵占力量，并借机集中兵力反击。对于秦国来说，兴修水利的确是当前十分重要的事情，因为在广阔的秦国之中的确尚无如此大型的水渠，因此，此疲秦之计确实堪称妙计。

身负重任的郑国到达秦国之后，很快便凭其优秀的资历成了水渠兴建的主持者。秦庄襄王三年（前246年），这项水利工程开始，动用人力高达十万余。这道水渠东将其他诸侯国割开，南北临秦岭、陇山等山脉，又与泾河毗邻，地理位置极佳。在水渠的修建过程中，郑国还利用自己的智慧采用了当时十分罕见的“横绝”技术，通过拦截小河等方法将周围的溪流都引入郑国渠内，设计十分巧妙，令人叹为观止。

然而，就在这项工程顺利进行时，韩国的疲秦之计被暴露，郑国被拘禁起来，郑国辩解说自己当初确实是以间谍的身份来到秦国，但经过这么长时间，随着水渠的渐渐修成，自己的想法早已转变。现在的他比起为韩国效力，更希望这个水渠能够成为秦国巩固国力的手段，这对于秦国来说是有着非凡意义的。

秦王听后觉得郑国言之有理，便没有处罚他，反而令他继续主持直至工程结束。水渠建成后，对秦国的繁荣昌盛的确起到了至关重要的作用。而郑国本人则因为主持修建水渠而成了秦国人民十分尊敬爱戴的功臣。就这样，原本作为间谍计划的水利工程竟然成了助秦发展的有力工具，这道水渠也因为郑国的功绩被命名为了“郑国渠”。

战国时期不同的虎符

在中国古代，出兵时需要用到特定的信物，这便是虎符。由于中国古代对于虎的形象十分敬畏和崇拜。因此，春秋战国时期，人们便以虎的形象为依据，设计出了一种战争时用来调动兵马的兵符，因为兵符上面有黄金雕刻的老虎形象，因此称为虎符。虎符须劈成左右两半，各自交给统帅的大将军和皇帝保管。在战争即将发动时，这两块虎符必须同时使用，两个兵符相合才能发动兵力。

虎符在我国古代军事调动上有着十分重要的意义。当有战事即将发生，需要调配兵马的时候，当朝皇帝就会派信任的使臣带着自己手中的右半块虎符到军中去下达皇帝的旨意，然后统领大军的将军则需要将左半个虎符拿出来进行验证，若这一左一右两个虎符能够合成完整的一体，那么便可以证实使臣确实是皇帝所派，圣旨为真，这样将军才可以按照所传达的指示进行军队的调动，进而参与到战事中去。

据考证，虎符最初应该产生于春秋战国时期，多用铜制作而成，并分发给各个地方官员和军队大将的兵符，一个地方只有一个虎符，一个虎符也只能调动一个地方的军队，防止出现混乱和随意调兵的情况。这种经过验证方可生效的兵符在当时的战争中发挥了重要的作用，关于虎符的故事自然也不在少数。在《史记》中，就有窃符救赵的故事，讲的就是魏国公子信陵君用计窃取虎符才得以搬动十万大兵救助被秦围困的赵国，使其虎口脱险。

在中国历史上，出现过许许多多材料、形状、大小、雕刻花纹各不相同的虎符，它们随着制作的不同也有着各自不同的使用范围和方法。战国时期，虎符一般是用青铜制成的，也有一小部分是用金子、玉或者竹材制作的。虎符的内部中空，左右两半的剖面是用来验证核对的齿痕，背面还刻有不同的文字，左右两半虎符上所刻的文字一般相同，而且这些字多是错金书，无论经历多久都依然清晰可见，这也是用来验证虎符左右两半是一体的一个标志。

我国现存的保存较为完好的虎符大多来自战国时期的秦国，分别为杜虎符、新郪虎符、阳陵虎符，以及东郡虎符四种。杜虎符现保存在陕西省历史博物馆中，于 1973 年发现于西安郊区的山门口公社处。杜虎符呈站立状，长 9.5 厘米，体高 4.4 厘米，厚度为 0.7 厘米，背部刻有凹槽和小篆写成的错金铭文数行，颈上还镂有小孔。从铭文上来看，这个虎符用于调动超过五十人的兵力。此外，新郪虎符现存于法国陈氏处，其上有四行错金铭文。阳陵虎符是一个高 3.14 厘米、长 8.9 厘米的卧虎状兵符，现存于中国历史博物馆中，发现于山东临城。而东郡虎符现存于周至县文物管理所，也是一个形如卧虎的兵符。

除了以上四种有较详细记载并且保存的较完整的虎符之外，在战国时期还有很多不同的虎符，如玉虎符和铜鎏金虎符等，只是这些虎符都没有太多可靠的资料记录，因此，无法对其进行更为详细的研究。

虎符不仅仅在战国使用，战国之后这种兵符仍然作为调兵遣将的信物沿袭下来，只是在材质、形状等方面都发生了一些变化，汉朝到隋朝之间所用的虎符大多为铜质，到了隋朝时则变成了麟符，而到了唐朝，由于唐忌讳虎，因此虎符又被改成了鱼符或者兔符，直到南宋时期恢复使用虎符。到了元朝，虎符更是被虎头牌所取代，渐渐地演变成了后来的铜牌。但不管如何变化，它们都是以战国时期的虎符为原型，因此，虎符在中国古代战事上有着重要的意义。

秦汉时期

步步惊心的权力纷争

秦始皇为什么不立皇后

在古代社会，作为帝王会有多位夫人。帝王宫苑中，往往有很多嫔妃为争夺这“第一夫人”的宝座而钩心斗角。帝王也给后妃划定了严格的等级和制度。其中皇帝的结发妻子被称为“皇后”，皇后是太子的母亲，也是后宫之首。历朝历代的储君制度中，“立后”成为君主专制的一个重要组成部分。

“立后”制度在战国时期已经形成一个完整的系统。秦国孝公时期对于立太子和立皇后有了限制和规定，其中皇帝明媒正娶的妻子才能立为皇后，太子即位后，皇后顺理成章亦会成为皇太后。但是，有一位皇帝，一生没有立皇后，这位皇帝就是秦始皇。

秦始皇嬴政统一中国后，建立了各种制度，并定出皇帝的正妻为皇后、母亲为皇太后的制度。可是秦始皇从 22 岁亲政到 50 岁，整整 28 年时间，自始至终都没有立皇后。秦王嬴政 13 岁即位，当时的辅政大臣吕不韦并没有为嬴政设立皇后，一直到嬴政 22 岁亲政，皇后的位置一直处于空缺阶段。即位之后，秦始皇大权在握，也到了迎娶皇后的年纪，然而，秦始皇还是没有设立皇后。一直到始皇帝 39 岁统一六国后，这个让后宫佳丽艳羡

多年的位置一直空着。

后人对秦始皇的不立皇后，进行了很多猜测。有专家认为，嬴政未立皇后有许多原因。首先，是嬴政性格多疑，对爱情这种虚无缥缈的东西更是不信任。设立皇后之后，皇后一脉会成为一个庞大的姻亲系统，对政治权力会有一定的干扰，这或许是秦始皇不设立皇后的原因。

其次，秦始皇统一六国后，一直追求长生不老。秦始皇曾四次巡视六国故地，其中三次都会见了徐福等方士以求长生不死之药，甚至派徐福率领 3000 童男童女赴东海神山求药。正是有长生不死的愿望，一定程度上延迟了秦始皇立后的进程。

再次，秦始皇统一六国后，六国的后宫佳丽也被送到秦宫成为秦始皇的嫔妃，这些后宫佳丽来自不同的地方，有的对自己的故国念念不忘，对秦始皇怀着怨恨之心，秦始皇也不敢信任她们，这也在某方面加重了秦始皇的不安全感，以至于拖延了秦始皇的立后计划。

很多专家认为，最重要的是，秦始皇的母亲秽乱后宫，与嫪毐私通并生了两个儿子。这使秦始皇内心受害极深，为此，他把母亲赶出了首都咸阳，后来虽有悔意，但至死未让她再住咸阳。由怨母而仇视女人的心理阴影，也可能是秦始皇迟迟未立后的重要因素之一。

最后，秦始皇统一六国后，东方六国的佳丽尽充后宫，要选一个名门之后的贤淑女子也是一个难题。何况秦始皇自认功德超过古代的圣王：三皇五帝，皇后的标准难定，选定皇后就更难了。

皇后不仅仅是陪伴在皇帝身边的一个女子，还关系到储君的位子。中国古代的储君制度中一向是长子为先，而长子就是皇后的儿子。从这个角度来看，秦始皇不立皇后应该有自己的想法。很多研究者说，秦始皇很喜欢长子扶苏，把扶苏派到边疆也是培养扶苏的能力。可是，秦始皇有二十个皇子，为什么又偏偏将自己偏爱的皇子派到边疆呢？《资治通鉴》上记载："始皇有二十余子，最爱胡亥。"从这点来看，秦始皇不立皇后，应该有自己的打算。史书上记载胡亥的母亲去世较早，也没有机会被立为皇后，也有学者认为胡亥的母亲地位低下，甚至可能到了卑贱的地步，秦始皇也不能立一个卑贱的女子为后。如果立其他嫔妃为后，皇后的儿子理应继承大统，胡亥也就没有机会成为秦二世。

秦始皇不设立皇后一直是一个谜题，学者的猜测很多，但是没有任何有力的证据来证实秦始皇不立皇后的真实原因。不管真真假假，秦始皇此举对现在的人来看，不仅是一个谜题，也是一则趣说。

秦王为何三次拔剑而不出

“风萧萧兮易水寒，壮士一去不复还！”千百年来，荆轲刺秦王已经成为大家耳熟能详的一个故事了。有人被荆轲的英勇壮举折服，也有人为他的失败扼腕：因为在他行刺秦王的过程中，秦王三次拔剑却没有拔出，为什么会出现这种情况呢？

荆轲刺秦王发生在秦始皇统一中国的前一年，司马迁的《史记》记录了这一次著名的谋杀事件。

战国时期，七雄并立。秦始皇十七年（前230年），实力强大的秦国灭了韩国；两年后，秦王嬴政派大将王翦出征赵国，占领了赵国的都城邯郸，然后一直向北进军，逼近了燕国。燕国即将面临亡国的危险，燕太子丹十分焦急，于是物色到了一个很有本领的勇士，名叫荆轲，要他去刺杀秦王。

当时作为一国之君的秦王是很难接近的，荆轲听说秦王早想得到燕国最肥沃的土地督亢（在河北涿县一带），还听说秦王嬴政很想得到秦国将军樊於期的人头，就想从这些事情入手，接近秦王。当时樊於期正流亡在燕国，秦王在全国悬赏通缉他。于是，荆轲找到樊於期，说明了来意，答应帮他杀了秦王报仇，让樊於期献出了自己的头颅，并从太子丹那里拿到了督亢的地图。太子丹事前准备了一把淬过毒的锋利的匕首，他把这把匕首送给荆轲，作为行刺的武器，又派了一个勇士秦舞阳，做荆轲的副手。秦始皇二十年（前 227 年），荆轲带着地图和樊於期的头颅从燕国出发到咸阳去。

荆轲到了秦国之后，用厚礼贿赂秦王的宠臣中庶子蒙嘉，让他把自己引荐给秦王。秦王听到燕国使者带来燕国的地图和樊於期的头颅之后，非常高兴。于是穿上朝服，设九宾之礼，在咸阳宫接见荆轲。

荆轲捧着装着樊於期的头的盒子，秦舞阳捧着装有地图的匣子，一前一后。到了殿前的台阶下，秦舞阳第一次见到这样的场面，一到秦国朝堂，不由得害怕得发起抖来。群臣对此感到奇怪，荆轲便急忙走上前替他向秦王谢罪说："北方粗鄙之人，没有见过天子，所以有些害怕，望大王能够原谅他，让他能够在大王面前完成使命。"

嬴政虽然没有怀疑荆轲的话，但是他心中还是存有疑惑，就让荆轲一个人把地图呈上来。荆轲从秦舞阳手中接过装地图的匣子，自己捧着走向大殿。地图全部展开后，荆轲预先卷在地图里的匕首就露了出来。荆轲右手拿着匕首去刺秦王，嬴政非常吃惊，就向后转身准备逃跑，一着急把那只袖子挣断了。与此同时，嬴政伸手去拔身上的佩剑，却没有拔出来。此时，荆轲拿着匕首追了上来，嬴政又急忙拔剑，可又没有拔出。秦王急于逃命，便绕着朝堂上的大铜柱子跑，一边跑，一边拔剑，可依旧没有拔出。荆轲在后面紧追秦王。

因为事发突然，大臣们都对这个事件目瞪口呆，一时没有反应过来。并且，当时秦国有明文规定，在殿上侍奉的群臣，不允许携带任何兵器，佩带兵器的侍卫只能在殿下等待皇帝宣传后才能入殿。正在慌急之中，秦王的御医夏无且拿起手里的药袋对准荆轲扔了过去。荆轲看到有外来物飞来，用手一扬，那只药袋就飞到一边去了。

就在这一瞬间，嬴政往前一步，拔出了佩带的宝剑，砍断了荆轲的左腿。荆轲倒在地上，他把匕首直向秦王扔过去。嬴政闪过了匕首，躲过了一劫。此时，荆轲手里没有武器，秦王走上前去将荆轲刺杀。这次行刺，秦王在慌乱的情况下三次拔剑不出，这是什么原因呢？

司马迁在《史记》中这样解释说，秦始皇的佩剑太长，所以不能及时拔出来。但是，古时候青铜剑一般都是短剑，60厘米就已经是青铜剑的极限了。春秋战国时期，最长的越王勾践剑，也只有55.6厘米长。按照常理，这种长度的佩剑应该随手就可以抽出，秦始皇怎么可能因为剑太长而拔不出来呢？这成了历史学家以及很多人的疑问。

直到1974年，人们在秦始皇兵马俑坑中发现了一把青铜剑，这把剑的长度超过了91厘米。考古学家分析，把剑做得如此之长，是因为长剑在格斗中更容易刺到对方，这很可能是秦剑加长的主要原因。如果当年秦始皇佩带的是这种加长的青铜剑，在刺客紧逼奔跑中，要拔出将近一米的长剑，确实不容易。

吕后让儿子迎娶外甥女

古人非常重视伦理道德，但在汉朝，却发生了一桩政治婚姻的惨剧：10岁的外甥女嫁给了舅舅——汉惠帝，成为皇后。

汉惠帝刘盈是刘邦的长子，其亲妹妹鲁元公主嫁给赵王张敖后生有一女张嫣，张嫣本是刘盈的嫡亲外甥女，但在刚满10岁时便被选入宫中做了皇后。这桩荒唐的婚事其实是由皇太后吕雉一手操办，强加于汉惠帝和张嫣身上的，她美其名曰“亲上加亲”，实际上是便于自己控制大权。

一开始，汉惠帝极力反对。吕后说：“张嫣是你的外甥女，血统高贵无人能与之相比，而且容貌品德超绝古今。而舅舅娶外甥女不在五伦之列，你没听说晋文公娶文嬴的事情吗？”因为那年张嫣刚10岁，太后害怕人们议论，便让她自称是 12 岁，无论“问名”、祭告祖庙诸礼都这样说。

对于张氏，《汉书》和《史记》上并没有明确记载。在后人零星的记载中，称张嫣是鲁元公主的女儿，她的父亲张傲是赵王张耳的儿子。张傲是一个知书达理的年轻人，为人十分文雅风流。鲁元公主下嫁张傲，夫妻十分恩爱。据说，鲁元公主贤淑文静，饱读诗书，张嫣在这样一个温和的家庭环境中长大，受到了很好的教育。吕后一见这个外甥女就十分喜爱，对之宠爱有加。刘盈也十分宠爱这个外甥女，但是让自己的外甥女做妻子，刘盈还是无法接受。

汉惠帝是一个温和的人，一直受制于母亲的控制，自己拿不定主意。在吕后的强制要求下，刘盈立张嫣为皇后，却一直没有夫妻之实。

汉惠帝亲眼目睹过吕后的残暴，在吕后残杀戚夫人和戚夫人的儿子之后，汉惠帝内心一直饱受煎熬，现在的婚姻关系让他更加痛苦。然而，吕后一直逼迫汉惠帝长住皇后的未央宫，一直到皇后生下太子才能离开。汉惠帝不愿意发生这种乱伦之事，便整天与宫女、男宠一起厮混，结婚三年后，抑郁而终。

皇后无子，吕后便让她假装怀孕，然后将一位美人的儿子作为皇后之子，并把美人杀掉。这个儿子后来继位当上皇帝，他获悉真相后很不满。吕后又将他废掉，立常山王刘义为帝。15 岁的张嫣就当上了皇太后。七年之后，吕后去世。汉文帝即位，立薄姬为后。或许是张嫣的遭遇得到朝野的同情，汉文帝在诛杀吕氏姻亲时并没有杀掉张嫣，但她还是受到牵连，被遣送到北宫。北宫是未央宫后一处极为幽静的院落，张嫣一直住在北宫，生活极其清苦，17 年后，张嫣去世，年仅 36 岁。

张嫣入殓时，宫女为她净身时发现张皇后一直到死都冰清玉洁。这个消息传到人们的耳朵里，人民怜悯她，纷纷为她立庙祭奠。张皇后最后与汉惠帝合葬。

薄姬一夜风流生帝子

在历史上，有很多人为了皇位而拼得头破血流、身首异处，也有很多人无须任何争抢，甚至明明没有想到，却依旧黄袍加身，开创了西汉初期“文景之治”繁荣局面的汉文帝便是其中之一。他不仅不是皇位的预想继承者，更是其父汉高祖刘邦与其母薄姬一夜风流所生，他的人生从一开始就经历着偶然。

薄姬是苏州人，在秦朝之时，她的父亲薄生喜欢魏国的宗室之女魏媪，魏媪未婚而生下了薄姬。战乱之中，人民颠沛流离，薄生还没有来得及与魏媪结婚，就死在了山阴，魏媪一个人拉扯着孩子在乱世之中苦苦求生。

不久，陈胜吴广起义，秦朝就陷入乱世。在这一片混乱中，从前战国年间的诸侯遗族纷纷割据自立，想要趁此乱局浑水摸鱼，既可以恢复曾经的家族势力，而且可以捞个皇帝做做。魏国宗室魏豹就在此时自立为王，与刘邦共同对付项羽。

此时，薄姬已经长大成人，她生得十分貌美。魏媪听说自己的宗亲魏豹复称魏国，便将女儿送给魏豹，薄姬很受魏豹的宠爱，成了魏豹的宠妾。

当时有一位很著名的相士名叫许负，相术精准如神，被人们广为推崇。魏媪为了测一下女儿的未来之路，便请许负来给女儿薄姬相面。谁知许负一见薄姬，顿时大惊失色，道：“她日后还要生下天子，成为世间第一贵妇人。”

魏媪听了此话心花怒放。魏豹听说之后也很高兴，他想：“薄姬是我的小妾，她的儿子是天子，我自己岂不是也有天子的命。”于是魏豹自此不愿依附于其他诸侯，他与刘邦决裂，背弃之前和汉王刘邦所订的攻楚盟约。在刘邦和项羽的斗争中，他保持中立态度，不再参与楚汉之争。

魏豹背约，刘邦恼羞成怒，立即派自己的亲信将领曹参率兵围剿魏豹。魏国实力本不是刘邦的对手，魏豹对“相面不准”的许负恨得牙根痒，只得投降，成为刘邦的一个郡。刘邦封魏豹做御史大夫，并让他守城。可是不久该城被楚军围攻，魏豹一命归西。

由于是“罪人的姬妾”，薄姬等人没有资格充当刘邦的姬妾，只能去做宫中役使的婢女，于是她们都被送进“织室”。

魏豹死后，刘邦为了充实后宫就来到魏宫的姬妾中挑选美女。他来到织室后发现魏豹的宫人中，有很多姬妾都貌美如花。于是刘邦为自己挑选了一批姿色出众的女奴送进自己的后宫中。薄姬就在这批女奴之中。

薄姬听说自己将被充实到刘邦的后宫，想起了曾经的生天子的预言，觉得自己的好运很快就要到来了。然而，事实十分残酷。大汉宫中有很多的美色，薄姬的姿色也并不出众，所以一直没有可以亲近刘邦的机会。

然而此时，上天却又一次给了她机会。当初在魏宫中，薄姬与两位女子交好，这两人一个叫管夫人，一个叫赵子儿。薄姬十分重视她们之间的情谊，三人曾经立下誓约：假如三人中有谁先得富贵的话，一定不会忘记另两人，要共享富贵。到了汉宫，管夫人和赵子儿得到了刘邦的宠爱，却将当初与薄姬的誓言忘得一干二净。

汉高祖四年（前 203 年），管夫人和赵子儿闲聊的时候提起了当初和薄姬立下的誓言，觉得薄姬十分可笑，于是嬉笑不止。而刘邦无意间见两人笑得很是开心，便询问缘由。管夫人和赵子儿只得一五一十地将底细都说了出来。

刘邦顿时对单纯的薄姬充满同情，于是当晚召薄姬前来侍寝。但是，刘邦召她侍寝，只是随意之举，并没有喜欢上薄姬，很快也就把她抛到了九霄云外。薄姬却因为这一次偶然的机会，怀上了身孕，当年便生下了一个儿子，取名刘恒。

当时的汉宫之中充满杀机，吕后和儿子太子刘盈为一方，宠妃戚姬与儿子赵王如意为另一方，双方明争暗斗，危机重重。薄姬和儿子与后宫中其他嫔妃一样，在双方的夹缝中小心翼翼地生活。

汉高祖十二年（前 195 年）4 月，刘邦驾崩，此时刘恒 8 岁，太后吕雉独揽大权，对其他皇子和刘邦的宠妃进行了大清算。刘邦的儿子们相继死于非命，唯有薄姬因为当初不受刘邦的宠幸反而得到了吕后的怜悯，她并没有杀掉刘恒，而是将薄姬母子二人送到封地“代”去做了王和太后，使她成为大汉王朝仅次于吕雉的贵妇人。

七年后，汉惠帝和吕后先后去世，刘氏的大臣铲除了吕氏的势力，并废除了傀儡小皇帝。此时皇位空缺，刘邦的儿子里只剩下代王刘恒和淮南王刘长。刘长从小被吕后抚养，大臣们不愿意再推举吕后宠爱的王子即位。他们觉得代王刘恒没有任何势力而母亲薄姬又善良仁厚，于是拥护刘恒成了大汉帝国天子，史称汉文帝，而薄姬也苦尽甘来当上了太后，终于应了“生天子”的预言。

汉文帝后元七年（前 157 年），文帝去世。临终时，他害怕薄姬伤心，嘱咐妻子窦皇后和儿女们一定要孝顺薄太后，并要求将自己的陵墓按照“顶妻背母”的方式安置方位。不久，薄太后去世，窦皇后谨遵丈夫的心愿，将婆婆落葬在刘恒霸陵的南方。

在婚姻生活上，薄姬一生坎坷，毫无快乐可言，然而她与汉高祖刘邦一夜风流之后生了一个孝顺儿子。从某方面来说，她的一生还带着戏剧化色彩，似乎完全是为了“生天子”而来到这个人世的，她虽然没有得到真正的爱情，但她的确称得上是世界上最幸福的母亲。

死后被割去舌头的皇帝

在古代，天子之位是让所有人觊觎的，因为天子是万人之上，拥有至高无上的权力，所以宫廷争斗、朝代更迭在古代不断上演。然而当拥有了一切之后，又有谁可以知道自己的结局，位居越高，下场可能更惨，有多少个皇帝是真正的安乐死？历史上就有一位死后被拔去了舌头的皇帝，他就是王莽。

关于王莽的史料很多，从这些记载中我们可以发现大部分书中描绘的王莽是一个城府极深的人，还有很多史书中记载王莽诡计多端、假仁假义，并且十分残暴。由于人们对王莽有了定位，即使是他的正面评价也会添上一些负面色彩。比如说，王莽从小就很孝顺母亲，并且无微不至地照顾寡嫂和侄子，人们却认为王莽很小的时候就在为篡位做准备了。他孝顺母亲是因为他在小的时候就垂涎皇位。一个小孩会有篡位的思想吗？真实的王莽是什么样子的呢？

西汉初元四年（前45年），王莽出生在一个王姓家庭。这个家族十分显赫，姑母王政君原本是汉元帝的皇后，成帝（王政君之子）继位后，王家人先后被封侯称相，并且王家还有五人担任大司马。但是王莽的父亲死得早，王莽因为年纪小并不能继承爵位。不久，王莽的哥哥也病逝，只留下王莽和母亲惨淡度日。和其他的王氏姻亲相比，王莽家中十分贫寒。史料上记载，幼时的王莽勤俭好学，对人也十分恭敬。他平时在家侍奉母亲和寡嫂，还担负抚养侄儿的重担；不仅如此，王莽人际关系十分好，他对待社会上的名流学者、家中各位叔伯，格外彬彬有礼，深获大家好评。

王莽的伯父王凤是大将军。有一天王凤生病了，王莽就赶去王凤家中尽心侍奉，并且还昼夜守护在王凤身边。王凤对王莽十分器重。临终时，把王莽托付给王太后和汉成帝。王莽从此以后得到了皇帝的重用。王莽38岁的时候出任大司马。在他任职期间，重用德才之人，生活上也更加俭约。

汉成帝去世后，汉哀帝继位。此时外戚的势力成为一个庞大的体系。哀帝担心王莽在朝中的势力过大，就让他卸职。王莽隐居于封国（封地）新都，并且闭门不出。据说，王莽十分在意自己的名声，对家族人的要求也十分严格。他的次子王获杀死一名奴婢，王莽听说后大为震怒，让王获自杀偿命，这件事得到了很多人的赞扬，很多人都来投奔他。

王莽隐居新都期间，许多官吏和平民都为王莽被罢免鸣不平，要求他复出。于是汉哀帝重新征召王莽回京城侍奉太皇太后，但没有恢复其官职。

一年多后，哀帝病死，太皇太后急召王莽进宫。王莽重新被封为大司马，建议迎 9 岁的中山王继成帝位（平帝）。太皇太后临朝称制，由王莽执政。后来 14 岁的平帝死去，王莽在宣帝玄孙中挑选了只有 2 岁的刘婴。王莽为“摄皇帝”，立刘婴为皇太子，称“孺子”。

很多朝臣看到王莽势力中天，就借机对王莽劝进。西汉初始元年（8 年）王莽逼迫王政君交出传国玉玺，接受孺子婴禅让后，自己称帝，并改国号为“新”。这一策划得到了朝野的支持，王莽顺利登上了皇位，成为中国历史上第一个篡位的外戚。

王莽窃取政权做了新朝皇帝后，开始进行改制，史称“托古改制”。虽然王莽改制的初衷是好的，但是他没有从实际出发，反而造成了天下的剧烈动荡，加上连年灾荒，人民生活无着，日子苦不堪言。

新朝更始元年（23 年）10 月，响应更始政权的军队入长安城。王莽逃往渐台，在混乱中为商人所杀，后来一个校尉将其斩首，悬于宛市之中。人们恨他称帝前将谎话说尽，称帝后又不顾人民死活，所以把他的舌头割下来切碎了分食。王莽彻底失败了。

“皇帝可以昏庸，臣子不可篡权”，在这样的封建伦理道德前提下，作为篡权者的代表人物王莽，也必然成为大家心目中最具代表性的坏人形象。就这样，王莽成了中国唯一一位死后被割去舌头的皇帝。

王莽在历史上的尴尬地位

作为一个反面人物，王莽被看做盗国贼，一个失败者，被绿林起义军斩首的倒霉者。在中国历史上，王莽被摆在一个十分尴尬和难堪的位置上，受到人们的讥讽和嘲笑。。

但《汉书·王莽传》中的王莽与历史中为人们所熟知的王莽大相径庭："莽群兄弟皆将军五侯子，乘时侈靡，以舆马声色佚游相高，莽独孤贫，因折节为恭俭。受《礼经》，师事沛郡陈参，勤身博学，被服如儒生。事母及寡嫂，养孤兄子，行甚敕备。"

王莽并没有沾染上"一人得道、鸡犬升天"的恶习，他做官后，严于律已，从不用特权，以权谋私。而且他的亲人犯了罪，他一样不容情，但可惜，这些都是他当皇帝之前的作为。

不过，从他当皇帝前的表现来看，王莽才德兼备，并非是个一无是处的人，也正因此，王莽才能有机会进入西汉末年朝廷的权力核心，获得最大的权力。当上皇帝的王莽，并不穷奢极欲，而是千方百计为国家富强、百姓富裕想办法。

王莽改制的第一个作为就是停止土地和奴婢的买卖，缓解当时社会日益尖锐的矛盾，但他的这些做法触犯了当朝达官贵人的利益，他们集体上奏，逼得王莽不得不中止这项举措，他托古改制的条例刚一实行就遭到了挫败。

不过王莽继续改制，他希望能振兴经济，于是就通过"五均六筦"节制商人们对农民的过度盘剥，制止高利贷者的猖獗活动。但同样地，这也触犯了富商巨贾的权益，他们极力阻挠，导致王莽后期推行了几次的货币改革都没有成功，这些非但没有缓解社会矛盾，反而引起了更大的社会动乱。

与此同时，王莽新建立起来的政权也岌岌可危，终于在最后的农民起义中垮了台，但历史上篡位的并不只王莽一个人，东汉末年的曹丕篡汉称帝，建立魏国，可后人并未对曹丕加以恶评。王莽被恶评，追溯根源，大体有以下三方面原因：

第一，中国封建历史上，传统的观念是皇家史观容不得篡位者的事迹载入史册。一般篡位者都想尽办法将自己在历史上树立起一个光辉灿烂的形象，因为篡位者是会留下万世骂名的。同样，篡位者对其他朝代的篡位者也会给予丑化和贬低，例如，司马迁在《史记》中，对凡是做过皇帝或具备同等地位的人，都被传之以“本纪”，而王莽却被列入一般大臣名士的传记之中，可见汉代的统治者对王莽所持的态度。

第二，王莽之所以被后人恶评，是因为王莽政权的后继无人，王莽没有机会像李世民、朱棣等人，在篡位后巩固自己的政权并传之于后代子孙。他在位时，天下大乱，他被攻入京城里的起义军所杀，还没来得及巩固发展自己的政权，就戛然而止。这样一来，自然没有人会为他扳回正名，只能由得那些后人大肆篡改历史，夸大或虚构他篡位的正当性和合理性，然后贬损王莽的种种行为。

第三，被当作反面教材的王莽几乎成了每个朝代都要提的历史，代代相传，王莽被污名化的命运便逃不掉了。而且古人一向都很崇尚秩序，他们不肯承认“弱肉强食”的自然规律，深受儒家教化的古人在思维上形成了一种定式，认为秩序不应当被打破，谁打破了这种秩序，谁就是罪人。

从王莽的种种表现来看，他并没有当皇帝的才能，虽然他一心想将天下治理好，但最后不但丢了天下，也丢了自己的性命，更是背上了千古骂名。

刘秀巧妙辞退大臣

经过一番腥风血雨的争夺，刘秀终于登上帝位，成为东汉的开国皇帝，但是开始的一段时间他非常忧郁。群臣见皇帝不开心，一时议论纷纷，不明所以。

一日，刘秀的宠妃看到他十分忧郁，怯生生地进言说：“陛下愁眉不展，妾深为焦虑，妾可否为陛下分忧?”

刘秀苦笑一声，怅然道：“朕忧心国事，你如何分忧？俗话说，治天下当用治天下之才，朕是忧心朝中功臣武将虽多，但治天下之才太少了，这种状况不改变，怎么行呢?”

宠妃于是建议说：“天下不乏文人大儒，陛下只要下诏查问、寻访，终会有所获。”

刘秀深以为然，于是派人多方访求，重礼征聘。不久，卓茂、伏湛等名儒就相继入朝，刘秀这才高兴起来。

刘秀任命卓茂做太傅，封他为褒德侯，食两千户的租税，并赏赐他几杖车马、一套衣服、丝绵五百斤。后来，又让卓茂的长子卓戎做了太中大夫，次子卓崇做了中郎，给事黄门。伏湛是著名的儒生和西汉的旧臣，刘秀任命他为尚书，让他掌管制定朝廷的制度。

卓茂和伏湛深感刘秀的大恩，他们曾对刘秀推辞说：“我们不过是一介书生，为汉室的建立未立寸功，陛下这般重用我们，只怕功臣勋将不服，于陛下不利。为了朝廷的大计，陛下还是降低我们的官位为好，我们无论身任何职，都会为陛下誓死效命的。”

刘秀让他们放心任事，心里却也思虑如何说服那些朝中功臣。他决心既定，便有意对功臣们说：“你们为国家的建立立下大功，朕无论何时都会记挂在心。不过治理国家和争夺天下不同，朕任用一些儒士参与治国，这也是形势使然，希望你们不要误会。”

尽管如此，一些功臣还是对刘秀任用儒士不满，他们有的上书给刘秀，开宗明义地表达了自己的反对之意，奏章中说：“臣等舍生忘死追随陛下征战，虽不为求名求利，却也不忍见陛下被腐儒愚弄。儒士贪生怕死，只会搅动唇舌，陛下若是听信了他们的花言巧语，又有何助呢？儒士向来缺少忠心，万一他们弄权生事，就是大患。臣等一片忠心，虽读书不多，但忠心可靠，陛下不可轻易放弃啊。”

刘秀见功臣言辞激烈，便重视起来。他把功臣召集到一处，耐心地对他们说："事关国家大事，朕自有明断，非他人可以改变。朕是不会人云亦云的。你们劳苦功高，但也要明白'功成身退'的道理，如一味地恃功自傲，不知满足，不仅于国不利，对你们也全无好处。何况人生在世，若能富贵无忧，当是大乐了，为什么总要贪恋权势呢？望你们三思。"

刘秀继位的第二年，就开始逐渐封赏功臣。封侯的功臣地位尊崇，但刘秀很少授予他们实权。有实权的，刘秀也渐渐压制他们的权力，进而夺去他们的权力。

大将军邓禹被封为梁侯，同时担任掌握朝政的大司徒一职。刘秀有一次对邓禹说："自古功臣多无善终，朕不想这样。你智勇双全，当最知朕的苦心啊。"

邓禹深受触动，却一时未做任何表示。他私下对家人说："皇上对功臣是不放心啊，难得皇上能敞开心扉，他还是真心爱护我们的。"

邓禹的家人让邓禹交出权力，邓禹却摇头说："皇上对我直言，当还有深意，皇上或是让我说服别人，免得让皇上为难。"

邓禹于是对不满的功臣一一劝解，让他们理解刘秀的苦衷。当功臣们情绪平静下来之后，邓禹再次觐见刘秀说："臣为众将之首，官位最显，臣自请陛下免去臣的大司徒之职，这样，他人就不会坐等观望了。"

刘秀嘉勉了邓禹，立刻让伏湛代替邓禹做了大司徒。其他功臣于是再无怨言，纷纷辞去官位。他们告退后，刘秀让他们养尊处优，极尽优待，避免了功臣干预朝政的事发生。

千奇百怪的逸闻荟萃

秦兵马俑是怎么发现的

秦始皇陵兵马俑作为秦始皇陵最为重要的一部分，却在中国卷帙浩繁的历史典籍中没有丝毫记载。这实在叫人惊奇。

秦始皇作为“千古一帝”，史书上对他的评价毁誉参半，对营造秦始皇陵的记述，对秦宫秦陵被焚被掘的种种传说记载也有很多，这些似乎可以让我们了解秦史的全貌，然而这仅是在兵马俑没有被发现之前，翻阅中国的历史典籍，没有一点点是关于兵马俑的记述。人们无法理解这些精美的秦俑是怎样被制造出来的，这支庞大的秦军阵又是怎样被尘封于地下如此之久竟无人知晓。它们又是如何冲破 2000 多年历史积尘再现于世的呢?

在秦始皇兵马俑博物馆北边的西杨村，有一位叫杨天德的老人，他曾经回忆说，以前打井时，这里就曾打出过瓦人碎片和瓦马屁股。但是当时的人不懂鉴定古董，又过于迷信，以为把地下的瓦庙、瓦神给得罪了，便不敢再挖下去。人们也就错过了早日认识这地下宝藏的机会。

直到 20 世纪 70 年代，又是一次无意中的打井使这个世纪奇迹得以惊现于世。

1974 年春天，因春旱缺水，西杨村人开会决定打几口大井。生产队长杨培彦和副队长杨文学便在村子西南边环视地形，最后在西崖畔上划了一个大圆圈，决定在此打井，可是谁能料到，这个圆圈圈住的不是水源，却是秦皇的浩大军阵，圈出了一个世界奇迹。

第二天，组长杨全义带领村里的青壮年劳动力，就在西崖畔上画圆圈的地方开挖。当他们挖到快一米的时候，土层越来越硬，而且出现红色，好似烧过的砖窑。当时进行挖掘的人们手都震麻了，不理解土质为何会如此特殊。

当他们继续向下挖到三米深的时候，挖出了一个灰瓦瓮，因为椰头过于用力，瓦瓮已经出现了一个洞。

接着，他们刨掉四周的红土，发现了一个带着铠甲的“瓦人”的胸腔。他们继续往下挖，终于发现了“瓦人”的头，胳膊和已经破碎了的腿。还发现了一堆绿色的铜箭头。再往下挖，看到了铺地方砖。这时，井已经挖到四米多深，先后发现三四个“瓦人”的头和身子。

打井的人们并不认识这些东西，以为这些只是古庙里的神像。并且，觉得触犯了神怒，当晚来此烧香跪拜，祈求宽恕。而“西杨村打井挖出了神像”的消息也很快传遍了周围的村子。

正当西杨村被“瓦神爷”搅得沸沸扬扬的时候，公社有个叫房树民的水保员前来检查打井工作。当他看到这些灰色的俑头后，不禁大吃一惊。虽然他只有中学文化程度，却懂得一些考古知识，看到这些俑头，他立即联想到了三里之外的秦始皇陵，于是，他立即给县文化馆打了电话。

接到电话，临潼县文化馆的三位同志飞速赶向西杨村。当文化馆的干部看见面前和真人一样大小的陶俑的时候，个个傻了眼。他们用箩筛将井口旁那堆混有陶俑碎片的红土全部筛一遍，将碎片都收集起来，连同箭镞一并拿到县文化馆。

随后，第一批秦俑的修复工作，就在赵康民的主持下开始了。恰巧这时一位从北京来的记者得知这一情况，回京后就在《人民日报》内参上发了一条消息，立即引起国家文物局的重视。随后，中央有关领导也很快知道了这个消息。

当年 7 月初，国家文物局、社会科学院考古研究所和陕西省的文物考古专家考察了掘井现场，并决定由陕西省文物考古部门组织考古队进行勘察和发掘。在一号俑坑挖出陶俑陶马 6000 余件，战车数十乘，各种青铜兵器数 10 万件！

1976 年 5 月，考古队又在一号坑北端东侧钻探出二号大型兵马俑坑，一个月后，又在二号俑坑之西 120 米处钻探出三号兵马俑坑！

秦始皇陵兵马俑终于在沉睡了 2000 余年后，破土而出，与世人见面，以它雄奇的风姿震撼了全世界。

阿房宫并未建成

一提起阿房宫，人们便能在脑海中想象它绵延三百华里，雕梁画栋，有着天下第一大殿的恢宏和气势，但更感叹楚霸王的鲁莽行为，将神奇的宫殿付之一炬。但是，在 2004 年春节期间，从古都长安传来一个消息，令人震惊：阿房宫其实是一栋“烂尾楼”，只是完成了地基的修建，余下那些设计精妙的建筑并没有付诸实施。而千百年来被人们认定的“项羽火烧阿房宫”之说，经过专家们的仔细考察和验证，认为这实属一桩千古冤案。

这一消息经媒体广为披露后，人们对这一早就盖棺论定的历史史实被推翻深感惊诧和不解：杜牧在《阿房宫赋》中所描写的情景是真实的吗？阿房宫不是已经完工，而且“蜀山兀，阿房出。覆压三百余里，隔离天日”。项羽不是一把火烧了阿房宫吗？事实的真相到底是怎样的呢？

据《史记·秦始皇本纪》中记载，秦始皇三十五年（前 212 年），秦始皇认为都城咸阳人太多，而先王的皇宫又小，便下令在故周都城丰、镐之间渭南的皇家园林上林苑中，仿集天下的建筑之精英灵秀，打算营造一座新朝宫。这座朝宫便是后来被称为“阿房宫”的著名宫殿。

从中可以得知，当初秦始皇下令修建阿房宫的时间是公元前 212 年，但在秦二世胡亥元年（前 209 年），他就突然病死在了第五次巡游途中。在这之前，阿房宫和秦始皇陵是同时进行的两大工程，为了尽快安葬秦始皇，他儿子秦二世不得不停止阿房宫的工程，抢建秦始皇陵。从秦始皇计划修建阿房宫那天算起，阿房宫前殿的工程总共历时不到 4 年。这座巨大的宫殿，在短短的几年内是很难完成的。

拿阿房宫和圆明园作比较，同样身为“艺术精品”的圆明园从康熙四十八年（1709 年）开始，由五代帝王，历经 150 年时间，才全部建成。清代承德避暑山庄，周围 40 多里，用了 87 年时间。就连西藏拉萨布达拉宫的建设时间，也在 50 年以上。只有短短四年时间，阿房宫的未完工应在情理之中。

而且，2004 年 11 月，考古人员已经基本弄清了它的遗址情况，阿房宫前殿可以说只完成了夯土台基的建筑，就相当于打了个地基，没有其他宫殿建筑。

地基规模也远远不是杜牧所描述的“覆压三百余里”那么大：东西长 1270 米，南北宽 426 米，夯土台基的面积 54.1 万平方米，前殿的夯土台基 8.07 万平方米，整个遗址现存面积将近 50 万平方米，和人们印象中那个大气磅礴的阿房宫相对照，似乎落差很大。

经过清理人们还发现，夯土台基的南面是一个坡道。古时，为了运输黄土，夯筑地基，通常都会修建一条坡道。如果阿房宫前殿已经建完投入使用，没有道理再留下一条运土坡道。

这一切似乎都在显示：宫殿有可能并未修建完毕。

《史记》上明确地写着：“项羽引兵西屠咸阳，杀秦降王子婴；烧秦宫室，火三月不灭。”说的是楚霸王项羽率兵入关后，移恨于物，纵火焚烧阿房宫及所有附属建筑物，这场大火整整延续了三个月，阿房宫最后化为灰烬。于是，人们都认为覆压三百余里的阿房宫，是在烈火之中化为灰烬的。

那么，阿房宫到底有没有被项羽放火焚烧呢？

毫无疑问，如果经历过大火，阿房宫遗址应该会留下一些火烧过的痕迹，考古学家们在离阿房宫遗址不远的咸阳宫遗址上就发现了大量火烧痕迹，可是考古人员在阿房宫遗址上并未发现火烧土样。

这么说，项羽没有火烧阿房宫？让我们再回过头去审视《史记》，原来，在《史记》中并没有记载项羽烧阿房宫，司马迁说项羽烧的是“秦宫室”，而这“秦宫室”并未特别指出烧的就是阿房宫。

那么，又有一个问题，杜牧为什么要写《阿房宫赋》虚构历史呢？

原来，在公元825年，即唐敬宗宝历元年，唐敬宗李湛16岁继位，昏庸无道，大兴土木，不理朝政。杜牧就借这篇赋，表面上写秦因修建阿房宫，挥霍无度，劳民伤财，终至亡国，实则是借秦之故事讽唐之今事，规劝唐朝的当政者要以古为鉴，不能哀而不鉴，最后落得“后人复哀后人也”的结局。正像他在《上知己文章启》中所说的：“宝历大起宫室，广声色，故作《阿房宫赋》。”

两次走红的叔孙通

叔孙通是秦二世时的儒士，被任命为待诏博士。陈胜、吴广揭竿而起时，天下纷纷响应。秦二世听说后，很是忧虑，便召集待诏博士和儒生询问方略。秦二世问：“由楚地来的戍卒攻占了城地，先生们认为该当如何？”

三十多名博士和儒生异口同声地说：“百姓造反，这是不能赦免的死罪，希望陛下赶快发兵讨伐。”秦二世听后，勃然大怒，脸色都变了。

叔孙通上前说：“如今天下合为一家，先帝毁掉郡、县的城墙，销毁天下的兵器，向天下表示不再用兵打仗了。况且上有圣明天子，下有完善的法律，人人尽职守法，四海安宁，哪里有人想造反呢？这不过是些偷鸡摸狗的小贼罢了，何足挂齿。”

秦二世转怒为喜，笑道：“先生说得很对。”有的博士、儒生们脑筋转得很快，纷纷附和叔孙通，说是盗贼。脑筋不转弯的依然坚持说是百姓造反。于是秦二世便把说成造反的都关进监狱，却赐给叔孙通二十四帛、一件衣服。

后来，秦朝败亡，叔孙通便带着儒生们逃出咸阳。他先是投奔项梁，项梁亡后又投降刘邦。刘邦最讨厌儒生，所以见到儒生，便把他们的帽子摘下来，往里面便溺，以羞辱儒生。

叔孙通知道刘邦的性情，便脱掉儒装，改穿短小贴身的衣服，刘邦很是高兴。叔孙通既不向刘邦宣讲儒家学说，更不向人推荐自己的学生，而是向刘邦推荐那些盗贼出身的壮士，刘邦更是高兴，拜叔孙通为博士，号稷嗣君。

叔孙通的学生们饱受冷落，都暗地里骂叔孙通：“我们跟随先生多年了，如今不推荐我们做官，反倒天天推荐那些狡猾的盗贼，这是什么道理？”叔孙通听到后，便对学生们说：“汉王正冒着刀林箭雨争夺天下，你们这些儒生能上阵杀敌吗？你们等着我，我并没忘记你们。”

刘邦平定天下，跟随他一起定天下的都是没有知识的武夫，更不懂什么规矩。他们在朝堂上喝酒争功，醉了就大喊大叫，甚至拔剑砍殿上的柱子。刘邦看着乱糟糟的景象，也很头痛。

叔孙通猜到了刘邦的心思，知道时机已到，便对刘邦说：“儒家虽不能争夺天下，却善于守成。臣愿招集鲁国的儒生，和臣的弟子们一起制定朝廷礼仪。”刘邦同意后，叔孙通便与鲁国的儒生和自己的学生一起，斟酌古代和秦朝的礼仪制度，因时制宜，制定了一套切实可行的礼仪制度。

从此，大臣们上朝都严格遵循礼仪，稍有越轨便被一旁监视的御史拉下惩治。人人心中畏惧，朝中气象大为改观。刘邦看着驯服的臣民，慨叹道：“我直到今日才知道天子的尊贵啊！”

于是，刘邦迁升叔孙通为太常，又赐金五百斤。叔孙通这时才提出：“臣的学生们跟随臣多年了，又和臣一起制定礼仪，希望陛下给他们封官。”

刘邦此时已从心里喜欢儒生了，便把叔孙通的学生们都封为郎官，叔孙通又把刘邦所赐的东西都分给学生们，学生们这才明白叔孙通的用意。

东方朔机智诙谐得高官

他满腹经纶却总是胡言乱语，没有几句治国安邦之言；他放浪形骸，毫无个人形象而言，却又疾恶如仇；皇上听取他的计策，对他百依百顺，群臣眼中他却无足轻重，好似一个滑稽小丑，他就是被称为“智圣”的东方朔。

汉武帝刚即位之时，为了征用贤能之人，广发告示，征召天下贤良和有文学才能的人。各地士人、儒生纷纷上书应聘。东方朔也给汉武帝上书，而且一上书便是出手不凡，用了三千片竹简，两个人才把它扛起来，武帝读完此书用了两个月。

在这封自我推荐书中，东方朔陈述了自己的人生遭遇。其中说道：“我少年时就失去了父母，是被兄嫂抚养长大成人的。直到 13 岁，我才有机会得以读书，所以刻苦勤学。三个冬天读的文史书籍已够用了。我 15 岁学习击剑，16 岁学《诗》《书》，总共读了 22 万字。19 岁学习孙吴兵法和战阵的摆布，懂得了各种兵器的用法，以及作战时士兵进退的钲鼓，这方面的书也读了 22 万字，总共 44 万字。我非常钦佩子路的豪言，如今我已 22 岁，身高九尺三寸。双目炯炯有神，像明亮的珠子，牙齿洁白整齐得像编排的贝壳，勇敢像孟责，敏捷像庆忌，廉俭像鲍叔，信义像尾生。”最后他还很自信地夸下海口，“我就是这样的人，够得上做天子的大臣！”

汉武帝读了东方朔这封自许自夸的推荐书，非常赏识东方朔的自信的气魄，于是命令他在公车署中待诏。

公车令俸禄极其微薄，也得不到汉武帝的召见，东方朔感到非常不满。为了能让汉武帝尽快召见自己，他故意吓唬给汉武帝养马的几个侏儒说他们的死期快到了。那些侏儒非常不解，问他为何，他就回答说：“像你们这样矮小的人，活在世上没有什么用处，没有力气，不能种田，又不能做官治理百姓，更不要说拿兵器到前方去作战。像你们这样的人，无益于国家，只是活在世上糟蹋粮食，因此皇帝打算杀掉你们，你们还不赶快去向皇帝求情。”

侏儒们大为惶恐，恰好汉武帝乘辇经过，侏儒哭着磕头，向汉武帝求饶。汉武帝很是不解，问他们因何而哭，侏儒们便把东方朔的话告诉了汉武帝。汉武帝立即召来东方朔责问，问他为何如此，东方朔终于有了一个直接面对皇帝的机会。他风趣地说：“我是不得已才这样做的。那矮子身长只有三尺多，一袋米的俸禄，钱二百四十。我身高九尺多，却也只拿到一袋米的俸禄，钱二百四十。总不能撑死他们而饿死小臣吧！陛下广求人才，您认为我讲的话对，就重用我；不对，就罢退我，不要让我在这里浪费粮食。”东方朔诙谐风趣的语言，逗得汉武帝捧腹大笑，遂任命他为侍诏，不久又擢为侍郎，侍从左右。这样东方朔见到皇帝的机会就多了些。

汉武帝喜欢微服出巡，恣意游猎。建元三年（前 138 年），汉武帝为了一己之乐，拟划出关中方圆百里的良田，建造规模宏大的林苑。朝中众臣大多迎合帝意，表示赞同，而东方朔却上书力劝汉武帝。他说：“筑造这样的苑囿，破坏了陂池水泽的环境。侵占了百姓膏腴的土地。这上对国家无用，下对百姓无利。其次，它破坏了百姓的冢墓，拆黎民的室庐，使百姓死无所葬，生无所居。其三，造这样的苑囿，用马东西跑着，用车南北走着，还要挖深沟大渠，是劳民伤财的事，以陛下一日之乐，来损害皇上无上的圣名，这是万万不可的。”东方朔的谏阻上林苑书写得真切感人，汉武帝虽然不愿停修上林苑，但是读罢奏疏后，很赏识东方朔的胆识和忠心，下诏赐给黄金百斤，并授予太中大夫的官衔。

东方朔利用他的聪明机智自荐当了汉武帝的太中大夫，在“伴君如伴虎”的朝堂上，尽享潇洒人生。虽然汉武帝很多时候只是把他作为生活中的消遣，但是东方朔却也实现了自己的价值。

第一位名垂青史的和亲人

千百年来，昭君出塞的故事已被大家口耳相传，王昭君为了民族的团结、国家的安宁，牺牲自己、和亲远嫁，已成为神州大地家喻户晓的人物。然而真正和亲出塞的第一位女子并不是王昭君，而是汉朝的刘细君，她出塞和番要比王昭君早 72 年。因为她是皇室真正的金枝玉叶，后人称她为“第一位名垂青史的和亲公主”。

刘细君是江都王刘建的女儿，汉武帝刘彻的侄孙女。因为她生于江都，史称江都公主；又因远嫁乌孙，被称为乌孙公主。

元狩二年（前 121），刘细君的父亲刘建企图谋反，然而并未成功，于是畏罪自缢，刘细君的母亲以同谋罪被斩，当年由于刘细君尚小，汉武帝不忍杀害，刘细君因此躲过一劫，留居江都。

刘细君的出塞和亲是与当时的历史背景紧密相连的。汉代边患严重，北方的匈奴是最大的敌人。西汉前期，北部边疆经常受到匈奴的侵扰。当时汉朝处于建国之初，民生凋敝，政局不稳，为休养生息、积蓄力量，汉高祖刘邦采取和亲政策。可是和亲之后，匈奴依旧屡次背约，战事依然不断。到汉武帝时，汉朝国力日渐强盛，汉武帝为摆脱受制于匈奴的被动局面，决意用武，征战连年，双方互有损伤。汉朝对匈奴的战争，极大地削弱了匈奴的军事、经济实力，使匈奴从此远遁漠北，但因它依然控制着西域诸国，还拥有一定的实力与汉抗衡，汉朝当时只有争取到西域诸国的支持，才能从根本上解除匈奴的威胁。

当时的乌孙拥有骑兵 18 万，日益强大，是西域诸国中的头等强国，也成了汉武帝争取的主要对象。大外交家张骞审时度势，根据他出使西域的考察结果，及时向汉武帝提出了“结交乌孙”，与之和亲的政策。刘细君就是在这样的背景下，成为汉朝第一位远嫁西域的公主。

元封（前 110～前 105 年）年间，乌孙向汉朝廷献上良马千匹，作为汉家公主的聘礼。于是，一纸诏书改变了细君一生的命运。汉武帝封细君为江都公主，下嫁乌孙国王昆莫，年仅 16 岁的细君前往乌孙和亲。

刘细君到乌孙不久，匈奴为了瓦解汉、乌联盟也派遣宗室女至乌孙，成为昆莫左夫人。在这种复杂微妙的形势面前，刘细君处变不惊，从容应对，凭借她的机敏、练达和真诚，逐步赢得昆莫的信赖和臣民的尊敬，使匈奴的阴谋未能得逞。

几年以后，昆莫自觉年已老迈，考虑到未来王位的继承，以及与汉朝的友善关系，他按照乌孙的风俗，想要将刘细君下嫁给他的长孙和王位继承人岑陬（官号）军须靡。这个完全不合汉家传统礼仪的决定，无疑使刘细君忐忑难决，万般无奈的情况下，她上书汉武帝，向汉武帝说明这个情况，请示应如何处理。当时西汉正想联结乌孙共同对付匈奴，汉武帝就命细君顾全大局："从其国俗，欲与乌孙共灭胡。"刘细君谨遵令谕，在昆莫死后，与军须靡结为夫妇，生下一女，名叫少夫。

后元二年（前 87 年），刘细君因产后失调，加之心情抑郁、思乡成疾，病逝乌孙。刘细君结束了人生之旅的最后途程，在乌孙瞑目长逝。

刘细君去世后，汉王朝立即把楚王之女解忧公主嫁给军须靡，维持两国的友好关系。通过和亲，乌孙终于和汉朝结成了长期同盟。两位公主献出了自己宝贵的青春，为汉王朝的安邦睦邻作出了贡献。

在刘细君出嫁乌孙 72 年后，竟宁元年（前 33 年），汉元帝又以宫女王昭君赐嫁匈奴单于呼韩邪。就历史事实而言，王昭君的出塞和亲，完全是刘细君所从事事业的余波和遗响，因此，当人们在怀念王昭君的时候，绝不应忘记她的先行者刘细君的名字和功绩。

刘细君的一生历经浮沉，也饱尝了人间的荣宠和酸楚。但不管在什么情况下，她心中所挂念的，只是祖国的利益和民族的团结，她为此终生奋斗，留下许多骄人的成就和业绩，也留下她对祖国人民的一片赤诚。

中国最早的女外交家

外交，一直是国家维护自身利益的交际手段。在我国的历史上，出现过很多优秀的外交家，他们在维护国家和平和统一，以及民族之间的和睦等方面作出了很大的贡献。很多外交家也被史学家载入史册，被后人尊崇。然而，在历史中，中国最早的外交家是一个女子，这个鲜为人知的女子，就是西汉时期的冯嫽。

史书上曾记载，冯嫽才貌双全，曾多次往返西汉与乌孙之间，解决了不少政治、外交难题，成为中国历史上最早的女外交家。

西汉初期，北方匈奴的势力日益壮大，成为汉王朝的一个威胁。匈奴经常骚扰北方边境，人们的生活受到很大困扰。

汉武帝时，汉朝为了结成对抗匈奴的联盟，与西域诸国中最强大的乌孙国（在今新疆伊犁河流域）联姻。于是，解忧公主下嫁给了乌孙国王，随行侍者冯嫽嫁给了乌孙权位很高的右大将军。冯嫽胆识过人、才干出众，被当地人尊称为“冯夫人”。

冯嫽出身贫寒，她从小被父母送入宫中，一直陪伴着解忧公主成长，是解忧公主的贴身侍女。冯嫽聪明敏捷，又勤于好学，很早就通读历史，并且有着很好的辩论才能。在解忧公主远嫁乌孙时，冯嫽作为陪嫁一起到了。

在乌孙，冯嫽一直协助解忧公主管理各部子女和处理政务，并且，她还担任着很重要的外交工作，她经常代表解忧公主持汉朝的外交凭证与天山南北的小国家建立友好关系。当时的西域地区，大多是沙漠和戈壁，交通工具也只有马和骆驼，冯嫽克服了这些外在的困难，她从乌孙出发，历时两年多，游历十多个国家，并与这些国家建立了良好的关系。冯嫽的远见和外交家才能，还表现在乌孙国内的“王位之争”上面。

乌孙国王去世后，解忧公主的儿子无贵靡继位，然而，没多久无贵靡病逝，乌孙的一些当权者另立乌孙的另一个儿子泥靡（母亲是匈奴人）为王。新国王即位后，有意疏远与汉朝的关系，亲近匈奴。并且，新国王蛮横无理，专制暴虐。解忧公主有意诛杀新国王。原乌孙王的另一个夫人（匈奴人）的儿子乌就屠借机发动叛乱，并聚集一部分人马上了北山，并扬言要请匈奴兵来乌孙。乌孙的局势变得日益紧张。为此，汉朝派 15000 名士兵进驻敦煌，密切注视着乌孙的动向。

西域都护郑吉知道冯嫽的丈夫右大将军与乌就屠关系很好，又了解冯嫽的才干，便请冯嫽去劝说乌就屠。冯嫽知道乌孙如果出现内乱，就会导致各部分裂，汉朝与西域各国多年的友好关系也将受到损害。于是，冯嫽不顾生命危险，亲至北山面见乌就屠。这次会见中，冯嫽凭着自己对整个局势的了解，以及自己的远见和雄才大略，向乌就屠陈说利害，乌就屠接受了冯嫽的劝说，不得不请冯嫽从中斡旋，并希望汉朝给他一个封号。

后来，汉宣帝征召冯嫽万里入朝，冯嫽侃侃而谈，宣帝对她十分器重，正式任命她为出使乌孙的使节。冯嫽乘锦车，持汉节，率人前往乌孙。到乌孙后，冯嫽代表皇帝，诏令乌就屠前来，正式册立乌就屠为“小昆弥”（昆弥即国王），并赐金印绶带。至此，乌孙的动乱得到了圆满解决。

甘露三年（前 51 年），因解忧公主年老，思归故土，冯嫽随同她一起返回长安。这时，乌孙大昆弥无贵靡的儿子星靡代行大昆弥事，由于星靡性情怯弱，国内又不稳定。于是，年逾花甲的冯嫽又一次踏上万里西行的征程。到达乌孙后，冯嫽代表汉朝政府宣召，并向昆弥赠以印授，以示任命。就这样，冯嫽又结束了一场一触即发的内战。在冯嫽的周旋下，乌孙后来正式成为西汉王朝的一个组成部分。

作为一个女子，冯嫽几次被朝廷任命为正式使节，出使异邦，这在几千年的封建社会中是绝无仅有的。

不可思议的市井角料

“长袖善舞”并不是指舞姿美

袅袅长袖，纤纤细腰，飘绕萦回，如卷雪，似流波，令人陶醉，为之神移。所以很多人看到“长袖善舞”这个成语，就会联想到美若天仙、长袖飘飘的古代舞者，进而把长袖善舞用来形容戏剧演员的精湛舞技。实际上，这个用法是错误的。

长袖舞又称翘袖折腰舞，始于战国而盛于两汉，是汉代最流行的一种舞蹈。史载，汉朝开国皇帝高祖刘邦的宠姬戚夫人善为长袖舞，歌出塞、入塞、望归之曲。东汉张衡在《武赋》里形象地描述了这种舞姿：“罗衣从风，长袖交横。绰约闲靡，机迅体轻。”意思是轻柔的罗衣，随风飘扬；长长的袖子，翻飞交横；轻盈而矫捷的身姿，好似立于树梢的燕子，跳动时的迅疾又像惊弓的鹄鸟；她们的体态是那样的轻快柔美，既婀娜多姿，又妩媚动人。

长袖舞显著的特点是舞人无所持，凭借长袖交横飞舞的千姿百态来表达各种复杂的思想感情。长袖舞的服饰主要有上下同宽的狭长袖，上下同宽的宽长袖，宽袖齐腕再由腕内延伸出一段窄长袖。汉代长袖舞形式有柔婉、健朗、诙谐多种，多表现对称和变换之美。舞人的服饰虽然随舞蹈节目的不同而有所变化，但大都是宽袖束腰、长裙拽地，给人以一种飘然若仙的感觉。

长袖舞是一种唯美的舞蹈，没有长袖自然不能进行下去，可以说此舞最大的看点就是那富于变幻色彩的长袖。“长袖善舞”一词语出《韩非子·五蠹》，原句为“长袖善舞，多钱善贾”。意思是说，袖子长，有利于起舞。原指有所依靠，事情就容易成功。后形容有财势、会耍手腕的人善于钻营、会走门路。司马迁在《史记》中评论范雎、蔡泽时说，范雎和蔡泽两人就像舞蹈者有更美的舞衣、经商者有更多的本钱一样，对二人施展手段因而吃得开的行为是有所讽刺的。

现在的很多媒体在运用“长袖善舞”时，忽略了其中包含的贬义。

陈胜、吴广并非贫苦农民

在我们所接受的历史知识中，陈胜、吴广领导的起义，被称为“中国历史上第一次大规模的农民起义”。他们揭竿而起，点燃人们心中抗秦的怒火，一时间“云集响应”，最终推倒了秦王朝的“大厦”。

他们是率先举起反秦大旗的功臣，至于他们的身份，自然也是处于秦王朝最底层的贫苦农民了。原因在于司马迁在《史记》中写的两句话：一是“陈涉少时，尝与人佣耕”，还发出了“苟富贵，无相忘”的自我宽慰与愁叹。二是“二世元年七月，发闾左谪戍渔阳，九百人屯大泽乡，陈胜吴广皆次当行”。

秦时的闾左住的是贫民，闾右住的是富人。古时有“凡层以富为右，贫弱为左”的说法。据《史记》中记载，陈胜吴广任“屯长”一职。这个代表陈胜吴广身份地位的词汇对我们推断他们是否是贫困农民十分重要。

《正韵》说：“勒兵而守曰屯。”《陈胜传》注：“人所聚曰屯，其为长，帅也。”即一屯之主将或统帅，是秦代军队中的下级军官，属于秦二十级爵位中的第五级爵位大夫，职俸是二百石，是仅次于县尉的带兵干部，这样看来，这个“屯长”绝不是一般贫苦农民可以担任的。在秦代，当官为吏必须有爵位，基层官吏不会随随便便从闾左贫民中任意挑出充任，一般贫民也没有资格担任任何官职。陈胜、吴广被任命为屯长，说明他们要么是地方豪强，要么是有爵位的人。

在《史记》中的一些细微之处，也透露出了陈胜、吴广与普通农民间巨大的身份差别。起义前，陈胜的第一句话是：“公等遇雨……”这个“公”字，在古文中对自己来说是一个谦词，表示对别人的敬重，“等”字则点明了人数较多。同时它还表明了陈胜与他的对话者的身份，是根本不同的。接下来“藉弟令毋斩……”中的“藉”的含义，应与今天我们常用的“即使”“即令”相通，有表示退让的意思；而“弟”字则是在众人面前对自己的谦称，从而说明陈胜的身份与戍边农民是有区别的。这段话的完整意思应该是：“诸位遇到天降大雨，戍边已经失期，按法律都得杀头，即使兄弟我下令不斩，你们的前途也十分悲惨，因为戍边的死者占十分之六七……”“藉弟令毋斩”中的“令”字，没有一定权势是说不出来的，更何况还是“令毋斩”！

从中，我们可以梳理出他们的人生轨迹：城邑平民出身，有冠还有字(刘邦当时便没有字)，有特殊背景，掌握着九百名戍边农民的命运，绝非无地、无宅、无地位的贫苦农民这样简单。

“万岁”何时成为皇帝的专称

提到“万岁”两个字，大家最先想到的一般都是我国古代时候的皇帝。在封建社会，天子一般被称为“万岁爷”，而朝拜皇帝时一般都要说“吾皇万岁”。其实，战国到汉武帝这段时期中，“万岁”并不是皇帝专用的，普通的百姓也常常会将这个词挂在嘴边。但那时“万岁”这个词却有着其他的含义。

其中一种含义表示“死期”。史书中便有“万岁”的记载，比如，楚王一边仰天大笑一边说道“寡人万岁千秋后，谁与乐此矣”；刘邦在关中定都之后也曾经说过“吾虽都关中，万岁后，吾魂魄犹乐思沛”的话；颜师古也说过“万岁之期，谓死也”。这些话虽然出现在不同的场合中，但根据语境来推测便可知其中的“万岁”都表示“死期”，而“万岁后”也就是“死后”的意思。

另一种含义是表示“欢呼”，是一种感叹词。据记载，陆贾遵照刘邦的旨意编撰《新语》时，每完成一篇，汉高祖都会大加赞赏，一旁的大臣也随声附和，高呼“万岁”。

到了汉武帝时期，国家对儒家文化倍加推崇，而“万岁”一词也因儒家学派而被定为皇帝一人使用。于是，从汉武帝开始，“万岁”便成了国家最高统治者的称号。据史书记载，这一做法其实是汉武帝精心策划出来的。

元封元年（前 110 年）一月，汉武帝下诏说自己将要率兵前往华山，在到达中岳嵩山时，他亲自登上了高高的嵩山，就在达到顶峰的时候，周围的官吏大臣们都听到了不知何处传来的连续三声“万岁”。后来才知道那是山中的神灵向汉武帝发出的呼喊声。然后，汉武帝便利用其编造出来的这件事将自己神化，对外宣称连神灵都要崇拜自己，以此来巩固自己的统治地位，加强中央集权。从那以后，连呼三声万岁便成了臣民向皇帝朝拜时的专门用语。

太始三年（前 94 年），为了进一步巩固自己的权力地位，汉武帝再一次将以前的惯用伎俩使了出来，自称“高山大海岩石都称其万岁”，于是这样一来，高高在上的神灵和低下的石头都叫皇帝为万岁，那么处于中间地位的臣民百姓自然更要如此称呼皇帝了。从那以后，“万岁”便成了只有皇帝一人可以独享的称号，而且是绝对不允许被用在皇帝之外的任何人身上，如若发现，就是越权谋反，是会被杀头的大罪。

汉武帝之后的各朝统治者都纷纷仿效此做法，为了巩固自己的中央集权费尽了心思。不仅皇帝自己要叫做“万岁”，而且还将自己的生日封为“万寿节”，而皇后、公主等则是比“万岁”稍低一等的“千岁”，他们的生日就相应地叫做“千寿节”，而且每逢此节，宫中都会大设宴席以示庆祝，极尽奢华。

到了唐代，武则天曾以“天册万岁”自比，而慈禧太后更是用“万寿无疆”来点缀自己的万岁称号。甚至明朝权倾一时的太监魏忠贤也曾将自己称作“万岁”之下的九千岁，虽然没有直接使用万岁的称号，但其意已经直指帝王了。

总之，历代帝王都为了自己的中央集权而称自己为万岁，千百年来一直独享这个名号，不许其他人使用，以显示自己地位的至高无上和独一无二。

车裂不是五马分尸

车裂，是一种惨绝人寰的酷刑，人人闻之色变。战国中期的政治家商鞅，因为推行改革变法，损害了旧贵族的地位和利益，引起他们的愤恨，在秦孝公死后，受诬陷而被以“车裂之刑杀之”。

古人总认为“身体发肤，受之父母”，不容受到残害或割裂，许多人一旦获罪，常苦苦哀求“赏个全尸”，而杀人者一个“赏他个全尸”的许诺，已是极大的恩惠。就像“五马分尸”，不仅让人“身首异处”，连四肢都各在一方，难怪一些罪犯想起这一刑名，都会不寒而栗，因为这酷刑不仅让死者在最后一刻肉体异常痛苦，精神也备受煎熬。一般情况下，它专用于谋反、篡位等大逆不道的人。

人们普遍认为，车裂就是五马分尸，即把人的头和四肢分别绑在五辆车上，套上马匹，分别向不同的方向拉，这样把人的身体硬生生撕裂为五块，所以名为车裂。

然而，历代《刑法志》与有关史籍都有关于车裂的记载，但未见“五马分尸”之刑，车裂究竟是不是“五马分尸”？我们可以从古籍中寻找答案。

汉朝许慎《说文解字》中有“辗，车裂人也”“斩法，车裂也”等说法，将车裂、斩、辗相提并论，赋予相同的意义，即以锐利的兵器断人肢体。先秦时，各国对公开处死的罪犯或敌人，无论用刀戈砍杀，还是弓箭射杀，最后都将肢解尸体高悬示众。可见，车裂指用刀斧肢解敌人或罪犯的尸体，并非将人活活撕裂。

而且，古人行刑到示众这一过程，其顺序是先枭首后分尸，如《史记·秦始皇本纪》中说：“尽得（嫪）毒等，二十人皆枭首，车裂以徇。”可见，车裂时的尸体已是无头之尸，无法用五匹马来分解了。

我们可能会有这样的疑问，既然说“车裂”是用利器砍断人的身体，那为什么又用一个“车”字呢？

专家分析，车裂中的“车”字并非指车子，而是某些古体字在字形变化中产生讹误而成为“车”字。不论是用于劳动的斩具，还是用于杀敌的斩具，都不会是车，因此在文字学上“斩”字的结构是无法解释的，很可能是由于当时的字体由古、籀向小篆、隶体变化过程中发生讹误造成的。总之，车裂的“车”，决非马车之意，所谓“车裂”与“五马分尸”毫无关系。

那么，“五马分尸”又从何而来呢？

原来，自汉景帝改革刑法后，汉景帝以前一些死刑的真相慢慢使人淡忘，最终失传。一些古书几经后人篡改，如《南燕录》中有“车裂嵩于东门之外”一句，在《太平御览》中已被改为“五车裂之”，中华书局的影印本中又成了“以五车裂之”，读者以今视古，难免产生种种误解。此外，民间文学、古典小说对这一刑罚的描绘，起了直接传播作用，如《东周列国志》中说商鞅被“五牛分尸”，这是“五马分尸”俗话说的近源。在近代，“五马说”已广为流传，以至于洪秀全将“五马分尸”刑当做太平天国正式刑名颁于天下，这是中国法制史上独一无二的。

无论是“车裂”还是“五马分尸”，都直接指向了鲜血淋漓的杀戮，反映出当时统治阶级的残酷性。

夜郎没有“自大”

在人们心里，提到夜郎，就会自然而然地联想到那个留传千百年的成语：夜郎自大，夜郎自大已经成了自以为是、骄傲自大者的代名词。其典故出自于《史记》中记载的一个故事：

公元前 122 年，汉朝派使者来到夜郎，途中先经过夜郎的邻国滇国(今云南省)。使者会见滇王时，滇王竟然好奇地问：“汉朝和我的国家比起来哪个大?”使者一听吓了一跳，他没想到这个小国家，竟然不知天高地厚，敢拿自己的穷乡僻壤与堂堂汉朝相比。同样令他惊讶的是，后来他到了夜郎国，骄傲又无知的夜郎侯因为不知道自己统治的国家只和汉朝的一个县差不多大，竟然也拿同一个问题问使者：“汉朝和我的国家哪个大?”

一个小小的西南地区小国，居然和汉朝疆域比大小，真是不知天高地厚，这给人们留下了深刻的印象，从此，“夜郎”便和“自大”紧紧地联系起来。那么，夜郎真的自大吗?

《史记》中提到，夜郎自大的起因是：元狩元年（前 122 年），张骞从西域归来，对汉武帝说，他在印度时看到来自四川的土产，因此推断早在他探辟西域之道前，西南的民间商贸流通就可以从西南到印度了，而且从西南到西域，“患匈奴隔其道，诚通蜀（今四川)，身毒国（今印度)，道便近，有利无害”。他建议汉武帝打通通往西域的道路，汉武帝于是派使者去西南探辟通往印度的道路。在途经云南时，使者拜访了当时的滇王，还与西南几个小国的王侯们会晤。因当时道路不畅通，交通不便，诸侯分居于各地，不知汉朝有多大的面积，所以滇王问汉使者：“汉与我孰大？”意思是：“汉朝与我的国家比起来，哪个大些？”在座的夜郎侯及诸者随之亦然。

从中可以得知，问这话的是滇王在先，而夜郎侯在后，结果夜郎侯替人受过。

那夜郎到底有多大呢？

夜郎之名，始见于史记。《史记·西南夷列传》中第一句就说：“西南夷君长以什数，夜郎最大。”夜郎到底有多大？司马迁也不知道。

《后汉书》中追记战国时期夜郎的范围：东接交趾，西有滇国，北有邛都国。就是说，当时的夜郎国涵盖了贵州大部，云南、四川、广西、湖南部分地区。这在当时来说，也的确足以言“大”了。

就事情本身而言，无论是滇王还是夜郎侯，都是因为视野不开阔，孤陋寡闻才会问出此类问题。究其原因，他们两个都是僻处大山的方国，即便现在交通也多受限制，两千多年前更是山隔水阻，偶有山外客来，急于打听山外世界，实为人之常情，而并非妄自尊大向汉王朝叫板。

三国两晋南北朝时期

乱世豪杰的谋略密录

曹操为何至死都不肯称帝

曹操出身卑微却胸怀大志，凭借对权谋与智慧的妙用，在东汉末年的董卓之乱中拔地而起。建安元年（196 年），曹操迎献帝至许昌，挟天子以令诸侯。依靠如此优势，曹操统一了黄河流域，官拜丞相，封魏王，成就宏图霸业，开创了三足鼎立的局面。

曾被认为是“治世之能臣，乱世之奸雄”的曹操，在其“知天命”之年达到了权力的巅峰。然而，他最终没有承接“天命”登上帝位，给世人留下了一个千古之谜。

尝试解开谜题者，百试不殆，述其原因如下：

其一，背不起乱臣贼子的骂名。

东汉末年，汉室衰微而天下大乱，但纲常伦理、忠孝礼义仍在。曹操虽有雄才大略，亦摆脱不了儒家文化的影响。在争权夺利、内征外战的血雨腥风中，一直以天子之名出师，以捍卫朝廷的名义进行。曹操深知，如果自己废献帝，登帝位，那他将沦为千夫所指的罪人，难逃今生来世历朝万代的唾弃与责骂。这是他背负不起的重担。他一再表明自己绝无称帝之心，绝不是篡权夺位的“奸佞小人”，而是忠心辅政的“贤能将相”。足见其受儒家正统文化影响之深，断不敢冒天下之大不韪而背负乱臣贼子的骂名。

其二，经不住群起而攻之的激战。

虽然曹操已取得了对汉室的绝对控制权，但他的势力仍局限于北方，东南的孙权、西南的刘备皆非等闲之辈。曹操如果贸然称帝，必将成为众矢之的，让孙权、刘备等人有了一个讨伐乱臣贼子的幌子，继而带领天下英雄群起而攻之。如此一来，他苦心经营的“挟天子以令诸侯”的绝对优势将如流水东去，难挽狂澜，不仅陷入政治和道德上的被动，更有可能引发一场空前惨烈的激战。任其再怎么兵精将广，一旦以乱臣贼子的身份与天下豪杰对抗，胜算可想而知，亦难逃“偷鸡不成蚀把米”的下场。面对如此不利的形势，心思缜密的曹操，又岂会为了一时的痛快而陷自己于万劫不复之地。

其三，看不上虚名而重实权。

曹操为人讲求实际，实权与虚名孰重孰轻他再清楚不过。能够从乱世中一路走来，靠的不只是雄心壮志，更是为达目的不择手段的务实作风。称帝不过是多得了个名号，而天子诏令由他口授，朝廷政策由他制定，官员任命由他授意，这一切足以证明他名为丞相实当皇帝。皇帝名号，此时不仅不能锦上添花，反而可能因此而遭落井下石之罪，要它何用?

一句“若天命在吾，吾为周文王矣”，似乎道出了曹操的心愿，点破了曹操宁为儿子铺路也不愿自己称帝的决心。然其心中真实的想法，历千年涤荡仍扑朔迷离，但凭后人评述。

曹丕缘何在王粲墓前学驴叫

建安二十二年（217 年），名士王粲去世，魏国国君曹丕为他举行了隆重的葬礼，他带着一批王公贵族、名人雅士去祭拜王粲。曹丕率先学起驴叫，在场的其他人争先恐后地学起驴叫，一时，王粲的墓前响起了此起彼伏的驴叫声。这种祭拜的形式实在让人困惑不解，曹丕作为一国之君为什么会在王粲墓前学驴叫呢？

这事要从王粲说起。

王粲，山阳高平人，三国时曹魏名臣，也是著名文学家“建安七子”之一。

当时，掌权者曹操虽刻薄，对待文士却宽容。他的儿子曹丕、曹植虽居尊位，却旷荡不拘礼法。曹操曾在高邮城专门建造铜雀台，台高十丈，上面建有房屋百余间，专供建安七子等文人名士活动之用。曹氏父子三人都喜欢文学，是当时文坛的领袖。尤其是曹操，在文学上的造诣很高。曹操十分看重人才，对有才华的名士更为看重。

曹操的儿子曹丕不仅是魏国的开国皇帝，也是当时文坛的领袖之一。他十分喜欢与文人雅士交往，经常与他们一起饮酒作诗。在“建安七子”中，王粲是公认的最有才华的人，也得到了曹丕的欣赏。史料称，王粲说话风趣幽默，为人诙谐，常有惊人之语。

魏晋时期有这样一个趣闻，有一个人听到驴子的叫声，觉得自己听到了天籁，就模仿驴子的叫声，并如痴如醉。这个人将驴叫声学得惟妙惟肖，听起来像是仙乐在空中飘荡。后来，人们将会学驴叫当做一种时髦的风尚。大家见面都会发出两声驴叫，表示亲昵。“建安七子”中的王粲也有这样的癖好。王粲每次听到驴叫声，都会开心得不亦乐乎。聚会时，他常常当着很多文人雅士的面学驴叫，且叫得惟妙惟肖，逗得大家哈哈大笑。据说学完驴叫后，他才思格外敏捷，如泉喷泻。

建安二十二年（217 年）冬，王粲随曹操征讨孙权，次年春，在返回邺城途中死于瘟疫。消息传来，整个建安文坛大受震动，曹丕更是不胜伤感。

在举行了安葬仪式后，在王粲墓前，曹丕说：“仲宣（王粲的字）平日爱听驴叫，让我们学一次驴叫，送他入土为安吧!”

说完，曹丕就带头学了一声驴叫，宾客们跟在后面全都学起驴叫来。一时间，各种风格的驴叫声交织一片，这应该是中国最早的“集体行为艺术”了。

在现代人看来，在墓前学驴叫是一种很不雅的行为，并且这种行为听起来像是对死者的不尊敬。但是，魏晋时期的文人追求精神自由、个性解放，他们的行为也都放荡不羁，不受世俗的羁绊。用驴叫的形式表达对死者的哀悼，反映了他们对死者的真心悼念。其实，我们如果真正理解一个人，懂得他内心的感受，明白他内心的真正需要，学驴叫也是一种传递感情的最佳方式。

桃园三结义史无凭据

“桃园三结义”是《三国演义》中的故事。提起刘备、关羽和张飞，人们总是会联想到他们早年在涿郡张飞庄后那花开正盛的桃园，结为异姓兄弟，不求同年同月同日生，只愿同年同月同日死的故事。人们一直传诵着这个故事，也有人效仿他们焚香结义。他们三人生死与共的友谊，已深深扎根于后人心中。

故事发生在东汉末年，那时朝廷腐败，连年灾荒，使得民不聊生。刘备想拯救陷入水深火热之中的百姓，张飞、关羽愿与刘备共同干一番事业。他们三人情投意合，在张飞庄后一桃园焚香礼拜，祭告天地，按年岁结成异姓手足。刘备年长做了大哥，关羽第二，张飞最小做了弟弟。在此后的三十多年中，三人风雨同舟，肝胆相照，终于开创了蜀汉基业。

历史上真的有桃园结义这回事吗?

按《三国演义》中的说法，刘备年龄最长，为大哥，关羽次之，张飞则是老三。然而，据史籍记载，事实并非如此。

《三国志·先主传》中无刘备生年，仅说他死于章武三年（223 年），时年六十三。先人计算年龄都算虚岁，照此规定往前推，刘备当生于汉桓帝延熹四年（161 年）。因此，刘备的生卒年应是公元 161～223 年。

清朝康熙年间，有人在关羽的故乡解州（山西运城市）掘井时，掘到了关羽祖墓的墓碑，碑上刻有关羽的家世。当时有个叫朱旦的官员据此写了一篇《关侯祖墓碑记》，在文中说关羽生于汉延熹三年（160 年）6 月。这样看来关羽应比刘备大一岁，与《三国演义》中的“桃园结义”有不吻合之处。

也有人对张飞的生年进行了考证，《辞海》中介绍：167～221 年，根据《关公年谱》中“张飞小刘备四岁”之说，应是 165～221 年。所以，如果真有桃园结义的话，关羽应该是大哥，而并非刘备。而且，《三国志》《资治通鉴》中也从来没有提到过刘、关、张三人结拜的事。

历史上，刘、关、张三人关系确实非同一般。《三国志·关羽传》中说，关羽亡命奔涿郡，刘备正在乡里聚合徒众，关羽、张飞便投其门下。后来刘备为平原相，又以羽、飞为部司马，分统部曲，与二人“寝则同床，恩若兄弟”。关羽经常于“稠人广坐”（在人多集会的场合），侍立终日，后来徐州失守，关羽被擒，曹操派人劝降，关羽也说：“吾受刘将军厚恩，誓以共死，不可背之。”《三国志·张飞传》中也记载：“张飞……少与关羽俱事先主，羽年长数岁，飞兄事之。”《三国志·刘晔传》中也说：“且关羽与备，义为君臣，恩犹父子。”

在这里，“恩若兄弟”形容三人关系密切，并不一定是真正的兄弟，关羽、张飞与刘备大多数时间还是君臣关系。

“飞兄事之”倒可以看做张飞把关羽当做兄长来侍奉。把比自己年长的人当做哥哥来看待，称呼某人为“哥哥”，并不一定得是拜把子兄弟才如此称呼，一般我们会把某些年长自己的人尊称为“哥哥”，古今皆是。

可以说，刘、关、张关系确实十分亲密，但他们并未义结金兰，《三国演义》号称“七实三虚”，所以，没有史实作证的桃园结义不可全信。

“空城计”并非诸葛亮所创

人们都很熟悉《三国演义》中“诸葛亮弹琴退仲达”的故事，诸葛亮的“空城计”千百年来被戏曲家传唱，更被老百姓当成了经典的谋略。可是，诸葛亮果真有“西城凭三尺瑶琴，空城计吓退司马懿”这一本事吗?

据史学证明：当时诸葛亮初屯阳平时，司马懿还在宛城为荆州都督，不可能与诸葛亮交锋。后来他准备攻蜀，也没有打成，在这前后，就再也没有在阳平交兵之事。何况，司马懿率兵20万，就算怀疑有伏兵，也不至于退走，他可以就近驻扎设防。

“空城计”并非诸葛亮所创，而是小说家罗贯中为了彰显诸葛亮的伟大功绩，移花接木的安排。

其实，“空城计”的“主人”另有其人，他们都用“空城计”吓退过敌人，他们分别是赵云与文聘。

据《三国志·蜀书·关张马黄赵传》中注引《马云别传》中记载，建安二十四年（219年），在一次战斗中，曹军的运粮部队到达北山下，足有千万袋粮食，黄忠带领大军去夺粮，赵云只有数十轻骑，却与曹军大部队遭遇上了。赵云且战且退，最后退到营垒。有人主张闭门拒守，赵云却没有这样做，反而大开营门，偃旗息鼓。曹军怀疑赵云有伏兵，急忙退去，赵云命令士兵擂鼓呐喊，又以弓箭从背后射曹军。曹军大为惊骇，自相践踏，死了不少人。赵云用“空城计”吓退曹军，等曹军明白过来后，都赞赵云“一身是胆也”!

《三国志·魏书·文聘传》中注引《魏略》中还记载了魏将文聘拒退孙

权的一个“空城计”。魏黄初七年（226 年），孙权亲率五万大军突袭文聘据守的石阳。当时石阳城并未做好战斗准备，加上连降大雨，城防坍塌了不少。文聘被孙权大军围困，起先也不知所措，但他很快便想到一个疑兵之计。他命令城里人都藏起来，让人看不见，自己也躺在官舍里不起来。孙权见状果然大惑不解，对部下说：“北方人都说这人是曹氏的心腹忠臣，所以才委以重任，镇守此城，现在我打来了却不见一点动静，这不是有诡计，就是很快有救兵。”孙权以为有诈，没敢进城。

《三国演义》的作者把“空城计”的光环戴在了诸葛亮的头上，随着《三国演义》的家喻户晓，老百姓只知晓诸葛亮的空城计，却不知“空城计”的“主人”另有其人。

赤壁战败，是不是因为被火攻

汉献帝建安十三年（208 年），曹操率大军攻打吴国，孙权与刘备结盟抗曹。由于知道魏军大都不谙水性，诸葛亮和周瑜决定用火攻。假意投奔魏军的庞统建议曹操，把魏军的船只用铁索连在一起，曹操接受了他的建议。周瑜打黄盖，黄盖假意投降魏军。黄盖在诸葛亮推测出东风将至的时候，带着数十只装满了柴草的船去投奔魏军，接近魏军的船只时，黄盖点燃了船上的柴草，火借着东风向魏军烧去，不谙水性的魏军死伤无数，这就是著名的赤壁之战。

一般人认为遭遇火攻是曹军失败的主要原因，在《资治通鉴》中司马光说，黄盖“乃取蒙冲斗舰十艘，载燥荻、枯柴，灌油其中，裹以帷幕，上建旌旗，预备走舸，纱于其尾。去北军二里余，同时发展，火烈风猛，船往如箭，烧尽北船，延及岸上营落”，可见司马光是倾向于相信曹军兵败的原因是因为火攻的。

但是，《三国志》中对赤壁之战又有另一番描述。《三国志·先主传》中说："权遣周瑜、程普等水军数万与先主并力，与曹公战于赤壁，大破之，焚其舟船。"按照这种说法，曹军是先败兵，然后船只才被烧的，而不是因为船只被烧而败兵。那么曹军败兵的原因到底是什么？

曹操本人并不承认赤壁之战失败的原因是因为遭遇火攻，这从他后来写给孙权的一封信中可以看出："赤壁之役，值有疾病，孤烧船自退，横使周瑜虚获此名。"《三国志·武帝纪》中描写赤壁之战，也没有提到曹军遭遇火攻败兵这件事。据记载，曹军大败是因为一场瘟疫。曹操到了赤壁以后，与刘备、孙权联军作战，一直不占上风，后来发生了一场瘟疫，死了很多士兵，曹操看得胜无望，就班师回朝了。而除此之外，《三国志·吴主传》中也提到了曹操自己烧船这件事："曹公烧剩余船而败退。"

《三国志》的编写者陈寿生活在西晋，离三国时期最近，其记载应该更为准确。那么这种导致曹操败兵的瘟疫究竟是什么？经研究人员推断，这种瘟疫应该是血吸虫病。

血吸虫病从很早之前就有了，公元 7 世纪初成书的《诸病源候论》中就有关于它的记载。在中国，只有南方才有血吸虫病，且以湖南、湖北最为严重。秋季是急性血吸虫病的高发期，而曹操恰恰是在秋季开始训练水兵的。所以，感染血吸虫病的士兵肯定不在少数。而血吸虫病一般有一个月左右的潜伏期，赤壁之战是在秋末冬初的时候开始的，那个时候正是士兵们的血吸虫病开始全面发作的时候，曹军怎能全心应战？

而这种疾病之所以对吴蜀联军没有影响则是因为他们基本上都是在长江流域一带活动，熟悉水性，士兵们对血吸虫病有一定的抵抗能力。但是曹操的军队以前基本上都是在北方活动的，士兵们基本都没有感染过这种疾病，当然没有任何免疫力和抵抗力了。

血吸虫病的说法虽然有些依据，但也存有争议，因为曹操当时训练水军是在邺城，邺城不是血吸虫病的疫区，所以感染的可能性不大，而且曹操烧船退军虽有其事，但是发生的地点却不是赤壁，而是曹军兵败后撤退到巴丘的时候。

遭遇火攻导致败兵的说法不可信，血吸虫病的说法也有漏洞可寻，曹军赤壁之战败兵的原因至今扑朔迷离。其实即使抛却血吸虫病和火攻，曹操的军队也是有一些问题的。首先就是士兵们对水上作战环境的陌生，这就导致他们在作战过程中很被动。同时，曹操的军队中有很多士兵是之前攻打荆州时不战而降的刘琮手下的士兵，所以，曹操的军队本身也不太团结。

赤壁之战的过程中究竟发生了什么，曹操大军到底为何兵败，我们现在仍无从知晓。但无论曹操兵败的原因是什么，赤壁之战的意义都不可忽视，它奠定了魏、蜀、吴三足鼎立的基础。

不忍细看的宫廷秘事

晋武帝为何坚持传位给傻太子

司马炎是西晋王朝的开国皇帝。在西晋前期，司马炎多次纵横沙场，为了西晋王朝的稳定，司马炎也付出了很大的心血。可是，到了晚年，司马炎辛苦打下来的江山竟然传给了一个傻太子，这多少让人有些费解。也正是因为他将皇位传给了这个儿子，西晋王朝开始了动荡不安的局面。那么，晋武帝为何作出这等傻事呢？

根据史书上记载，司马炎一生中有二十多个儿子。在这二十多个儿子当中，也有聪慧狡黠的继承者。司马炎为什么偏偏选中司马衷当太子呢？原来，当时的皇子要继承大统，必须要按照规矩行事，一般情况下，即位的多是长子。但是晋武帝的长子司马轨在年轻的时候不幸夭折，第二个儿子司马衷理所应当成为长子。

司马衷的愚钝，朝野上下无人不晓。当时，辅助太子学习的老师多是当时名士，司马衷却没有从他们身上学到什么，老师们想了很多办法，但司马衷完全沉浸在自己的世界之中，对外界的事情没有任何知觉。一次，一位宫人服侍司马衷吃饭，看到司马衷浪费粮食，就对司马衷说："殿下，现在正是饥荒年代，每一粒粮食都非常珍贵，现在宫外还有很多人没有饭吃。”司马衷听了一脸惊讶，他呆呆地对宫人说：“没有粮食吃，为什么不吃肉?”宫人听了哭笑不得。

司马炎知道儿子不能担负起国家的重担，在朝臣的建议下，曾想过更换太子。但是，这件事遭到杨皇后的反对。杨皇后出身名门，长得十分貌美，很受司马炎的宠爱。她嫁给司马炎之后，生下三男三女，长子司马轨和次子司马衷都是杨皇后的亲生儿子。

晋武帝在与杨皇后聊天时，多次提到司马衷有点愚钝，难以继承大统。每次一提及此事，杨皇后就十分悲伤，她说：“长子早逝，司马衷虽然天性愚钝，但忠厚老实，是一个很有上进心的皇子。如果遇到合适的师傅，好生教导，日后必成大器。古人也有大智若愚的道理，儿子现在看起来愚笨，其实是有着大智慧的一种体现。”晋武帝听了，也只能连连点头。

虽然这样，司马炎还是觉得立司马衷为太子不是明智之举。儿子长大之后，他多次派人去试探儿子，看看儿子是否真正的长进。司马炎十分信任荀勖，就派他去东宫考察太子行径。太子妃贾南风听说后，就命人将荀勖十分尊敬地迎接到府中，然后告诉荀勖，太子得了一种传染病，其他人不便入太子房中，请荀勖出考题让太子回答即可。

荀勖就出了一套考题，差人送入太子房中。太子没读过什么书，这些考题自然不会。谁知太子妃早已寻觅到一个才华横溢的人安插在太子房中，太子的考卷也是这位才子所答，再由太子抄一份送给荀勖。

荀勖看了考卷，察觉太子进步不少，就告诉了晋武帝。晋武帝终于下定决心将皇位传给司马衷。

西晋太熙元年（290 年），司马炎病逝。皇太子司马衷即位，是为晋惠帝。不到一年，贾南风发动政变，晋朝也开始了著名的“八王之乱”。西晋建兴四年（316 年），刘曜攻破长安，俘虏了末代皇帝司马邺，西晋灭亡。

将后宫改为集市的皇帝

自古以来，做皇帝的都是由三宫六院的美女精心伺候，小心取悦他。哪个嫔妃若是稍不小心，就会失去皇帝的宠爱，届时就算这个美人没有被打入冷宫，在宫中的日子也堪比地狱。

但是，众多皇帝之中却有那么一两个例外。有一个皇帝，专门喜欢给他的妃子当奴隶。在宫里，这个皇帝喜欢给妃子端茶倒水、捏脚捶背，稍有怠慢，更是要受到妃子的怒斥和杖责，他也不恼怒，反而更加宠爱她。妃子出行，皇帝让妃子坐在华贵的凤辇上，他自己却在辇后骑马随行。渴了，自己用金银做的小水壶去河沟里舀水喝，累了，也不肯下马和妃子同辇而行。遇到崎岖不平的路，更是要骑马紧紧跟随在妃子的凤辇后，不肯稍离半步。

这个前无古人、后无来者的皇帝究竟是谁呢？他就是南北朝时期，南齐皇帝萧宝卷。

萧宝卷是南齐明帝萧鸾的次子，因为其兄身患残疾，所以他被立为太子。萧宝卷天生口吃，明帝萧鸾也不怎么管他，他虽然贵为太子，却并没有被当成国家继承人来培养。平日里，萧宝卷的最大爱好就是在宫里带着侍卫们到处找老鼠洞，挖洞抓老鼠。

南朝齐永泰元年（498 年），性格阴鸷的南齐明帝萧鸾病死宫中，萧宝卷得以登基为帝。明帝临终前，告诉萧宝卷："做事不可在人后。"要他遇事果断，对待大臣和宗亲要舍得下手诛杀，于是萧宝卷记住了这句父亲留给他的最后遗言。

萧宝卷登基时已经 16 岁了，但是仍然如孩子一般喜欢玩耍胡闹。他讨厌两位做辅政大臣的表叔江佑和江祀，宠信宦官梅虫儿和茹法珍。辅政大臣见幼主荒诞，便起了废帝之心，结果萧宝卷得知这个消息，先将这两位大臣处死，并将其亲戚一并处决。一时间震动朝野上下，文臣告老，武将归乡，造反的大军更是声嚣四起，意欲推翻萧宝卷。

然而，萧宝卷虽然昏庸无道，却深刻领会了其父的遗言，利用朝臣萧懿将叛军镇压，不久之后又将平叛有功的朝臣萧懿毒杀了。

萧宝卷没有了辅政大臣的牵制，又平定了叛乱，愈发荒唐胡闹起来，他性格阴晴不定，喜欢到皇宫外面闲逛，所到之处必须用帷幔挡起来，平常百姓不可以看到他，凡是被他撞见的百姓，不管老少孕病，一并死在他的刀剑之下。他出宫闲逛不仅逛大街，还喜欢到百姓家里逛。所以，那些住在京城的百姓往往为了躲避皇帝出巡，有家不敢回。富裕一点的人家，在被皇帝游幸过之后，家资被随帝出巡的侍卫洗劫一空。那些贫苦家庭的百姓，往往在深冬腊月的夜晚，冻死饿死在外面，也不敢回家避寒。

萧宝卷玩得多了，也会有厌烦的时候，于是想找个美人陪他一起玩耍。就在他四处搜罗美女的时候，潘玉儿出现了。这个潘玉儿长得妖冶艳丽，因为自小做过歌伎，更是晓得如何收服男人。萧宝卷一下子就被这个难得的美人吸引住了，虽然这个潘玉儿性格刻薄，动不动还要对他撒泼，可萧宝卷还是对她极尽宠爱，为她建造宫殿，用金子做成莲花样贴在地上，让潘玉儿赤足袅娜地走过，美其名曰："步步生莲花。"

潘玉儿的父亲是一个做生意的小商贩，因为女儿成了贵妃，也跟着骄奢跋扈起来。萧宝卷经常陪着潘玉儿回娘家，受到岳父的影响，萧宝卷也开始喜欢上玩市集买卖的游戏。

萧宝卷在皇宫之中令宦官宫女扮作市集的商贩，让潘妃管理市集，他则在潘妃身边做文书，如有商贾纠纷，就让潘妃审理惩治。他则在一边殷勤伺候着"上司"，伺候得不好，"上司"会连他一起惩治一番。

面对如此荒唐的皇帝，朝中大臣早已失望。当初萧懿被毒杀之前曾担忧，他死后，他那几个在外为官的兄弟可能要造反，果不其然，萧懿的弟弟萧衍听说兄长平叛有功仍然被皇帝毒杀，便起兵造反。

萧衍不同于以前反萧宝卷的那些庸才，他率领部下，势如破竹，冲入京城。对此，萧宝卷仍然不以为意，照样莺歌燕舞，宴饮游玩，结果在其宴罢安寝之后，被太监张齐和黄泰平砍死了。太监砍下萧宝卷的人头，打开宫门，将人头送给萧衍。

萧衍入京之后，将萧宝卷宠信的奸佞小人统统处死，唯独对潘玉儿手下留情。原本萧衍想将潘玉儿收为己用，但是他手下的大将王茂并不同意，说潘玉儿是祸水，不可留用，建议将她赏给手下的将士田安。但是潘玉儿声称不肯“下匹非类”，遂自缢而死。

被妻子气死的皇帝

在我国古代历史上，皇帝的死因千奇百怪，有饿死的，有被妻子用被子闷死的，有吃错药死的，还有被妻子活活气死的。说起来这个被老婆气死的皇帝还是一位很有作为的皇帝，他是北魏孝文帝拓跋宏。

北魏孝文帝是鲜卑族很有作为的一个皇帝，他激励推行汉化政策，让北魏盛极一时。然而，这样一个皇帝是怎么样被妻子气死的呢？

北魏孝文帝一生有两个皇后，并且这两位皇后都是文帝的母亲冯太后的侄女。第一个皇后名唤冯媛，是冯太后一个哥哥的女儿。北魏太和十四年（490年），北魏孝文帝在全国推行改革，他迁都洛阳，下令不能穿胡服，并且开始带领百姓学习中原语言。改革在当时遭到了很多权贵的反对，但是孝文帝力排众议，坚持推行自己的政策。他自己改姓元，并亲自穿着汉服上朝，起表率作用。

为了更好地推行这一政策，他还颁布律令，30岁以下的，一律改习汉语和中原正音，官民改穿汉人衣冠，概莫能外，否则一律重罚，朝官违禁罚其俸。于是，全国开始一场轰轰烈烈的改革运动。但是皇后冯媛却不愿意背弃自己的方言，她虽然接受了汉服，但是拒绝说汉语。孝文帝为了更好地推行改革方案，忍痛废掉皇后冯媛，将她安排到瑶光寺为尼。

冯媛被废后，孝文帝立自己的表妹冯润为后。冯润也是冯太后的侄女，这位皇后十分骄纵，脾气也很火暴。由于她长得十分美丽，孝文帝非常宠爱她。在冯润被立为皇后的几年中，孝文帝经常外出打仗，冯润常年一人独守宫中，不甘寂寞的她于是与内朝中官员高菩萨私通。高菩萨长得仪表堂堂，身体也十分健壮，在宫中担任宦官的职务，但是他进宫之前没有净身，冯润十分喜欢高菩萨，经常在宫中与他私通。

孝文帝后来在汝南患病，冯润就更加肆无忌惮。宫中很多人不满皇后行径，就将此事告知彭城公主。公主将这个丑闻告知孝文帝。孝文帝大怒，回洛阳后，逮捕了高菩萨。冯润知道消息后，跪在孝文帝面前痛哭流涕，请求孝文帝原谅。孝文帝当时病重，听到冯润招供更是气愤，后来，念在冯润是冯太后的侄女的份上，就免她一死。

经受这次打击之后，北魏孝文帝就一病不起，身体每况愈下，最后死在南征途中。临终的时候，孝文帝密诏彭城公主，并遗诏自己死后将冯润赐死，但仍旧按照皇后的礼节厚葬。孝文帝死后，冯润服毒而死。

被噩梦吓死的皇帝

人们睡觉的时候会做梦，当被噩梦所困的时候，人就会十分痛苦。后秦也有这么一位皇帝，他弑君后自己登上皇位，但经常噩梦连连，这件事成为他一块无法解除的心病。这位皇帝就是后秦的开国皇帝姚苌，他也是我国历史上唯一一个被噩梦吓死的皇帝。这样的一种死法，对一个开国皇帝来讲，听起来有点荒唐可笑。那么，姚苌被什么样的梦境所困，最后惊惧而死的呢?

十六国时期，姚苌建立后秦。

姚苌最初是苻坚的一员大将。苻坚十分器重姚苌，封他为龙骧将军。这个官职之前苻坚也曾做过。《晋书》中记载，苻坚当上皇帝之后，龙骧这个名号就没有启用过。然而，苻坚遇见姚苌后，却将这个称号给了姚苌，可见对其之器重和赏识。苻坚是十六国时期很著名的皇帝之一，《晋书》上说，苻坚“为政之体，德化为先”，是一个很有气度胸怀的皇帝。

姚苌聪颖敏锐，是一个很有头脑的人。

苻坚很看重姚苌，这和姚苌对前秦的功劳分不开的。前秦的兴盛也离不开姚苌的东拼西杀。在姚苌的帮助下，苻坚很快统一了北方。

然而，即使是再好的关系，也有破裂的一天。一件偶然的事件，让苻坚与姚苌的关系很快陷入僵局。淝水之战之后，慕容世家在关中建立了西燕，苻坚派姚苌和儿子苻睿一起前去破燕。在战场上，苻睿仗着自己的皇子身份，不听姚苌的任何劝告。结果在一次战役中，苻睿孤军深入，遇到了燕国的伏兵，被乱箭射死。

苻坚失去了儿子，十分伤心，一时愤怒，就令人将姚苌抓起来，要治姚苌的罪，姚苌因为害怕赶忙逃走。《晋书》上说他“奔于渭北，遂如马牧，咸推苌为盟主”，后来，“北地、新平、安定羌胡降者十余万户，附近一些豪族相继来投”。从记载来看，姚苌逃走后很多人来投奔他，于是，姚苌自称大将军、大单于，完全背弃了苻坚。

苻坚不能忍受丧子之痛，就发兵西燕，要亲自灭西燕。后来，慕容氏冲进长安，苻坚兵败逃往五将山，被姚苌所擒。

苻坚见到姚苌，破口大骂，说姚苌是一个恩将仇报的叛贼。姚苌一怒之下，将苻坚吊死。苻坚死后，姚苌再也没有睡过一个安稳觉，每次做梦都会梦到苻坚指着他的鼻子大骂，说他不仅害了苻睿，还背叛前秦，导致了前秦的灭亡。姚苌一直活在这种恐惧和惊吓之中。一次姚苌梦到苻坚带着数百名鬼兵前来捉他，他惊吓过度，在皇宫内乱跑。很多宫中的士兵帮他捉鬼刺鬼，不小心刺中了姚苌。此后不久，姚苌不治身亡。

最信佛的皇帝：梁武帝四度为僧

身为一国之主，先后几次舍身佛寺为奴，再由臣僚用高价“赎”出。这种咄咄怪事的主角，乃是梁武帝萧衍。

萧衍原来信奉道教，但称帝三年后，便下诏宣布自己舍道事佛。他广建佛寺，仅京城建康一处，寺院就达500余所，僧尼10万余人。他本人也被称为“皇帝菩萨”。由于他的倡导，汉地僧尼改变了原来食三净肉的习惯。

几次北伐失败后，为博取美名，他曾多次出家当和尚，只是他当和尚纯粹是作秀。

南朝梁普通八年（527年），萧衍到当时建康最大的、僧侣有数千人的同泰寺进香，忽然脱下龙袍，当起了和尚，说是舍身佛寺，为国家祈福。国不可一日无君，皇帝出家了，朝廷大事都搁置起来，这让那些大臣急坏了。他们想尽办法，苦苦哀求梁武帝回宫。梁武帝在大臣的恳请下，出家四天后，被大臣接回了宫。

梁武帝回宫后，一直耿耿于怀。他认为一个普通百姓还俗都要给寺院交上大笔香火费赎身，自己轻易离开是对佛祖的不敬，作为皇帝，他更应该给寺院支付一大笔费用。可是怎么让大臣给寺院钱呢？梁武帝想了一个办法。

不久，梁武帝再次去同泰寺进香，再次在寺院出家为僧。这次大臣再请皇帝回宫，梁武帝不为所动。大臣们没办法，最后商议找一位能说会道的大臣单独去请梁武帝。在这次请梁武帝回宫的游说中，梁武帝向这个大臣透露，自己回宫可以，但是大臣必须支付寺院一大笔赎金。

于是，大臣们拿出一万两黄金将皇帝赎回。寺院的和尚看到皇帝这么大方，很乐意让皇帝还俗，梁武帝完成了自己的心愿，也跟着大臣回到宫中。

然而，这笔钱梁武帝并没有捐给寺院当做香火钱。他像模像样地装修了几座寺庙，剩下的钱就都收藏起来。梁武帝认为这样可以把大臣从老百姓那里搜刮的钱收回朝廷，自己可以用这笔钱做点好事。

过了两年，梁武帝又要出家为僧。大臣们有了第一次的教训，极力阻止皇帝去寺院。很多大臣上书直谏，但是梁武帝置之不理，一心要出家。回到同泰寺没有多久，梁武帝要大臣花两万两黄金将他赎回。

大臣们苦不堪言，于是又从老百姓那里搜刮钱财。结果，人们的赋税更加严重，人们的生活困苦不堪。那些廉洁的官员不舍得压榨百姓，自己也没有更多的钱凑给皇帝，只能四处借贷，搞得家徒四壁。

然而，梁武帝并不在意这些大臣和老百姓的疾苦，看到大臣奉上的黄金白银，得意至极。他计算着自己可以用这些钱盖几座漂亮的庙宇，以示自己对佛法的虔诚，还可以让自己在宫中挥霍玩乐。

史书记载，梁武帝在位期间，总共出家四次。每次出家，他都装模作样地脱下黄袍，穿上僧服，不畜肉、不喝酒、不近女色。然而，这些戏剧性的表演最长也不过 30 天，最短的出家时间仅仅四天。而梁武帝每次出家，大臣们都要筹备巨额资金将皇帝赎回。

梁大同十二年（546 年）3 月，萧衍又进同泰寺讲《三慧经》。这回是白天讲经，晚上回宫。一个月后，同泰寺着了一场大火，庙里的泥像和佛像都烧光了。

颇具讽刺意味的是，佛祖并没有保佑这个虔诚的弟子。梁太清二年(548 年)，叛东魏降梁的侯景发动兵变，第二年，梁武帝在饥饿和疾病中凄凉地死去。

风流名士的煮酒闲话

名士为何大多是隐士

仕与隐的矛盾一直是中国古代文人志士的一大困扰，由此矛盾产生的隐逸心态也随之盛行。其实，中国名士身上的“隐逸之风”自古以来就一直存在，他们或身归于山林，或朝野于庭而隐于内心。其实，隐逸之风之所以盛行，归根结底还是政治矛盾激化的原因。

魏晋时期政局极不稳定，战乱导致生灵涂炭，士人的性命更是朝不保夕。这个战马嘶鸣的时代，也是名士仕与隐矛盾冲突表现得最为强烈的时期。大一统帝国王朝一去不复返，生长于战乱年代的魏晋文人将何去何从？魏晋名士们又能在怎样的境界与状态之中找到自己的归宿？

面对黑暗政治形势的逼迫，在连性命都不可保的日子之中，魏晋名士不可能持有儒家积极入世的观念，但由于对中国仕途文化长期的耳濡目染，魏晋名士也不会完全采取老庄的无为之思。中庸之举，就是将积极入世与无为之思想结合，身在山野而心向国泰民安，抑或是身在朝廷而心归于山林。

“少有异才，文章冠世。伏膺儒术，非礼不动。”这是被钟嵘誉为“太康之英”的魏晋名士陆机。由于受到父辈思想的灌输与熏陶，陆机一生执着于功名的追逐，然而政治的黑暗却将他为国效劳的忠心一而再地打入牢底。他的这种不得入世的苦闷在多首诗歌中表现了出来，如《遨游出西城诗》道：“靡靡年时改，冉冉老已及。行矣勉良图，使尔修名立。”

当入世之心被政治权力所阻挡时，陆机的隐逸思想就跳了出来，他在《幽人赋》中就写道：“世有幽人，渔钓乎玄渚，弹云冕以辞世，披宵褐而延伫，是以物外莫得窥其奥，举世不足扬其波，劲秋不能凋其叶，芳春不能发其华，超尘冥以绝绪，岂世网之能加。”虽然陆机思想中的隐逸层面还未表现得过于强烈，然而他出世与入世的心理变化也能够代表魏晋时期名士仕与隐的矛盾心理了。

政治矛盾的激化是导致中国名士归隐于心的一个主要原因，为了保住身家性命，也为了在清明的政治势态到来之前能够暂时退却，魏晋名士多数选择了归隐山林。

鲁迅先生曾讲：“据我的意思，即使是从前的人，那诗文完全超于政治的所谓‘田园诗人’‘山林诗人’是没有的。完全超出人世间的，也是没有的。既然是超出于世，则当然连诗文也没有。诗文也是人事，既有诗，就可以知道于世事未能忘情。”

风云变幻，朝代更迭。昏暗的政治时局终不会持久，大一统的国富民强时代也终究要来临。中国文人历来所具有的入世之心也会在这政治贤明之际再度出野，正所谓“穷则独善其身，达则兼济天下”。骨子里的入世之心最终还是要显露于山水之中，而山清水秀的隐林生活也许只是多数名士想要大展宏图的一个过渡阶段。因此，虽然有名士终身归隐于此，却有更多的仁人志士最终还是走出了山林。

诸葛亮为何娶个丑女为妻

诸葛亮的名字家喻户晓，作为智慧忠贤的化身，他辅佐刘备共图大业。他的一生，奇闻逸事很多，“诸葛亮择妇”便是其中之一。

诸葛亮不仅有才，而且相貌俊伟，据《三国志·诸葛亮传》中记载，诸葛亮“身高八尺，犹如松柏”，却选了一位“瘦黑矮小，一头黄发”的丑女阿丑为妻，这是为何呢？传统观点认为，诸葛亮重才不重貌，注重人的内在美。阿丑自幼才识过人，颇有心计，诸葛亮早在成婚前就有所耳闻。这不无道理，但并非全部。

其实，诸葛亮娶阿丑，是出于一种政治上的考虑。《三国志·诸葛亮传》中裴松之注所引《褒阳记》中记载：“黄承彦者，高爽开列，为沔南名士。谓诸葛亮曰：‘闻君择妇，身有丑女，黄头黑色，而才堪匹配。’诸葛亮许，即载送之。时人以为笑乐，乡里为之谚曰：‘莫作诸葛亮择妇，正得阿承丑女。’”

诸葛亮家境贫寒，出身卑微，自幼丧父，少年时代便过着流离转徙的生活，吃尽军阀混战的苦头，深受强宗豪族的压迫，后来跟着在南昌做豫章太守的叔父诸葛玄生活。14 岁时，他的叔父因官被削而投靠刘表；17 岁那年，叔父死了，他从此没了依靠，就在襄阳城西 20 里的隆中定居。他虽然住在乡下，但他不想无声无息地隐居一辈子，他时刻关心着国家的盛衰，有着为国家尽忠的抱负，怀着如此壮志雄心，他立志要登上政治舞台而建功立业。

这种政治上的考虑无疑会影响到诸葛亮的婚姻大事，甚至牵涉家人的婚事。这也是为在地主集团的上层站稳脚跟，以便今后一展宏图。为此，他在家庭婚姻方面，做了三件事：第一，他把姐姐嫁给了襄阳地区颇有名望的庞德公的儿子，庞德公对其赏识备至，称他为“卧龙”，从此，他就在荆州站稳了脚跟。第二，诸葛亮为弟弟娶了南阳地区数得着的人物林氏之女为妻。第三，也是最重要的，他自己择妇结亲，当然要服从既留荆州又能结交望族这一政治目的，这也就是诸葛亮在荆州而不到其他地方去的原因。所以，诸葛亮娶了丑女黄氏。

诸葛亮为何不怕众人耻笑，而娶丑女黄氏呢？一是因为黄承彦在当地相当有声望，二是因为黄妻蔡氏和刘表的后妻是姐妹关系，做了黄家的女婿，就攀上了刘表这门皇亲。

据《诸葛亮新传》中记载，当黄承彦当面问及诸葛亮时，他当即“拜谢泰山”，一锤定音，把从未见过面的阿丑要了过来，从而为自己的前程开了“绿灯”。

美男子嵇康的被杀之谜

嵇康缘何被杀？两晋的史学家都有记载，却是偏颇一词，不足全信。我们姑且从论证的角度给读者一个独立思考的空间，让历史带我们去了解嵇康的生前死后。

第一种说法是：祸起吕安一案，后遭钟会陷害。

鉴于嵇康在魏晋时期的影响力，钟会欲借嵇康之名提高自己在名士中的地位，但嵇康深恶此人，对钟会不予理会，由此钟会便怀恨在心，伺机报复。偏不凑巧，嵇康的好友吕安有个漂亮的妻子，其兄吕巽垂涎弟媳美色已久，趁吕安外出，将弟媳灌醉进而奸污，并陷害其弟不孝曾殴打母亲，因此吕安也身陷囹圄，嵇康为向官府说明真相也被传召至官府。这个时候，一个在幕后等了很久的钟会出现了，他告诉皇帝司马昭：“嵇康，卧龙也，不可起。公无忧天下，顾以康为虑耳。”又说，当时曹氏心腹将领毌丘俭起兵造反的时候，嵇康就极力支持，嵇康、吕安这些人平时言论放荡，不拘礼法，有违孝道，皇帝切不可留这样的人，应尽早除之。皇帝听后，遂杀嵇康。

但这个说法有不通的地方，魏晋以孝治天下，不孝乃是大罪，告吕安不孝，必须有吕安母亲的证词才可定罪。

另外，钟会陷害嵇康之词也有不通之处。第一，毌丘俭反叛的时候，嵇康已移居山阳，也就是说嵇康有不在场的证据。第二，魏晋时代的名士们大都蔑视礼法，狂放不羁，强调精神自由。如若按此定罪，当诛者何止嵇康一人?

第二种说法：政治斗争的牺牲品。

嵇康有个特殊的身份，他是曹操的孙女婿。嵇康曾在山阳一住就是十几年，其他地方也无所谓，但山阳这个地方司马氏比较敏感，因为汉献帝被贬以后就曾在这里居住，嵇康难道思故主？这个罪名可不轻，够杀嵇康一千回的。

嵇康从来不与司马氏往来，好友山涛想举荐其出任吏部郎，他却拒绝了。司马昭曾欲借嵇康的影响力为自己正名，但嵇康以“非汤、武而薄周、孔”为由拒绝，这就表达出其对司马氏篡位的驳斥。更为要命的是，嵇康在当时极有影响力，在因吕安案被捕入狱以后，三千太学生请愿，而且宣称如不释放嵇康他们愿意和嵇康一起坐牢，这把司马昭给镇住了。他没有想到嵇康有如此之高的影响力，这严重地威胁了他执政的基础，于是下定决心必除嵇康。

综上所述，嵇康的死有两条线，一明一暗。明的一条是吕安一案，暗的是嵇康不与司马氏合作并且反对司马氏篡曹魏天下，这就注定了嵇康必遭杀身之祸。

石崇与王恺斗富比阔的闹剧

西晋时期，身在洛阳的贵族奢靡成风。大臣们将奢侈当做一件很有面子的事情，很多朝臣聚集在一起比阔、斗富。晋武帝司马炎虽然是开国皇帝，但并不是一个很有作为的皇帝。即位之后，他虽然采取了一些措施，但仍不足以抑制朝中的奢靡现象。吴国灭亡之后，晋武帝春风得意，认为国家一片祥和，江山稳定，而他又是一个贪婪成性的人，为了扩充国库，他在朝中公然卖官鬻爵，一时“骄奢之心，因斯而起”。

西晋的权贵大多是司马氏集团的子子孙孙，他们贪图享乐，通过搜刮民财积累起大量财富。当时洛阳有三大富豪，分别是羊诱、王恺、石崇。其中，羊诱和王恺是司马氏的外戚，很受晋武帝宠爱。他们搜刮了很多钱财，晋武帝却睁一只眼闭一只眼。

石崇原为荆州刺史，在职期间，除搜刮民膏民脂之外，还干过很多非法之事。荆州在当时是中原要地，很多往来的商人都要经过此地，石崇就命令下属公然抢劫商人的财宝。这样，他掠夺了很多的珠宝和金银，等他被晋武帝调到洛阳后，已经是当时名副其实的富豪了。

王恺仗着晋武帝的宠爱，到处炫耀自己的财富。他在家门口大路两旁的夹道间，用紫色的丝绸编成路面的屏障，延伸 40 里。人们要是想去王恺家里拜访，必须穿过这 40 里的路障。在当时，紫色的丝线十分名贵，王恺的这一行为在洛阳轰动一时，人们都夸他很富有，王恺也得意扬扬。石崇到了洛阳后，听到了这个消息，就把自己家路旁的夹道用锦缎做成路障，延绵了 50 里。这事情很快传开了，洛阳人都称石崇比王恺富有。

王恺看到石崇公然向他挑衅，就决心和石崇斗一斗。他宣称自己洗脸时只用麦糖，不用其他的洗脸水。石崇听了淡然一笑，让下属对外说，自己家都是以蜡烛当柴烧。人们听说后，都说石崇更胜一筹。

王恺连输两局，心中十分不服气，于是向晋武帝求救。晋武帝听说后，觉得这样的比赛十分有趣。他也想让王恺在人们面前好好炫耀一下，就把宫中收藏的一株两尺高的珊瑚树赐给王恺，好让王恺在众人面前展露一下。

有皇帝在后面撑腰，王恺这次神气多了。晋太熙元年（290 年），王恺将朝中所有的官员请到家中赴宴，还专门下请柬给石崇，叮嘱石崇一定要来。宴席刚到一半，王恺迫不及待地对大家说："我最近得到一株十分罕见的珊瑚树，这种珍宝我想和大家一起分享，大家意下如何？"

人们都敷衍说愿意观看，王恺赶紧命侍从将珊瑚树小心翼翼地搬出来。人们看了，都赞不绝口，这株珊瑚树看起来色泽鲜艳，枝条饱满，是一件很少见的宝物。王恺听了大家的赞扬更是得意，他走到石崇面前，问道："您觉得呢？"

没想到石崇冷笑了一下，什么也没有说。王恺怒火中烧，正待发作，却见石崇拿着案头的一个玉如意朝珊瑚树砸去，珊瑚树一击便碎。

众大臣都吃了一惊。王恺更是不依不饶，气急败坏地要带着石崇去面见皇帝。

谁知，石崇淡然地对王恺说："你这株太小了，我送你一株大的。"于是，石崇命人回去，将自己家中的珊瑚树带来给王恺挑选。

侍从很快带回七株珊瑚树。只见这几株大约三四尺高，光彩夺目，枝干挺拔。王恺看了羞愧难当，他这才知道，自己远远比不上石崇富有。

这场闹剧石崇自然取得了胜利，但在洛阳，人们也都知道了，石崇的财富比皇帝还多。当时有一个大臣，看到这样的奢华局面很是不满。他上书晋武帝，请求皇帝整顿当时的风气，晋武帝却对这一奏折置之不理。西晋王朝就在这种风气之下，渐渐走向衰败。

被“粉丝”围观而致死的美男子

在中国浩瀚的历史长河中，美女无数，但是美男子也不少，两晋时期的美男子就很多，如公认的第一美男子潘安（后人用“貌比潘安”来形容男子的美貌），还有何晏、嵇康、张华、潘岳、郭璞、刘琨等也算当时首屈一指的美男子。然而这些美男子的故事，与我们将要谈到的这个美男子相比，都不能用惊险形容。因为后者创造了中国历史上的一个纪录：这个美男子是被“粉丝”围观而致死的。这个不幸的美男子便是卫玠。

卫玠是魏晋时继何晏、王弼之后著名的清谈名士和玄理学家，初任太傅西阁祭酒，后任太子洗马。

《晋史》中对卫玠之死时状况的形容是“观之者倾都”，卫玠和母亲逃难来到南边的建康城。建康城中的人，上至官员，下至百姓，之前早就听说卫玠仪表不凡，容貌秀美，甚至可以与沉鱼落雁、闭月羞花的美女相提并论。传闻传得越多，大家就越想看一看美男子卫玠的真容，现在好不容易等到机会，绝不能就此放过。就连一些外乡人听说卫玠要来建康城，也不辞劳碌地赶来。

到了卫玠来的那一天，几乎是全城的人（再加上一些外乡的人），都堵在街上，人潮涌动，好不热闹。可卫玠是千里迢迢逃难过来的，本来就身心俱疲，再看到这么多人都来看自己，感觉更加劳累。

卫玠在密不透风的人群中步履维艰，连呼吸都感到困难，本来想快一点到旅店休息，可是他根本无法前行，更不要谈休息了。时间一长，卫玠开始感到身体不适，可是人们完全没有察觉到卫玠脸色的变化。

就这样，卫玠倒了下去，但是由于人群围得太严密了，竟然错过了就医的时间，卫玠因此一命呜呼。他的死也创造了一个奇迹：被自己的“粉丝”围观而死。谁也不会想到，大家对卫玠的热爱之情竟然成为杀死他的“凶手”。

卫玠脆弱到这种地步，其中一个重要原因则是他身体太弱了。魏晋人士非常看重人的相貌和风度，在《晋书》的记载中，一提到名流，便很少有不提人的容貌风采的。按照当时的评价标准，晋朝流行的美男子普遍女性化，容貌秀丽。晋朝人更觉得男子如果也像女子那样弱不禁风、慵懒无力，就更增添了几分优美。

卫玠恰恰就是这样一个极为柔弱的美男子，在他身上集中了晋代美男子的一切重要特征：美貌、白皙、说话优雅。卫玠说话非常动听，而且因为魏晋时期玄学之风盛行，卫玠经常和别人畅谈人生哲理，这使他看起来更加具有魅力。因为他身体非常虚弱，甚至话说多了都会累倒，所以他的母亲不许他和人随便聊天。但是碰到特别隆重的日子，大家就会凑在一起，此时，卫玠就会破例发言，他说起话来侃侃而谈，听众无不欢喜赞叹。

但是卫玠的命运充满坎坷，历尽磨难，很小的时候就感受生死变幻，这也是造成他年纪轻轻就过早离世的原因之一。西晋末年八王之乱起，祖父卫瓘卷入一场政治风波，被楚王司马玮带军杀入府中，男子被尽数诛戮。卫玠和一个哥哥当时凑巧住在一个朋友家，才幸免于难。没过多久，楚王司马玮政权被推到，卫家沉冤得雪，但这已经挽回不了亲人的生命。卫玠从此怒不形于色，身上有一种郁郁寡欢的孤傲。

一生只活了 28 岁的卫玠，除了他惊叹于世人的容貌能留传史册外，他的死也成为古今中外的一则奇闻。

东床快婿王羲之

王羲之是东晋时期著名的文学家和书法家，有“书圣”之称。是琅琊临沂人（今山东临沂人）。王羲之出身于名门望族，王氏家族与陈郡谢家同时称为东晋著名的两大家族。唐诗中的“旧时王谢堂前燕，飞入寻常百姓家”，其中的王就是王羲之所在的王氏家族。在当时，王家盛名在望，想与王家子弟结亲的人很多。关于王羲之的婚姻，有这么一则趣话。

东晋时期，武将郗鉴在一次平定叛乱中立了大功，被皇帝封为“太尉”，成为皇帝非常依赖的一员大将。除了当时的丞相王导，郗鉴是朝中最重要的官员。

郗鉴有一个女儿，到了待嫁年纪。郗鉴开始为她寻觅贤良的夫婿。郗鉴家的小姐生得貌美，诗词歌画样样精通。郗鉴十分珍爱这个女儿，一直视为掌上明珠。女儿的终身大事，郗鉴自然十分看重。思量了很久，郗鉴觉得丞相王导家中的子弟众多，希望能在王家选一个贤婿。

一天朝会之后，郗鉴就把自己择婿的想法告诉了王丞相。王导听了十分开心。他对郗鉴说：“太尉你能看重我们王家的子弟，我们王家也增了不少光彩。我们家的男孩子很多，你可以亲自到家里来挑选，只要是你看上的人，不管是谁，我都会答应。”有了王丞相的这一席话，郗鉴心满意足。

当天，郗鉴就派管家带着厚礼来到了王导家中。王氏子孙听说当朝太尉要来选婿，都踊跃着出门相迎，希望自己能被看中。不仅如此，王家的公子还将自己最好的衣服穿上，最体面的帽子戴上，还有些涂脂抹粉，把自己打扮得花枝招展。管家看到王氏家族的子弟都出来相见十分高兴，他仔细打量每一个年轻人，却没有一个中意的。

最后，郗鉴的管家来到东跨院的书房中，在书房靠墙的床上，仰面躺着一个年轻人。这个年轻人眯着眼睛袒腹仰卧，看起来像是睡着了。管家看着这些刻意打扮的王公贵族，又看着这个似乎毫不在意的年轻人，他什么话也没有说，就回去复命。

原来，王羲之刚刚得到东汉著名书法家蔡邕的古碑，一时沉迷不已，相亲的事情早起抛到九霄云外。等回到相府，因为天气太热，他就将身上的外套脱掉，袒胸露腹地躺在床上想着蔡邕书法的妙处，想得入神。

管家回去后，将这件事情细细地讲与郗鉴听。郗鉴大喜，不禁拍手叫道："原来王家还有这么一个率真的公子，这位公子一定心胸豁达，是一个难得的人才啊。"于是，郗鉴就派人打听这位公子的名字，才知道他就是王羲之。

于是，郗鉴选了一个良辰吉日，将自己的女儿嫁给了王羲之。这就是"东床快婿"的由来。后来郗鉴病重去世，王羲之为岳父撰写了留传千古的碑文。

隋唐时期

隋唐宫苑中的政治风波

隋炀帝是十恶不赦的暴君吗

“隋炀帝”中的“炀”的意思是“好内远礼、逆天虐民、去礼远众”，史籍中记载他“弑君父，杀兄弟，骄淫无度”“虐民已极，怨深盗起”“好大喜功”，最终将江山断送，这些罪名加起来，连著名暴君商纣王都不及他。

然而，历史上的杨广是否真的如此呢？

首先，隋炀帝的一大罪名是“好色荒淫”。

后世有文说隋炀帝荒淫，夺兄弟之妃妾，可翻阅《隋书》和《北史》均未讲过隋炀帝有夺纳兄弟妃妾之事。据《隋书》中《后妃传》记载，隋炀帝虽好色，但与正宫萧皇后仍相守终生，“帝每游幸，后未尝不随从”。所以，说他“荒淫”有失公允。

其次，在历代史学家笔下，隋炀帝最大的罪过就是开凿运河。

隋炀帝大业元年（605 年），隋炀帝即位第一年就征发百万士兵和夫役，修造通济渠，同年又改造邗沟。三年后，又征发百万河北民工开凿永济渠，又过两年沟通长江河。至此，开凿大运河的工程基本完成。大运河从北方的涿郡到达南方的余杭，南北蜿蜒长达 5000 多里。隋炀帝在修运河的同时，还在运河两岸筑起御道，种上杨柳树。从长安到江都，沿途建造离宫 40 多处，沿运河还建立了许多粮仓，作为转运或贮粮之所。

运河的开通为北方军事防务、为南北贸易交流、为中国造船业发展、为南北文化交流、为各民族迁移融合、为创造下层人民就业机会、为城市形成与发展建立了不可磨灭的功勋。中国绝大多数有名的发达古城都坐落在运河两岸，这条人工河是隋以后中国的命脉，而这一切始于隋炀帝。就这一点来说，隋炀帝的历史功绩是不容抹杀的。

隋炀帝还创建了对后世影响深远的科举制，这为选拔下层优秀知识分子提供了很好的机会。科举制度的创建，重才学而不重门第，削弱了门阀大族世袭的特权。“任人唯贤”，并恢复了国子监、太学以及州县学，对后世中国影响深远。

总的来说，隋炀帝虽然留下了残暴的恶名，但是他营造东都洛阳、开凿大运河都对后来起了一定的积极作用。由于他急功近利、好大喜功的性情，导致了他在做事情的时候不从客观实际出发，不体恤百姓，在短时间内修建庞大的工程，并多次发动战争，给百姓带来了很大的灾难。

李建成太子并非史书所说的那般不堪

历来史书所载之李建成，阴险狡诈，贪功好色，与襟怀磊落、英明神武的李世民站在一起，不得不让人庆幸登上帝位的是李世民。然而，历史中的李建成并不是史书中所说的那般不堪。成者英雄败者寇，李建成最大的失败就是在玄武门之变中被亲弟弟李世民所杀，在此之前的李建成不比李世民差。

从军功上来说，李建成在李渊起兵初期即占据长安，唐军声威大震，顿时成为最有希望问鼎中原的一支割据力量，使得蜀地的势力不得不下决心依附于唐，使西秦霸王薛举被切断在西北成为孤军，又令王世充占据的洛阳的西方成为死路。随后，他又与窦建德相持，没有让当时气势正盛的夏军逼近太原，军功与李世民相比毫不逊色。

最能说明李建成与李世民不同之处的就是破刘黑闼之战。作为唐朝统一中原的最后一场战争，它的胜利有着不可估量的作用。而在李建成破刘黑闼之前，已有李元吉与李世民征讨过，但由于二人不但没有对他们进行安抚，反而还实行“悬民处死”的高压政策，使得刘黑闼于武德四年（621年）7 月再次造反，抵抗大唐。

李建成只好亲自征讨。他接受了魏徵“今宜悉解其囚俘，慰谕遣之，则可以坐视离散”的建议，改变过去“妻子系虏，欲降无繇”的高压政策，实行宽大政策以安抚民心。史载：“建成至，获俘皆抚遣之，百姓欣悦。”为了扩大影响，李建成让被释者互相转告：“若妻子获者，既已释矣。”这一措施起到了获取民心、瓦解斗志的作用，起到了不战而屈人之兵的效果。结果，刘黑闼的部队“众乃散，或缚其渠长降，遂擒黑闼”。这样，李建成没费一兵一卒就成功地解决了河北问题。在这一事件中，虽然采取的宽大安抚政策是魏徵提出的，但实施者是李建成。

从招贤纳士、重用人才上来说，李建成也不比李世民差，李建成也曾广罗人才，善待贤才。“倾财赈施，卑身下士，逮乎僧道博徒监门厮养，一技可称，一艺可取，与之抗礼，未尝云倦，故得士庶之心，无不至者。”

他招揽的许多谋臣猛将大都成为后来的贞观名臣，为贞观之治做出了不可磨灭的贡献。如李建成曾厚待之的谋臣魏徵后来在贞观年间以谏诤之臣而闻名，曾被李建成视为心腹的武将冯立也在后来的贞观年间“甚有惠政”。另外，还有名臣韦挺、郑善国、李纲等，都曾受到李建成的优待。

玄武门兵变时，东宫翊卫车骑将军冯翊与冯立痛哭不已，与众将士言：太子生前对我等不薄，此刻正是报恩之时，遂奔赴玄武门，为李建成报仇。

假设没有玄武门之变，这些大臣们会继续跟随李建成。

李世民为何砸掉魏徵的墓碑

魏徵是历史上著名的贤臣，他不仅才华出众，而且刚正不阿，敢于向皇上建言献策，甚至不惜冒犯龙威，唐太宗曾赞誉他是自己的镜子，能够知道自己的言行。虽然唐太宗李世民是一代明君，但是他贵为天子，在最初还是不能接受魏徵对他的直言劝谏。唐太宗曾经当着长孙皇后的面斥责魏徵，还说有朝一日一定要杀掉魏徵，但是在长孙皇后的劝慰下，唐太宗认识到魏徵对自己的重要性，从此以后唐太宗积极采纳魏徵的建议，成就了一段明君和贤臣的佳话。

魏徵病逝之后，唐太宗非常痛心，不仅隆重地为魏徵准备了葬礼，同时还亲手拟写了碑文，这种荣耀证明唐太宗对魏徵的重视和珍惜，但是为什么日后唐太宗会砸掉魏徵的墓碑，毁掉魏徵之子和公主的婚约呢？

对于这个问题，有多种说法，其中有两种说法比较具有说服力。第一，俗话说“伴君如伴虎”，魏徵辅佐唐太宗时所做的两件事激怒了这位盛名的君主。第一件事就是魏徵举荐不当。魏徵临死之前向唐太宗推荐了两个贤能之士，希望在自己身故之后唐太宗能够好好地重用这两个人。

唐太宗当然信任魏徵的眼光，在魏徵离世之后重用了杜正伦和侯君集这两个人。魏徵认为这两个人身负大才，担任丞相绰绰有余，可是在唐太宗重用这两个人之后，他们两个相继获罪，侯君集甚至有参与谋反的嫌疑。面对这种情况，唐太宗认为魏徵所推荐的人都名不副实，魏徵有举荐同党之嫌，历代帝王都非常忌讳臣下结党营私，这令唐太宗非常恼火。

第二件事就是魏徵在世的时候将自己给唐太宗的建言献策都整理出来，集结成册，甚至还给当时的史官褚遂良观看，这件事在魏徵去世之后被唐太宗知道，唐太宗非常不认同这种做法，他认为这种行为有损自己在史官笔下的形象，毕竟没有哪一位君主希望自己在史官心中是一个只能够根据臣子的建议行事的人。此时此刻，魏徵已经无法再为自己辩护，魏徵此举的真实用意是什么也无从考察，唐太宗本人的猜测成为他行事的依据，同时在朝廷当中对魏徵有积怨的大臣也借机诋毁魏徵，两件事积累起来的不满情绪令唐太宗在盛怒之下砸掉了魏徵的墓碑。

第二种说法则是这样的，这种说法承认以上这两件事对唐太宗的影响，但同时认为，唐太宗这样一位贤明的君主不会仅仅因为这两件事就做出砸墓碑和毁婚约的激烈之举，更深层次的原因是唐太宗对魏徵多年来的劝谏行为不满。魏徵对唐太宗的劝谏不仅局限在政事上，同时涉及唐太宗的生活。可以说魏徵劝谏唐太宗的时候有种慈父教子的感觉，虽然唐太宗对魏徵非常尊敬，但是他毕竟是一国之君，很难接受魏徵这种教儿子式的劝谏方式。唐太宗在承受魏徵长时间的教育式劝谏之后，终于在他离世之后不能再压抑心中的不满，以前文所述的两件事为契机将心中的积郁发泄出来。

以上就是关于唐太宗李世民砸毁魏徵墓碑这一举动的两种主要解释，这两种解释都有自己的根据。当然对这件事也有其他的说法，但唐太宗做出这一举动的真正原因在短时间内无法确定，还需要历史工作者进一步探索发掘，大胆假设，小心求证，相信在不久的将来一定能发现这一令人百思不解的举动背后所隐藏的真相。

无论这两种说法哪一种更接近事实真相，或者另有其他的正确解释，都无法改变一个事实，这就是魏徵是一位敢于说真话的贤臣，唐太宗是一位善纳人言的明君。唐王朝能够成为我国封建社会的一个顶峰，同魏徵这样的贤臣和唐太宗这样的贤君息息相关。

唐太宗曾放死囚回家探亲

《资治通鉴》中有一段记载：贞观六年（632 年）12 月，唐太宗放归天下死囚，约定第二年秋天来京受死。结果，出狱的 390 名死囚，无人督率，竟然都如期回到朝堂，没有一人逃跑。

明知已被判死刑，既被纵谴又无人督率，完全有逃脱的机会，死囚为何不逃之夭夭而乖乖前来受死呢？有学者推测，原因有以下几方面：

一是《唐律》在制定时就本着法务宽简、宽仁慎刑的精神进行。从立法上看凡是被判处死刑的都是非杀不可之人。《唐律》不严厉，疏而不漏，属良法之治，这与当时统治者唐太宗李世民在立法方面力求宽简，由繁而简，去重从轻有很大的关系。

二是在死刑适用上遵守严格的程序。唐太宗认为，死刑须格外重视，所以对死刑犯要实行三复奏，向皇帝报告三次，以减少死刑，杜绝冤枉。而且，唐太宗还命长孙无忌、房玄龄等人重新修订了《武德律》，并于贞观十一年（637 年）颁行了《贞观律》。对死刑一再从轻，改为流刑，并删去“兄弟连坐俱死”之法。

后来，唐太宗觉得三复奏还不够，特别是在错杀张蕴古之后，规定了五复奏，并且前三次和后两次复奏之间必须有时间间隔，不能在短时间内完成。这样经过三复奏和五复奏程序杀掉的囚犯基本上都是该杀的。而且，唐太宗还规定实行死刑之日，尚食不进酒肉，内教坊及太常不举乐。这一切都是为了在行刑前的最后一刻，让皇帝进行冷静思考，以免错杀无辜。

更难能可贵的是，唐朝在对待死囚时的人情味和信任度。死囚临死前，可在无人督率的情况下回家告慰父母，抚慰妻儿，这在现今也是令人惊叹的。守信终归比失信要好得多，死囚们最终获得“隆恩”，被免死。《旧唐书》中载："其后应期毕至，诏悉原之。"

贞观二年（628 年），唐太宗还放出宫女 3000 余人，让她们自行组建家庭。白居易有诗歌颂唐太宗德政："怨女三千出后宫，死囚四百来归狱。"

当然，对于此事，后人褒贬不一。

歌功颂德者认为唐太宗以一个明君的胸襟气度，同情囚犯、相信囚犯、信任囚犯让其回家。囚犯以同样的诚信回报唐太宗，彰显了唐太宗的明君之道，贤人之道，王者之道。

恶评者以欧阳修为代表。欧阳修撰《纵囚论》短文，以严密论证矛头直指唐太宗放死囚回家是为了博取贤君之名，太过虚伪。

李世民是出于本心还是作秀，至今仍没有一个准确答案。

但是，在唐太宗统治时期，李世民并没有用残酷的刑罚来警告贪污者，而是制定了一套尽可能科学的管理体制来预防贪污。他以民为本，广开言路，虚怀纳谏，重用人才，唯才是任，使得当时社会秩序比较安定，阶级矛盾相对缓和，经济繁荣，国力强盛，出现了中国历史上"贞观之治"的黄金时期，使当时的中国无论在政治、经济，还是文化上都走在世界的最前列。他不愧是中国历史上的明君。

唐朝望族为什么不愿意娶公主

唐朝风气开放，男女之间不像以前那么拘谨，但唐朝有个比较独特的现象，就是士族们都不愿意娶公主为妻。

在《旧唐书·杜佑传》附《杜传》中写道："（宪宗为长女岐阳公主选驸马）令宰臣于卿士家选尚文雅之士可居清列者。初于文学后进中选择，皆辞疾不应。"

娶了公主就是当朝驸马，可以尽享荣华富贵，但唐朝的士族们却都

“皆辞疾不应”，一个个装聋作哑。其实，他们放弃娶公主是有苦衷的，主要是以下三个方面的原因：

第一，服丧之礼的规定。唐朝时，斩衰是最重要的一种服丧之礼，齐衰次之。《新唐书》卷二十《礼乐十》中规定：妻死，夫服“齐衰杖周”之礼（指居丧持杖周年）。可反过来，如果是公主死了，丈夫就必须为之服斩衰三年。

唐文宗时，有人就曾遇到这一问题。在《新唐书·杜佑传》所附《杜传》中记载：“开成初，（杜）入为工部尚书、判度支。属岐阳公主薨，久而未谢。文宗怪之，问左右。户部侍郎李珏对曰：‘近日驸马为公主服斩衰三年，所以士族之家不愿为国戚者，半为此也。杜未谢，拘此服纪也。’”李珏向文宗提出这种现象以后，文宗惊愕之余，下诏改制：“（文宗）诏曰：‘制服轻重，必由典礼。如闻往者驸马为公主服三年，缘情之义，殊非故实，违经之制，今乃闻知。宜令行杖周，永为通制。’”

也就是在这个时候，这个驸马为公主服斩衰三年的情况才得以改变。当时名门望族的男子们认为，与其每日生活在皇室的阴影下，不如娶民间女子更为自在些。

第二，门第观念。在唐朝，人们十分重视门第观念，唐朝人所看中的门第不但要有显赫的家世，还要有优良的家族文化传统、家法门风，以及令人钦羡的婚姻关系，这诸多的要求令公主出嫁成了难事。

许多望族人家虽然也想攀附高门槛，但也很排斥这种皇室的文化传统、家法门风，所以不愿与皇室联姻。他们既不愿意嫁女于皇室，也不愿娶公主为妻。

第三，公主大多不修妇礼。唐朝文化开放，公主奢侈、骄纵者居多，其中更不乏妒悍、残暴者。

在重视妇德的封建社会，没有哪个男人可以忍受这些，即便是能够荣华富贵也不行。更何况那些望族们本身也很富贵，不需要去追求那些荣华，这也就是唐朝公主难以嫁出去的缘由。其中，不修妇礼是士族之家不愿与皇室结亲的重要原因之一。

武则天真掐死自己的亲生女儿了吗

历史上，武则天是一个饱受争议的人物，她是中国第一位也是唯一一位登基的女皇帝，她美貌倾城又谋略过人，她的墓碑没有雕刻任何一个字，功过成败留于后人评说。纵观从古至今对她的评价，最为常见的应该就是“心机深沉”这四个字。的确，一个女人不仅能够在瞬息万变的宫闱斗争当中一步步取胜，还能够在波谲云诡的政治斗争中立于不败之地，没有深沉缜密的心思是不可能的。不过武则天最为人诟病的是她的狠毒，其中流传最广的说法就是她为了能够在同皇后的斗争中取胜，不惜亲手掐死自己的亲身女儿。

武则天亲手杀女的传说流传很广，在《新唐书》和《资治通鉴》当中均有详细记载，根据书中记载，事情发生在武则天二次进宫之后，两年之内她连续诞下一位皇子和一位公主，这位小公主长相讨人喜爱，而且小小年纪就机灵过人，深得唐高宗的疼爱。此时武则天和王皇后正进行激烈的权力争夺，一日王皇后为了寻找唐高宗来到武则天的寝宫太极宫，宫中无人，她看到小公主伶俐可爱，就抱起小公主逗弄了一番之后才离开太极宫。武则天听说此事之后，为了能够彻底铲除王皇后，决定狠心掐死自己的小女儿嫁祸给王皇后，最终她也这样做了。唐高宗来到太极宫之后，发现小公主已经毙命，悲痛非常，发誓要找出凶手，因此，在查明刚刚只有王皇后来过之后，这桩奇案的罪魁祸首就变成了王皇后。

经过这件事，王皇后彻底在后宫争斗当中失去了立足之地，唐高宗本就宠爱武则天，不喜爱王皇后，又见王皇后心狠手辣，杀害自己的爱女，最终废掉王皇后，立武则天为新的皇后。以上就是《新唐书》和《资治通鉴》中所描述的武则天掐死自己亲生女儿的过程，正因为在这些史料典籍当中有这样详尽确凿的描述，所以武则天掐死自己亲生女儿的说法一直广为流传，同时也为人深信不疑。但是面对这些史料典籍当中的描述，不禁会产生以下一些疑问：

首先，按道理说，武则天杀女这种深宫秘史应该讳莫如深，不为外人道，小小史官是如何知道这些内幕的呢？而且这些典籍当中对整件事的过程描述得非常详尽，甚至连武则天的神态都极力刻画，过分的详尽反而令人质疑这些典籍所述内容的真假。另外，在宋朝时期的史料典籍当中，《新唐书》和《资治通鉴》都做了这样的记载，但是在《旧唐书》这种更接近事发年代的典籍当中并没有这些记录，如此看来，未免有杜撰之嫌。

其次，虎毒尚且不食子，一位母亲又怎么会亲手掐死自己的亲生女儿呢？古代时，无论是医疗卫生条件还是饮食条件都远逊于当今，所以一般人的寿命都比现在要短，婴儿的抵抗力又特别弱，出现夭折的情况并不罕见。

以上这些疑问虽然未必都有确实的史料支撑，但是的确指出了这种传说的一些不妥之处。此外，武则天杀女的传说除了在《新唐书》和《资治通鉴》当中有所记载之外，并无其他确实的史料支撑，而这些典籍的成书时间毕竟据唐较远，所记载的真实性和客观性有待商榷。

如此看来，认定武则天亲手掐死自己的女儿似乎为时尚早，到底这个幼小的生命遭遇了什么，后人在一时之间也无法说清。

李唐盛世的花边故事

陈子昂摔琴一举成名

陈子昂是唐朝时期著名的诗人，他的诗作风骨峥嵘质朴而苍凉，引领了初唐诗歌风格的转变，无论是在当时还是对后世都产生了很深远的影响。但是陈子昂的成名之路并不一帆风顺，他事业的转折点就是著名的摔琴事件。

陈子昂出身富户，年少时期颇有游侠之风，不过随着年龄的增长他逐渐对文学产生了浓厚的兴趣，而且在文学创作上也展露出一些天赋，创作了大量出色的诗作。此时陈子昂决心去长安闯荡一番事业，寻求能够赏识自己文采的人，就这样，年轻的陈子昂从家乡来到长安。

长安城可谓人才济济，陈子昂既无门路又无亲戚，只能拿着自己的诗作向显贵之人介绍，希望有人能够赏识自己，但大多无功而返。这一天，他闷头走在长安街市上，思考着自己该如何闯出一片天地，扭转目前的惨淡境况。就在这时，他听到街市之上有很大的喧哗声，抬头一看很多人都围在一个摊位前，在好奇心的驱使下陈子昂也凑了过去。

原来这个摊位上有一位老者在卖古琴，从琴的外观上看，这的确是一把难得的好琴，不过这位老者卖琴有些与众不同。其一，这位老者叫价颇高，当时一把上好的古琴也不过价值百两，这位老者张口就要价千两；其二，这位老者一直在说要为这把古琴寻知音，很多达官贵人想要出价千两买这把琴，老者都拒绝了，因为这些达官贵人不是古琴的知音。就是因为这些不同之处，这个摊位才吸引了很多人的注意，想到这，陈子昂计上心来，他走到老人面前说要出三千两买这把古琴。老人打量了陈子昂一番，最后对他说："你就是这古琴的知音，我把它卖给你了。"

就这样，陈子昂以高价买到了这把古琴，当时围观的人都劝他一把古琴根本不值三千两，甚至有人对他说："不要被骗了。"但是陈子昂对众人说："我是陈子昂，粗通琴艺，明天就用这把古琴为大家表演，请大家观赏。"一时之间，这件事情成为长安城中的热门话题，人们竞相转告这个消息，待到第二天陈子昂表演时候很多人都来观看，其中包括很多的达官显贵和成名的文人。

表演的时刻一到，只见陈子昂抱着那把古琴出现在众人面前，他淡然说出了令众人大吃一惊的话。原来陈子昂今天的目的不是在大众面前表演琴艺，相反，他是要在如此众多的人面前摔掉这把重金买下的古琴。说罢，他不等众人反应就直接把手中的古琴狠狠地摔在地上，这把古琴立刻被摔得粉碎，众人一时之间目瞪口呆，不知如何是好。陈子昂接着说："我陈子昂熟读经书典籍，满腹诗书，可是我写就的文章却无人问津，留着这把古琴又有什么用呢？"说罢，他就把自己的文章分发给众人阅读，自此之后，陈子昂闻名整个长安城，此后参加科举考试，如愿以偿成为进士，并在武则天的提拔下平步青云，逐渐施展自己的政治抱负。

由此可见，陈子昂摔琴之举，使得他的才华能够得到更多人的关注，为他日后科举成功、仕途顺畅奠定了一定的基础。但是，不能忽略一点，陈子昂个人具有非常出众的才华，无论在文学方面还是在政治方面，他都有杰出的表现，这是他能够闯出一番名堂的根本原因。

聪明的求婚使者

盛唐时期，松赞干布和文成公主之间的一段美好姻缘一直被传为佳话，但鲜为人知的是，松赞干布能够成功迎娶文成公主，着实费了一番心思。当时的唐朝国力强盛，唐太宗李世民也深得周边少数民族部族的尊敬与爱戴，被他们尊称为“天可汗”。松赞干布在同唐朝建立起联系之后，得知其他少数民族部落都同唐朝联姻，部族首领都迎娶了唐朝公主，非常羡慕，也想要迎娶一位大唐公主，于是他上书唐太宗，表明自己的诚意，还派出使者特意来到唐朝。不过当时唐朝同吐蕃之间刚刚建立起关系，唐太宗没有贸然同意松赞干布的求婚请求。

松赞干布的使者回到吐蕃之后，汇报了这次行程的所见所闻，当然也汇报了求婚请求被拒绝的消息。这位使者还添油加醋地说他本来受到唐太宗的礼遇，而唐太宗也已经答应了将公主下嫁给松赞干布，但是经过其他少数民族的挑拨之后，唐太宗又改变了他的看法。松赞干布听到这些，非常不高兴，他对那些从中挑拨的少数民族很不满，随着吐蕃实力的日益壮大，他率领吐蕃士兵相继重创那些少数民族，最后他甚至向唐朝挑衅，声称不将公主下嫁于他，他就要踏平大唐，夺取公主。

唐太宗李世民一生戎马生涯，有勇有谋，大唐国力强盛，根本不惧怕松赞干布的挑衅，大唐军队在战场上对吐蕃军队还以颜色。松赞干布很快意识到自身的势力根本无法抵抗大唐的军队，不过他仍旧没有放弃要同大唐联姻的想法，再次派出使者向大唐求亲。唐太宗并没有被军事上的胜利冲昏头脑，他敏锐地认识到吐蕃的游击战术对大唐的潜在威胁，经过深思熟虑之后答应将公主下嫁吐蕃。得知这个消息，松赞干布欣喜异常，他派出吐蕃大臣禄东赞作为自己的使者护送数千两黄金作为聘礼来到大唐。

禄东赞是吐蕃的大臣，为人机智勇敢，面对唐太宗的考验沉稳睿智，给唐太宗留下了很好的印象，是松赞干布能够成功迎娶文成公主的关键所在。虽然唐太宗已经答应将大唐公主下嫁吐蕃，但是他还想要考验一下吐蕃的来使，所以他向禄东赞提出了六个难题，令他没有想到的是，禄东赞竟然将这六个难题一一破解，这就是“唐太宗六难求婚使”的故事。

第一难，唐太宗在一条粗细均匀的木头上做文章，禄东赞需要分辨出这根木头的哪一面是根部，哪一面是尾部。禄东赞仔细地分析了这个问题，他灵机一动将木头放在水中，木头根部的密度比较大，所以在水中会下沉，以此判断出哪一面是根部，哪一面是尾部。

第二难，唐太宗有一块美玉，这块美玉的独特之处在于玉的中间有一条极其曲折狭窄的孔道，禄东赞需要把细线穿过孔道。禄东赞解决这个难题的方法令人叹为观止，他在孔道的一头涂抹上蜂蜜，在另一头放入一只蚂蚁，这只蚂蚁的腰腹之上就拴着细线，蚂蚁为蜂蜜的甜味吸引，从孔道的一头走到另一头，细线就这样通过了曲折狭窄的孔道。

第三难，唐太宗命人将一百匹母马和一百匹刚刚出生的小马驹混在一起，禄东赞需要将每一匹小马驹和生它的母马匹配在一起。面对这个难题，很多人都试图根据毛色和花纹来分辨，但最终都失败了，禄东赞再出妙招，他把所有小马驹都关在栅栏里一天一夜，不给喂食。第二天，这些饥饿难耐的小马驹被放出来的时候，当然各自寻找自己的母亲以填饱肚子，用这个方法，禄东赞准确快速地解决了唐太宗的又一个难题。

第四难，唐太宗这次命人将一百只小鸡和孵化它们的一百只母鸡混合在一起，禄东赞需要将它们分别匹配。禄东赞以鸡类的生活习性为解决问题的切入点，他意识到小鸡在进食和遇到危险的时候一般都会跟随母鸡，所以他在鸡群进食的时候，将母鸡和小鸡分开，然后把母鸡一只一只地放进小鸡当中，这只母鸡孵化出的小鸡自然就会跟随自己的母亲。当然也会有不听话的小鸡，这个时候禄东赞就命人模仿老鹰等鸡类天敌的叫声，这些不听话的小鸡受到惊吓都奔向自己的母亲以寻求保护。

第五难，唐太宗要求每一个吐蕃使臣需要在一天之内吃掉整整一只羊喝完一坛酒，除此之外还需要自己走回住处去。很多使者还没有喝完一坛酒就已经醉倒了，有一些虽然喝完了酒也吃完了一只羊，但是已经分不清方位，更别提自己走回住处去了。反观禄东赞，他在去喝酒吃肉之前就在自己的住处同喝酒吃肉的地方之间牵了一根线，这样在喝完酒吃过肉之后，他顺着这根线顺利回到了住处。

第六难，这也是最后的一道难题，唐太宗让文成公主混在五百个宫女当中，所有人穿着打扮完全一致，而且她们的脸上都蒙着盖头。在这种情况下，各国使臣需要从中辨认出哪一位是真正的文成公主。很多使臣尝试了很多次，但是全都没有成功，唯有禄东赞做好了完全的准备工作，一举成功。他之前就了解到文成公主喜好一种熏香，这种熏香的味道非常稀有，能够吸引蜜蜂，轮到禄东赞辨认文成公主的时候，他放出事先握在手中的蜜蜂，这只蜜蜂被奇香吸引，落在文成公主身上，禄东赞成功地完成了最后一项考验。

禄东赞的表现深受唐太宗李世民的赏识，唐太宗不仅加封他的官位，同时还想把皇室宗亲之女许配给他，但是禄东赞家中已有妻室坚持不能负糟糠之妻，拒绝了唐太宗的美意。这样一来唐太宗更加欣赏他了，可以说松赞干布能够顺利迎娶到文成公主，禄东赞这个机智的求婚使者功不可没。

第一个女皇帝不是武则天

在我们的记忆中，中国历史上第一位女皇帝就是武则天，她在位时，继贞观之治，启开元盛世，政绩斐然，一生敢作敢当，死后又为自己立了一块没有任何文字的无字碑。这些都给我们留下了深刻的印象。

其实，严格说起来，武则天只能位列第二。那么，另一位女皇帝是谁呢？

这位女皇帝是陈硕真，浙江睦州青溪（今浙江淳安）人，自幼父母双亡，和一个妹妹相依为命，历经风雨，尝尽人间辛酸苦辣。

当时，唐高宗即位，由于唐太宗统治后期奢侈之风盛行，劳民伤财，使部分地区的人民受到了较重的剥削和压迫。青溪位于今天浙江西北部，这里山高谷深，物产十分丰富。正因如此，统治者对其也格外关注，搜刮无度，使得这一地区的百姓负担十分沉重，怨声载道。

有一年，当地爆发了大洪水，百姓们流离失所，民不聊生。陈硕真看在眼里，急在心里。于是，她不顾自己的安危，毅然打开东家的粮库救济灾民，不料被管家发现，打得她死去活来，当夜被乡人救出，逃入山中隐蔽起来。

在此之后，当地百姓不断听到有关陈硕真“得道成仙”的传言，她的亲戚也到处宣传陈硕真已经从天界重回人间，现在法力无边，能够驱使鬼神。于是，乡民们都寄希望她能为民除害造福。（农民起义一般都会借助封建迷信的力量，陈硕真也不例外。）

唐永徽四年（653 年）10 月初六夜，她率领民众在淳安田庄里举行起义，家乡人民纷纷响应，起义队伍迅速扩充到万余人，陈硕真自立为“文佳皇帝”，带领民众曾连续攻克桐庐、睦州等地，并逼近歙州、婺州，对封建统治者造成威胁，一时间威名大震。

朝廷闻讯后，即派扬州刺史房仁裕带兵前往镇压，婺州刺史崔义玄也赶紧征集兵力对起义军进行打击。由于义军缺乏实战经验，几经浴血奋战，死伤无数，最终全军覆没。

陈硕真从起兵到兵败身亡，不过一个多月时间，但是东南震动，影响极大，可惜生不逢时。她自称皇帝，在中国历史上还是第一次。她被我国著名历史学家翦伯赞称为“中国历史上第一位女皇帝”。

按历史时间推算，当时武则天还是唐高宗的昭仪。陈硕真自立皇帝的第三年（655 年），武则天才被立为皇后。一直到武周天授元年（690 年），武则天才自称“神圣皇帝”，改国号为周，所以只能是位列第二。但是她掌握了政权，并且在位整整 15 年，所以，她是中国历史上真正意义上的女皇帝。

李白并非捞月而死

大诗人李白平生有两大爱好：一是赏月，从“小时不识月，呼作白玉盘”开始，他从未停止过咏月，关于月亮的诗篇占他所有作品的四分之一；二是饮酒，李白一生嗜酒成性，有“醉仙”之称，读他的诗作时，都能闻到扑鼻的酒香。

正因为他对明月与酒的喜爱，让他的死也蒙上了一层浪漫的色彩。世人都说他一日喝醉，在江边看见水中的明月，想去捞它，结果掉入水中而亡。

不否认这是一个美丽的说法，但这不是真的。

唐宝应元年（762 年），李白去当涂投靠他的族叔——当涂县令李阳冰，李白在死前“嘱其编集作序”。李阳冰在《草堂集序》中曰：“阳冰试弦歌于当涂，心非所好。公暇不弃我，乘扁舟而相顾，临当挂冠，公又疾亟，草稿万卷，手集未修，枕上授简，俾予为序。”唐代李华在《故翰林学士李君墓志序》中云：“姑熟东南，青山北址，有唐高士李白之墓……（李白）年六十二，不偶，赋临终歌而卒。”在李白去世 29 年后，作于唐德宗贞元六年（790 年）的刘全白在《唐故翰林学士李君碣记》也说：“君名白，天宝初诏令归山，偶游至此，以疾终，因葬于此。全白幼则以诗为君所知，及此投吊，荒墓将毁，追想音容，悲不能止。”古代文献所谓“疾亟”“赋临终歌而卒”“以疾终”，都明白地告诉人们，李白是病死的。

史载唐宝应元年（762 年），李白病死在他的族叔——当涂县令李阳冰那里，时年 62 岁。就在此前一年，李光弼率大军征讨史朝义，李白不顾 61 岁的高龄，还豪情满怀地由当涂北上，希望在垂暮之年为挽救国家尽力，但行至金陵，不得不因病折回。

一年后，李白在当涂养病，病情渐渐恶化，加上常年饮酒，晚年境遇悲苦凄凉，最后由病致命。

白居易要来世做李商隐的儿子

相信对于白居易和李商隐这两个名字没人会感觉陌生，白居易是唐代著名的现实主义诗人，他是新乐府运动的主要倡导者，诗歌风格朴素自然，以浅显的文字蕴含深远的诗意。在当时他的诗作流传于长安各地，尤其受到广大劳动人民的喜爱，无论是在唐朝还是对后世文坛，都有举足轻重的影响。而李商隐生活的时代在白居易之后，他属于晚唐时期著名的诗人，那么白居易这样一位成名已久的前辈，为什么会想要做李商隐这样一位后辈的儿子呢？

唐朝诗歌一直璀璨繁荣，但是在晚唐时期流露出颓势，李商隐等人成功挽救了这种趋势。李商隐的诗歌风格同白居易截然不同，他的诗歌构思巧妙新奇，而且风格华丽，善用辞藻，有些诗歌甚至非常晦涩难懂，令人百思不得其解。

这种诗歌风格同白居易所倡导的浅白朴实、简单易懂的诗歌风格可谓南辕北辙，但是白居易在晚年时期却非常欣赏李商隐的文学作品。有一次，他读完李商隐的诗作之后竟然感叹说，如果自己死后能够投胎转世做李商隐的儿子就好了，还称这是自己一辈子最大的心愿。那么到底是什么令白居易如此欣赏一个和自己诗风相距甚远的后辈，甚至不惜在投胎转世的时候做他的儿子呢？唯一的解释就是李商隐的才华令白居易深深折服。

李商隐出众的才华有目共睹，虽然他家境贫寒，但是一直心怀壮志，希望入仕为官，改善家里的境况。他在16岁左右就创作出两篇令人惊叹的文章，小小年纪的他因为这两篇文章被当时很多士大夫所欣赏，其中最著名的就是身居高官的令狐楚。

令狐楚非常欣赏李商隐的才华，不仅将他收为门生，同时还鼓励自己的儿子令狐绹和李商隐多多交流，可见令狐楚对他十分器重。但就算李商隐获得了朝中重臣的器重和赏识，他的科举取士之路仍然非常坎坷，这和当时的社会环境有非常大的关系。在当时就算本人具有出众的才华，仍旧需要结交权贵，通过引荐才能在科举中获得好结果。出于一些原因，令狐楚一直没有积极推荐李商隐，直到他晚年时期，李商隐才在科举考试中有所收获。

在踏上仕途之后，李商隐的道路也非常不顺利，先是在他做官的第一年他的恩师令狐楚就病逝了，失去依靠的他只能小心谨慎地为官做人。这时他的才华又受到王茂元的青睐，王茂元甚至将自己的女儿嫁给李商隐为妻。

但此举却令李商隐遭遇到仕途当中最大的困境，当时牛李党争日益激烈，而他的恩师令狐楚就是牛党的重要代表，而王茂元则被认为是李党的核心人物。李商隐在迎娶王茂元之女后，被视为牛党的叛徒，恩师尸骨未寒就背弃恩师的不忠之人。从此以后，本无心于党派斗争的李商隐就这样被卷入了党派斗争的旋涡之中，这也令他日后的为官之路非常不顺。李商隐才情横溢，胸怀壮志，但是受制于当时的政治环境，才华无法施展，抱负不能实现，最终郁郁而终。

不能否认的是，李商隐的确是一位非常出众的人才，他在政治上有自己的理想和抱负，在文学上形成了自己独特的风格，尤其是他的爱情诗歌，缠绵悱恻，动人心扉。也因为这样，白居易说出了愿意投胎转世做他的儿子这样的话语。有趣的是，白居易逝世之后不久，李商隐就喜得第一个儿子，这时他想到了白居易的那句话，就为这个儿子命名为“白老”，这一举动并不是对白居易不尊重，相反是出于对前辈的怀念和敬佩。李商隐对这个儿子寄予厚望，但是大儿子的资质平平，甚至有些愚钝，令李商隐大失所望。李商隐的二儿子非常聪明伶俐，因此李商隐曾经戏称，如果白居易真的转世投胎做了我的儿子，那一定是二儿子。

萧郎其实不姓萧

“公子王孙逐后尘，绿珠垂泪滴罗巾。侯门一入深如海，从此萧郎是路人。”很多人看到萧郎，便会望文生义以为是位姓萧的情郎，实际上诗中萧郎并非姓萧，而是姓崔。因为这首《赠去婢》是唐代诗人崔郊的传世之作，表达的是他在爱情绝望时最无奈的悲怆。这是一个很真实的故事：

崔郊年轻时爱上了姑母的一个婢女，此女生得楚楚可怜、貌美如花，且深谙音律，两人情深意笃，私订终身。后因姑母贪图钱财，便将婢女以四十万钱卖给司空于頔。

崔郊得知这个消息，不胜悲戚，对婢女思念不已。他常常到頔府的附近徘徊，企盼能够见到婢女一面，但是显贵之家门禁森严，岂能轻易得见？然而，皇天不负苦心人，那婢女终在寒食节那天出门了，刚好与站在柳树下的崔郊相遇。两人四目相对，旧情萌生，却只能像陌生人一样，无法互诉衷肠，无限伤感的崔郊于是写了这首《赠去婢》送给婢女。

想必于頔也是性情中人，读到此诗，颇为感动，将婢女还与崔郊，令二人结为美满夫妻。崔郊题诗娶佳人，一时传为佳话。

崔郊本姓崔，那诗中应为“崔郎”，但为何要称为“萧郎”呢？若翻看

《全唐诗》，便会发现，许多爱情诗中的女主人公所思慕的恋人都叫“萧郎”，唐以后的宋、清也都有这种用法，而唐以前则未见这种用法。那么，“萧郎”一词为什么被当作“情郎”来用呢？

另一种观点认为，萧郎是春秋时擅长吹箫的萧史。据汉代刘向《列仙传》中所说：“萧史者，秦穆公（嬴姓）时人也，善吹箫，能致白孔雀于庭。穆公有女字弄玉，好之。公遂以女妻焉。日教弄玉作凤鸣，居数年，吹似凤声，凤凰来止其屋，公为作凤台。夫妇止其上，不下数年，一日皆随凤凰飞去。故秦人为作凤女祠于雍宫中，时有箫声而已。”后遂用“弄玉”泛指美女或仙女；用“萧史”借指情郎或佳偶，又称“萧郎”。

一种观点认为，“萧郎”原指梁武帝萧衍。《梁书·武帝纪上》：迁卫将军王检东阁祭酒，俭一见（萧衍），深相器异，谓卢江何宪曰：“此萧郎三十内当作侍中，出此则贵不可言。”这个萧郎，就是梁武帝萧衍，南朝梁的建立者，风流多才，在历史上很有名气。后多以“萧郎”指代女子所爱恋的男子。

总之，无论是哪种观点，都证明了《赠去婢》中的萧郎不姓萧，萧郎实际上就是情郎的意思。

宋 朝

赵氏王朝的细节写真

“黄袍”是如何变成“皇袍”的

北宋建隆元年（960 年），时任后周大将的赵匡胤奉命出征，带领重兵抵御契丹和北汉的侵犯。赵匡胤带领军队来到汴梁（今河南开封）东北的陈桥驿时，手下人发动兵变，将一件黄袍披在赵匡胤身上，拥立赵匡胤为帝，史称“陈桥兵变”。此后，赵匡胤废去后周恭帝柴宗训，即位登基，建国号为宋，定都汴京，史称北宋。

在这次著名的兵变中，一件黄袍加身，赵匡胤的身份就由后周大将摇身一变成大名鼎鼎的宋太祖了。“黄袍”成为象征真龙天子的“皇袍”，这是赵匡胤的首创吗？

根据历史记载，赵匡胤当时披的那件黄袍是事先准备好的，这意味着赵匡胤和将士们已经知道“黄袍加身”的象征意义，“黄袍”显然已经是前朝皇帝独有的装扮。

那么，谁是中国第一个身穿“黄袍”的皇帝？“黄袍”是如何变成“皇袍”的？

在唐朝以前，黄色没有什么特别尊贵的象征意义，上至天子下至平民都可以穿黄色服饰。黄色成为天子的专用色，始于唐高祖李渊。王楙《野客丛书·禁用黄》中记载："唐高祖武德初，用隋制，天子常服黄袍，遂禁士庶不得服，而服黄有禁自此始。"

李渊选择穿黄色的袍服，与隋朝时期盛行袍服有关，李渊经常带兵打仗，穿着黄色的袍服更显威风凛凛、英姿飒爽。最重要的是，李渊选择黄色的袍服，也可能是遵循"终始五德说"，为唐朝寻找统治根据。

"终始五德说"，是战国时期阴阳家邹衍提出的一种观点。"终始五德说"认为，历朝历代遵循土、木、金、火、水五德的顺序，周而复始，循环交替。唐高祖李渊的祖父李虎曾被追封为"唐国公"，李渊承袭了唐国公的爵位，太原起兵时又称"唐王"，后来建立大唐。而历史上的尧帝，也曾受封于唐，被称为"唐尧"，按照"终始五德说"的说法，唐尧属于"土德"。李渊想要效仿"唐尧"，于是就推当时的五行为"土德"，土为黄色，因此李渊就崇尚黄色，选择穿黄色的衣服。

从唐高祖李渊起，黄袍被视作皇帝的御用服饰，"黄袍"成为"皇袍"，也称作"龙袍"，臣民不能随意使用。唐高宗时，重申"一切不许着黄"，黄色成为帝王专用色。赵匡胤"黄袍加身"被拥立为帝后，"黄袍加身"更是成为皇权的象征，任何人不得随意使用黄色，否则以谋反罪惩处。这种制度一直延续到清朝灭亡。

赵匡胤如何发动"陈桥兵变"

唐朝灭亡后，取而代之的是群雄割据、朝代频繁变更的五代十国，中国也进入了历史上著名的大动乱时期。这一时期，中原大地战乱频发，民不聊生。就在这时，赵匡胤兵不血刃地登上帝位，建立宋朝，不仅统一了大半个中国，而且治国有方，使宋朝的经济和文化达到我国历史上的又一个高峰。

陈桥兵变是赵匡胤人生的一个转折点。赵匡胤之所以这么容易地取得天下，跟他的精心策划有关。历史上著名的“陈桥兵变”，表面上赵匡胤是被动地“黄袍加身”，但种种迹象表明，其实这是赵匡胤步步为营、精心策划的一场兵变。

后周显德六年（959年），后周世宗柴荣英年早逝。周恭帝即位，年仅7岁。朝中大权落在殿前都点检、归德军节度使赵匡胤手中。次年元旦，传来北汉联合大辽南下攻打后周的消息，慌乱之中，后周符太后与宰相范质决定派赵匡胤出征迎战。

赵匡胤率大军出发三日之后，到达陈桥驿，并在此驻军休息。当晚赵匡胤醉酒而卧，而有拥立之意的将士却环立待旦。次日黎明，四周叫啸呐喊，声震原野，士兵们高呼：“诸军无主，愿策太尉为天子。”部下高德怀把一件皇袍披在了赵匡胤的身上，拥立他为皇帝。

赵匡胤在勉为其难之中提出了同意当皇帝的几个条件：回开封后，对符太后和恭帝不得惊犯，对后周的公卿不得侵凌，对朝市府库不得侵掠，服从命令者有赏，违反命令者诛族。得到将士们的答复之后，赵匡胤班师回朝。回到开封后，赵匡胤得到守备京城的禁军首领石信、王审琦的帮助，不费一兵一卒，夺取了后周帝位，建立大宋。

从史书记载来看，赵匡胤在整个陈桥兵变事件之中，一直处于被动的位置，似乎是情非得已才坐上的皇帝宝座。但是，经过后人仔细研究发现，陈桥兵变其实是一场由赵氏家族预谋已久的篡权事件。

第一，在后周得知辽国与北汉联军南下攻打后周之时，满朝文武无不慌乱。宰相范质请赵匡胤出征时，赵匡胤却以兵少将寡为借口推脱，最后范质只得把朝廷最高兵权交赵匡胤，所以，陈桥兵变时赵匡胤手中几乎掌握了后周全国兵马。

第二，据《涑水纪闻》等书记载：“及将北征，京师喧言，出师之日，将策点为天子。故富室或挈家远避于外州，独宫中未之知也。”由此可知，陈桥兵变不会是一次偶然事件，而是有预谋的。赵匡胤大军离开后不久，后周京城谣言四起，说赵匡胤才是真命天子。谣言的力量不可小觑。在后周世宗在位之时，赵匡胤就曾利用谣言，使驸马张永德被免去了殿前都点检的职务而由他接任。这次故技重施，使得后周朝廷文武百官慌作一团。这也是赵匡胤的杰作，为的就是制造朝廷的慌乱，同时也使自己在军队之中更有声望。

第三，古诗有云："黄袍不是寻常物，谁信军中偶得之。"古代私藏皇袍是死罪，如果不是预先准备好，军中不可能临时有黄袍。赵匡胤被"黄袍加身"，肯定有人事先准备好了黄袍，由此可见，"陈桥兵变"并不是将士们临时起意的冲动之举。

第四，赵匡胤陈桥兵变，黄袍加身后，就马上班师回朝，可是他此次出征的目的是迎战汉辽联军，怎会如此轻易就回朝呢？史书中既没有记载关于辽兵入侵的任何结果，又没有记载北宋出征的任何情况，这一场所谓的战争也奇迹般地消失在史册里。由此可以认定，汉辽入侵的军情有可能是为了配合赵匡胤兵变自立而谎报的。

第五，《宋史·杜太后传》中记载，杜太后得知其子黄袍加身后，没有因为这欺君罔上、诛灭九族的大罪而感到惊慌，反而还说："吾子素有大志，今果然。"司马光《涑水纪闻》中也记载，杜太后说："吾儿生平奇异，人皆言当极贵，又何忧也。"这个"大志"，应该就是做皇帝。

第六，以当时的历史条件分析，后周皇帝年幼无知，根本没有能力带领部下一统江山。对于将士们来说，就算拼死拼活立了大功也无人知晓。他们迫切需要推出一个有威望的人，赵匡胤显然具备了这些条件：他是军人，能够体验将士们的劳苦；他有威望，能够使人信服；他掌握着禁军的领导权，手里有军队。

所以，陈桥兵变的发生并不是偶然，它既是赵匡胤故意为之，又是历史发展的必然。

以“赵”开头的百家姓

“赵钱孙李，周吴郑王，冯陈褚卫，蒋沈韩杨……”这首歌谣出自《百家姓》。《百家姓》是北宋初年钱塘（今杭州）一个书生为当时的蒙学（相当于现在的幼儿园、小学）编辑的启蒙读物。为了记忆方便，他把当时通行的姓氏编成四字一句的韵文，如同顺口溜一般，因此流传广泛，影响深远。

中国姓氏文化源远流长，最早可以追溯到原始社会的母系氏族时期。到了宋朝，已经有几百个姓氏。《百家姓》以“赵”开头，但“赵”既不是出现最早的姓氏，也不是人口数量最多的姓氏，为何《百家姓》会以“赵”开头呢？

姓氏本来没有高低贵贱之分，但《百家姓》成书于北宋年间，宋朝的统治者姓赵，赵姓堪称当时的国姓，编者为了表示对赵家天下的尊敬，就让“赵”成为众姓之首。此外，因为《百家姓》形成于吴越钱塘地区，除了宋朝皇帝的姓氏，当时吴越国王钱氏、吴越国王的正妃孙氏，以及南唐国王李氏都在《百家姓》中排名靠前，“赵钱孙李”成为百家姓前四位。

根据《姓纂》的考证，“赵”姓的来历是这样的：“帝颛顼伯益嬴姓之后，益十三代至造父，善御，事周穆王，受封赵城，因以为氏。”

由此可见，当初，颛顼帝的子孙中有一个名叫造父的人，造父擅长驾驭车马，周穆王统治时期，周穆王将赵城这个地方赏赐给造父作为封地，造父就以赵城这个封地的地名作为自己家族的姓氏，造父成为第一个姓赵的人，赵姓也世代相传下来。当时的赵城，相当于现在的山西省赵城县。由此可以推断，现在很多姓赵的人，应该与当时山西的赵姓有一定的关联。

赵姓家族地位十分显赫。春秋时期，造父的后代赵衰辅佐晋文公重耳称霸，赵氏家族世代为晋国的重臣，颇有权势和声望。春秋末期，赵氏家族与同为晋国贵族的韩家和魏家瓜分了晋国，史称“三家分晋”。赵氏家族自立为一个诸侯，随着势力增强，赵国成为战国七雄之一，定都晋阳，晋阳就是现在山西省太原市的北面。

千百年来，“赵”姓一族生生不息，历朝历代的赵氏名人层出不穷。到了宋代，更是成为最负盛名的王朝统治者，《百家姓》以“赵”作为百家姓之首，自然是理所当然的事情了。

惊艳两朝帝王的花蕊夫人

花蕊夫人是历史上真实存在的一位女性，据《十国春秋·后蜀·慧妃徐氏传》中记载，花蕊夫人本姓徐，是五代十国时期后蜀后主孟昶的贵妃，别号花蕊夫人。花蕊夫人不仅美若天仙，还颇有才气，《全唐诗》里收录了数十首花蕊夫人所做的《宫词》。例如，“三月樱桃乍熟时，内人相引看红枝。回头索取黄金弹，绕树藏身打雀儿”一首，写得极为清新生动。

相传后蜀后主孟昶极为宠爱这位花蕊夫人，花蕊夫人喜爱牡丹，他就在全国征集优良品种，令天下老百姓开辟良田，广种牡丹，还说要让成都牡丹甲天下。花蕊夫人喜欢芙蓉花，孟昶就命人在整个成都城种植芙蓉，使成都“四十里为锦绣”，这就是成都被称为“芙蓉城”的来历。

孟昶荒淫误国，终免不了亡国的命运。公元 965 年，后蜀灭于北宋，孟昶和花蕊夫人沦为北宋的阶下囚。被俘的花蕊夫人在押解途中，写下了一首词：“初离蜀心将碎，离恨绵绵。春日绵绵，马上时时闻杜鹃。”词中借用了杜鹃啼血的典故，表达了自己心中的悲惨凄凉之情。

赵匡胤早就听闻后蜀国的花蕊夫人才貌双全，就下旨召见花蕊夫人。见到花蕊夫人后，他就让花蕊夫人当场赋诗，以验证花蕊夫人的才气。花蕊夫人轻启朱唇，缓缓吟道："君王城上竖降旗，妾在深宫哪得知？十四万人齐解甲，更无一个是男儿！"花蕊夫人的这首诗，抒发了自己身为亡国奴的愤怒与悲情，悲愤中带着不卑不亢的气节。

赵匡胤顿时对这位才貌俱佳的女子颇为敬佩，把花蕊夫人纳为自己的妃子。花蕊夫人从前朝贵妃摇身一变，成为宋朝开国皇帝的妃子，虽然可以继续之前的富贵生活，但花蕊夫人总是留恋过去的生活，十分怀念孟昶。于是她就将孟昶的画像挂在自己的宫里，以表祭奠思念之情。有人问这画像祭奠的是谁，花蕊夫人说，这是我们蜀地的送子之神。这件事从宫中传到民间，到了清朝末年，人们就把花蕊夫人尊为送子娘娘。

后来赵匡胤还是知道了花蕊夫人祭奠亡夫的实情，勃然大怒，性情刚烈的花蕊夫人就一头撞死在宫墙之上。赵匡胤痛惜之余，命人厚葬了花蕊夫人。

也有人传言花蕊夫人是被赵匡胤的弟弟赵光义杀死的。南宋《烬余录》中曾经记载，赵光义十分爱慕美貌的花蕊夫人，一次，赵光义趁着赵匡胤熟睡之际，调戏在身边侍寝的花蕊夫人。也许是嫉妒哥哥有美人相伴，赵光义就有了"得不到就要毁掉"的心思。

《闻见近录》《铁围山丛谈》等野史笔记则记载了赵光义射杀花蕊夫人的细节：一天，赵匡胤和赵光义兄弟俩一起打猎，花蕊夫人作陪，赵光义突然间拉弓射箭，一箭将花蕊夫人射杀。为了掩饰自己的杀人动机，赵光义还说了一些冠冕堂皇的理由，诸如"红颜祸水、陛下要以江山社稷为重"之类的，赵匡胤不好计较，只好原谅了赵光义。

尽管野史不足为信，但我们可以借此了解花蕊夫人的多面生活，或许，花蕊夫人和赵匡胤兄弟之间，的确曾经发生过一些不为人知的事情。

赵匡胤之死与“烛影斧声”

宋开宝九年（976年）10月，赵匡胤一夜间猝然离世，赵匡胤行伍出身，死时年方五十。赵匡胤身体非常强健，而且正史上并没有其患病的记录，因此赵匡胤的死因成了千古之谜。

“社稷永存，福绵子孙”是中国古代历代封建帝王恪守的皇位继承制度，宋太祖死后，他的两个儿子都已经成年且身体健康，但宋太祖驾崩第二天，他的弟弟赵光义就接受遗诏，于宋太祖灵前即位。巧合的是，宋太祖驾崩当夜，只有赵光义一人在场。

赵匡胤之死和赵光义即位，二者之间有太多巧合，正史中并没有明确记载。这其中的原因，可能是自宋太宗赵光义以后北宋皇帝均是由宋太宗后世子孙继承有关，史家为尊者讳，自然不会写得太详细。后世研究者只能从野史的诸多记载中加以推敲研究，试图解开这一历史悬案。野史中的记载，大致有以下几种说法。

第一，宋代有个叫文莹的僧人，写了一本《湘山野录》，他在书中提到了赵匡胤之死与“烛影斧声”的一幕。根据他的记载，当时赵匡胤自知气数将尽，就连夜召见赵光义入宫安排后事。二人把太监、宫女们都支走，喝酒聊天至深夜，赵匡胤还用一把玉斧在雪地上刺。当夜，赵光义留宿宫中，天亮之际，赵匡胤猝死，赵光义接受遗诏，在灵前继位。

第二，《烬余录》一书对“烛影斧声”的故事又进行了演绎。据该书记载，赵光义贪恋花蕊夫人的美貌，就趁赵匡胤熟睡之际，进宫调戏花蕊夫人。赵匡胤被惊醒，拿起身边一把玉斧砍赵光义。赵光义迫不得已，索性抢过斧头，一不做二不休，砍杀赵匡胤，弑兄篡位。

第三，《涑水纪闻》里记载，太祖去世前，宋皇后叫太监王继恩把皇子赵德芳找来安排后事。王继恩却违抗旨意，找来了赵光义，迫于形势的宋皇后哭着对赵光义说：“我母子的性命就托付给你了。”

还有一种说法认为，赵匡胤之所以传位于弟弟赵光义，是母亲杜太后的意见。赵匡胤登基后，杜太后曾经对赵匡胤说：“为了保证赵家江山永固，只有将皇位传给赵光义，才是社稷的根本。”赵匡胤同意母亲的意见，就让宰相赵普写下誓词，把誓词封存在一个黄金做成的匣子里，史称“金匮之盟”。

后人认为以上说法皆不可信。理由有三：第一，按照宋朝的宫廷礼仪，赵光义不可能在宫中留宿，而且太监、宫女也不可能擅离职守；第二，一个太监，如果没有背后之人的支持，不可能违抗圣旨；第三，“金匮之盟”不足为信，杜太后死时，赵匡胤正值盛年，赵匡胤的儿子德昭当时也有十几岁了。杜太后没有理由咒自己的儿子早死。而且，赵匡胤驾崩时，世人并不知道“金匮之盟”的说法，直到赵光义登基五年后才公布出来。

史学家们分析，赵匡胤与赵光义积怨已久，赵光义弑兄篡位是有可能的。赵光义跟随哥哥南征北战，为宋朝江山立下了汗马功劳。如果赵匡胤把皇位传给自己的儿子，赵光义肯定心中不服。赵光义有夺权称帝的动机和野心，加上赵匡胤死因蹊跷，于是给后人留下了“烛影斧声”的疑案。而所谓“金匮之盟”，只不过是赵光义为了掩饰自己弑兄篡位罪行的一个烟幕弹。

还有一些疑点，也不由得让人对赵光义即位产生非议。

第一，新皇帝即位，一般是第二年才改用新年号纪年。可是赵光义却等不到第二年，将只剩下不到两个月的开宝九年，改为兴国元年。抢先为自己“正名”，是不是正说明赵光义心里有鬼？

第二，宋太宗即位之后，马上就设计逼死了赵匡胤的两个儿子赵德昭和赵德芳，为自己铲除后患。

更令人不可思议的是，一百多年后，赵光义的后代子孙宋高宗赵构又把皇位传给了赵匡胤的七世孙赵昚，这是不是也在冥冥之中承认了祖先“弑兄篡位”的罪孽呢？

宋代皇帝的“阵图”遥控

北宋时，兵器武学已相当发达。尽管有不少优势，宋朝的军队出征作战，却往往屡战屡败。其中一个重要的原因是，军队在外作战，依靠的不是将领的临场应变，而是大后方的皇帝所颁布的阵图“遥控”。这实在让人郁闷。

鉴于唐末五代藩镇之祸，太祖赵匡胤认为武夫是绝对不可靠的，兵权要掌握在文臣手中。太宗更变本加厉，整个宋代，尚文轻武成了社会风尚。军事部门长官多以文人充任。为了驾驭之便，宋朝皇帝喜欢任用平庸无才的将领。

每次战前，皇帝会为出征的大将“授以阵图”，在皇宫中遥控的皇帝甚至要求远在千里之外的大军，必须按照他的指示，按照规定的阵图来作战，全然不管战场情况如何变化。

临战之际，前线将帅自然要把皇帝亲授的“阵图”视为圣物，不敢有稍许改变。照阵图列阵打仗，即使打了败仗主帅也责任不大；个别有勇有谋的将领，临战时不按阵图列阵，随机应变地打了胜仗，也还得向皇帝请罪。

宋太宗是一位十分热爱遥控指挥的皇帝，他常常在战争时期，御赐遥控阵图来控制战争局势，从而支配将领行为。“平戎万全阵”为宋太宗在位期间御制的一套作战阵法，取名为“平戎万全”，可见被视为得意之作。然而，这种遥控行为完全违背了用兵之道，那些将领们不敢违抗皇上旨意在战场上自由指挥，对于应改的方案也不敢说出自己的看法和思想。

太平兴国四年（979 年），契丹入侵，太宗并没有亲赴前线，而是令李继隆、赵延进统兵 8 万防御，并亲授阵图，分为八阵。这些将领只能按照阵图小心行事。不管是什么状况，太宗让退就下令撤退，让进攻的时候就开始进攻。然而，战场是瞬息万变的，不久宋军弹尽粮绝，这是阵图上没有预测到的，结果宋军在契丹的进攻下一步步死守阵地。很多将领反复请示改变作战方针，主帅却不敢当机立断。结果宋军在契丹的围追阻截下大败，很多士兵在战争中自相残杀，坠河身亡。后来诸将及时改变打法，才免去全军覆没的惨剧。

到了宋仁宗时期，很多将帅的指挥权被剥夺。在和西夏的战争中，很多将领都机械化地推行皇帝遥控的作战策略，均失败。韩琦是宋仁宗时期很受器重的一员大将。因为西夏局势不稳定，仁宗派韩琦去征服西夏。出发前带着仁宗御赐的遥控图。这次战争中，一部分宋军在西夏处于被围攻状态，当时的主将慌忙拿出阵图，准备组织布阵，然而，还没有等他摆好阵形，就被西夏的骑兵冲垮了。这支精锐部队最后全军覆没。

对于这种情况，宋代的文臣武将们是深为不满的，曾多次提出意见，但皇帝都置之不理。其实“阵图”遥控并不能做到精确的指挥，反而适得其反，使军队陷入被动局势。这或许也是宋朝军事处于弱势的一个缘由。

宋徽宗与名妓李师师的故事

李师师原本是汴京城经营染坊的李寅的女儿，李师师的母亲当时生下她就去世了，李师师由父亲抚养长大。当时，汴京有个风俗，为了让子女健康成长，父母应该送子女出家，当然，这个出家是名义上的，一般都是在寺庙里寄名，过一段时间就接回家抚养。

李师师的父亲把她送到佛寺，当时佛寺的老和尚认为这个小女孩很有慧根，很像佛门子弟。当时人们管佛门子弟叫“师”，于是，李寅就给女儿取名“师师”。李师师四岁时，李寅因罪入狱，竟然死在狱中。李师师孤苦无依，只好在大街上流浪。后来，经营妓院的李姥见李师师容貌不俗，就收留了她，精心培养，李师师长大后，琴棋书画歌舞样样俱佳，成为轰动京城的一代名妓。

李师师艳名远播，当时的王公贵族无不竞相一睹芳容，连宋徽宗也听说了李师师的名气。宋徽宗虽然在书画上颇有成就，是中国历史上著名的书画家，但他是一个贪图享乐之人，做了皇帝之后，整日不理朝政，沉溺于声色犬马的奢侈生活。宋徽宗身边有一些大臣，如高俅、王黼等人，为了迎合宋徽宗，也帮着宋徽宗寻花问柳。

这一天，宋徽宗在高俅等人的陪伴下，换了便装，来到李师师所在的妓院。宋徽宗虽然没有报上名号，但见多识广的李师师见到高俅等人都对宋徽宗小心翼翼，谦恭有礼，心里也明白了几分，知道此人来头不小，照顾得很是周到。

李师师虽然明白宋徽宗的身份，却也不是那种曲意逢迎之人，她气质高贵，温婉可人，不卑不亢，才艺过人，自然给宋徽宗留下了深刻的印象。自此，宋徽宗隔三差五就来约会李师师。宋徽宗是个才气纵横的皇帝，李师师也精于诗词翰墨，宋徽宗把李师师视作红颜知已。

宋徽宗给了李师师很多赏赐，其中有一张蛇腹琴，是宫内珍藏的宝物。所谓蛇腹琴，是指这种琴很古老，因为年代久远，原来琴身上的漆变成了黄黑色，就像蛇腹下的花纹一样，因此得名。此外，宋徽宗赏给李师师的书画文物、金银珠宝更是不计其数。

宋徽宗毕竟是九五之尊，身份尊贵，不能大张旗鼓地去约会李师师。为了约会方便，宋徽宗还命人在宫内挖了一条地道，地道直通李师师的住处。宋高宗的生母韦贤妃曾经悄悄问宋徽宗，李师师到底有什么好处，让陛下如此心动。宋徽宗回答说，如果让她和你们站在一起，都不要穿着艳丽服饰，而是素色装扮，李师师就可以脱颖而出。她有一种你们都不具备的优雅姿态和脱俗的气质。

宋徽宗还为了李师师，与当时的著名词人周邦彦争风吃醋。李师师虽有宋徽宗的恩宠，却爱慕周邦彦的才气，与周邦彦关系很好。一次，宋徽宗龙体欠安，不能去见李师师。周邦彦就趁机去见李师师，正当两人高谈阔论的时候，宋徽宗突然来了。慌乱之下，李师师只好把周邦彦藏在床底下。原来，宋徽宗在宫内思念李师师，就抱病前来找她聊天，还送给李师师一个橙子。宋徽宗因为身体没有痊愈，没有打算留宿。李师师还假意挽留，说“现已三更，马滑霜浓”，宋徽宗一听，更是着急离去。

躲在床底下的周邦彦还为此事填了一首词：“并刀如水，吴盐胜雪，纤手破新橙。锦幄初温，兽香不断，相对坐调笙。低声问：向谁行宿？城上已三更，马滑霜浓，不如休去，直是少人行。”后来，宋徽宗听到这首词，知道这首词出自周邦彦之手，立刻明白了实情，于是就找了个借口把周邦彦贬出京城。

1125 年，宋徽宗禅位给太子赵桓，自号“道君教主”，住在太乙宫内。宋徽宗专奉道教，享乐之心渐少，也就很少再去找李师师了，李师师下落不明。

李师师在宋徽宗禅位之后，把宋徽宗赏赐的财物，以及自己所有的财物捐给军队，用来作为抗金的军费，而她自己则当了女道士。两年后，金军攻陷汴京，宋徽宗成为金兵俘虏，金军曾找到李师师的下落，想把她一起俘虏，李师师宁死不从，吞金自杀。后来宋徽宗听到李师师死时的情况，心中悲痛，泪如雨下。

宋高宗选太子

南宋最有能力的皇帝当属宋孝宗赵昚，宋孝宗继承皇位之后，立志收复河山，重回中原，他任用贤臣，追封岳飞为鄂国公，剥夺了秦桧的官爵，备战北伐中原。但可惜那时的南宋没有得力的大将，几次征战相继失败，面对残酷的现实，赵昚不得不放弃收复失地的想法，南宋隆兴二年（1164年），宋孝宗被迫和金国签订了“隆兴和议”，次年改元“乾道”。

乾道年间，南宋没有战争纷扰，宋孝宗将精力放在内政治理上，开展了一系列改革，使得南宋老百姓安居乐业，政治清明，一改高宗当政时朝廷上下贪污腐朽的局面。

赵昚这个如此有作为的皇帝，是如何选出来的？特别是赵昚并不是高宗的亲生儿子，他是如何在众多宗室中脱颖而出的呢？据说，宋高宗最终确定赵昚为太子，是因为赵昚通过了宋高宗精心设计的一次考验。这到底是怎么回事呢？

南宋第一任皇帝宋高宗赵构即位后，虽然后宫有佳丽三千，却没有人为赵构生下子嗣。据《宋史》中记载，赵构原来有一个儿子，取名元懿，元懿一出生就体弱多病，而当时宋高宗正忙着躲避金国的追击，一路南逃。在逃难途中，元懿染病去世。而后在建炎二年（1128年），金兵攻入了宋高宗所在的扬州城，当时他正和一名嫔妃温存，听到这个消息顿时受到惊吓，生育能力受到影响，从此再没有子嗣。

因为宋高宗没有子嗣，在皇位继承人上他只能从宗室中选择。当时舆论普遍认为，宋朝要重新振兴，必须把皇位传给宋太祖那一支的后人。于是，宋高宗就做了决定：当年宋太祖将皇位传给弟弟，如今朕要把皇位传给太祖的后人。这样，赵伯琮（即后来的赵昚）和赵伯玖被宋高宗收为养子，放在宫中抚养。

赵伯琮和赵伯玖都是自幼进宫，在宫中接受严苛的教育，但太子只有一个，这俩人之间还需要一较高下。但他们在宫中养了近20年，太子之位还迟迟没有定下来。当时，高宗，以及高宗的生母韦太后都比较喜欢赵伯玖，不太喜欢赵伯琮。但一次偶然的事件，让高宗对赵伯琮另眼相看。

事情的经过是这样的：有一次，宋高宗同时召见赵伯琮和赵伯玖两人，在宋高宗训话的时候，突然从外面闯进一只大肥猫，宋高宗的训话被这只大肥猫打断，于是就留神看这两个孩子的表现：赵伯琮一直专心致志地听宋高宗讲话，根本没有理睬那只大肥猫。而赵伯玖看到那只猫后，就再也无心听宋高宗训话，还用脚去踢那只大肥猫。这一反差让宋高宗在皇位继承人上有了主意。

绍兴三十一年（1161 年）9 月，金兵再次南下进犯，受到南宋的抵抗后，金兵退去。但此时，宋高宗一直奉行的求和政策受到了军民的一致声讨，迫于压力，宋高宗终于将皇位让了出来，赵伯琮才算正式登上了龙椅。

宋高宗精心选出来的宋孝宗果然不负众望，他牢记宋高宗的禅让之恩，对宋高宗极尽孝道。孝宗朝是南宋国力最强的时候，宋高宗安逸地当了 25 年的太上皇，寿终正寝，享年 81 岁。后世有人这样评价赵构，说宋高宗一辈子唯有选太子一事最为公允。

文人名士的诙谐趣事

潘美不是害死杨业的大奸臣

许多戏曲、小说，如《杨家将》《潘杨讼》《佘赛花》中有一个反面角色，他叫潘仁美，它们在歌颂杨业一门忠烈的同时，也把潘仁美塑造成了一个大奸大佞、阴谋害死杨业的人。随着杨家将的故事在民间的广泛流传，潘仁美的反面形象也深入民心。

值得一提的是，历史上并没有潘仁美这个人，其实这个角色是以宋朝名将潘美为原型塑造出来的。

在查阅《宋史》等一些正史的过程中，并没有发现有“潘美是个奸臣”的记载，相反，宋史对潘美的评价很高。

对于杨业的死，戏曲、小说中都说是因为潘美与杨业关系不和，他嫉妒杨业，是他陷害了杨业。其实这是没有历史根据的。

据《宋史》中记载，雍熙三年（986 年），宋太宗下诏兵分三路进行北伐：东路军刚出击就遇到契丹主力的迎击，大败于歧沟关；中路军闻听东路败北，也不战而溃；只有潘美、杨业的西路军，出师仅两个月，便战果累累，收复了朔、寰、云、应四州之地。当时监军王侁邀功心切，主张强攻，但杨业不同意，说：“今敌锋益盛，不可与战。但领兵出大石路，先遣人密告云、朔守将，俟大军离代州日，令云州之众先出，我师次应州，契丹必悉兵来拒，即令朔州吏民出城，直入石碣谷，遣强弩千人列于谷口，以骑士援于中路，则三州之众保万全矣。”

他刚说完，王侁反对说：“我们有几万精兵，为什么这样胆小怕事！应该走雁门关北面的大路，向朔州行进，然后攻打寰州。”他还讥讽杨业说：“你平素号称‘杨无敌’，而今见到敌兵，就停滞不前，不肯打仗，难道你有其他想法吗？”杨业无奈，只得率本部人马出击。

出兵前他与王侁、潘美约定，请他们在陈家谷口安置伏兵接应。王侁等在陈家谷口设置了伏兵，但一直到中午也没见到杨业，以为他获胜继续追击去了，便带兵撤离。《宋史》中说：“（王侁）使人登托逻台望之，以为契丹败走，欲争其功，即领兵离谷口。美不能制，乃缘灰河西南行二十里。”说明潘美虽加阻止，但态度不够坚决。

此时杨业与辽军作战已伤亡大半，原以为有人接应，谁知到了陈家谷口却空无一人，最后被俘。杨业被俘后叹息说：“朝廷待我甚厚，本当讨敌安边，以报国家，不料被奸臣所逼，致使王师败绩，我还有什么脸面活着！”即拒绝进食，三日而亡。他死后，宋廷给潘美贬官三级，将王侁、刘文裕罢官。旌表杨业：“尽力死敌，立节迈伦，诚坚金石，气激风云，求之古人，何以如此！”

王侁“欲争其功，即领兵离谷口”，为什么潘美“不能制”？这是因为王侁是监军。监军和通判一样，是皇帝的亲信。“监军”既不是副职，也不是属官。监军代表皇上对在外将帅的行动进行监督和挟制，他还有权处死有不轨之举的将军。监军王侁代表皇上对将帅的挟制，既对杨业，也对潘美。在与杨业的争执中，是监军王侁“语激杨业”，在陈家谷是监军王侁擅离谷口，史籍上记载得非常清楚。如果说，对杨业之死非要去找一个所谓的陷害者或“主谋”，那自然是王侁，而非潘美。

潘美的奸臣形象最早出于一本无名氏撰写的《杨家将演义》中，将潘美（书中用了假名“潘仁美”）刻画成通敌卖国、残害忠良的大奸臣。此后，潘美的形象被慢慢丑化，《杨家府演义》等小说不仅把潘美写成奸臣，还让潘美死于忠臣开封府尹寇准的刀下。

柳永因写词开罪宋仁宗

婉约词人柳永生活的年代，是宋朝少有的开明之世，是林语堂评价的“中国文人所处的最好的时代”。当朝皇帝宋仁宗勤政爱民，文化氛围非常浓厚。柳永是才华横溢的大才子，宋仁宗是宽厚仁爱的一代明君，这两个人，本应该是高山流水、互相欣赏，结果却事与愿违，终生不和。柳永这个大词人，屡次因为写词得罪宋仁宗，也给自己的命运带来了许多坎坷和波折。

柳永出身于官宦之家，父亲和两个兄弟都曾高中进士，受家教影响，柳永从小就饱读诗书，希望能够传承家业，光宗耀祖。柳永颇有才气，在少年时，已经写了很多诗词。后来，柳永进京赶考，来到汴京这个烟柳繁华之地、温柔富贵之乡，更是被乱花迷了眼睛，他流连于青楼，与很多歌伎结为知己，为她们填词作曲，把功名利禄之心都抛在脑后。他的很多词表达了自己沉溺于这种风流生活的惬意，譬如：“近日来，陡把狂心牵系。罗绮丛中，笙歌筵上，有个人人可意。”

自视甚高的柳永没把考试太当回事，以为凭借自己的才能，“定然魁甲登高第”，不料事与愿违，柳永在放榜时名落孙山。科举之路，本来就很艰辛，狂傲不羁的柳永却在沮丧之余，写下了一首《鹤冲天》（黄金榜上）：

黄金榜上，偶失龙头望。明代暂遗贤，如何向。未遂风云便，争不恣狂荡。何须论得丧。才子词人，自是白衣卿相。

烟花巷陌，依约丹青屏障。幸有意中人，堪寻访。且恁偎红依翠，风流事、平生畅。青春都一饷。忍把浮名，换了浅斟低唱。

在这首词中，柳永抒发了自己科举落第的失望和愤懑之情，他自觉怀才不遇，是“才子词人”“白衣卿相”，既然没有人慧眼识才，还不如流连于烟花柳巷，“忍把浮名，换了浅斟低唱”。

柳永的词太有名了，连当朝皇帝宋仁宗都成了他的“粉丝”，据宋人陈师道的《后山诗话》说：“柳词骫骳（纡曲）从俗，天下咏之，遂传禁中。仁宗颇好其词，每对宴，必使侍从歌之再三。”自然，《鹤冲天》这首词也传到宋仁宗耳朵里。作为诗词爱好者，宋仁宗可以欣赏柳永的才气；但作为一个皇帝，怎么能允许柳永这样“指桑骂槐”？于是，柳永因为这首词得罪了宋仁宗，为自己日后的命运种下了苦果。

这一年科举放榜，柳永终榜上有名。可是，宋仁宗看到柳永的名字，打听了一下，正是那个善于写词的“才子词人”。宋仁宗反感柳永，认为柳永政治觉悟不够高，思想不端正，就把柳永的名字抹去了，并批示：“且去浅斟低唱，何要浮名？”（吴曾《能改斋漫录》卷十六）。

再度失败的柳永这次也就死了心，既然考上了也不会有好结果，还不如就此放开，从此过潇洒日子去。于是他干脆自称“奉旨填词”，从此无所顾忌地流连于烟花柳巷之中。自此，中国词坛上有了鼎鼎大名的“才子词人”柳永，他的词作天赋得到充分发挥，成为婉约派的代表人物。当时教坊的乐工和歌姬都求着柳永为他们填词，柳永的每一首词作，都能传唱一时，人称“凡有井水饮处，皆能歌柳词”。柳永如此放纵洒脱，有人以为正是柳永心情苦闷的反映，也有人认为柳永此举更是导致了宋仁宗对他误会的加深。

柳永终于没有放下功名利禄之心，51岁时，他终于进士及第，但仍然没有得到重用，到晚年才做了个屯田员外郎，于是柳永又被称为“柳屯田”。据宋人王辟之的《渑水燕谈录》中记载，皇祐年间，有一次天上出现祥瑞，一位姓史的官员想借机推荐柳永，就让柳永赋词庆贺。柳永就写了一首《醉蓬莱慢》的词，柳永在词中本是极尽歌功颂德之能事，想取悦宋仁宗。可柳永没有号准宋仁宗的脉，宋仁宗一见词的开头有一个“渐”字，已经开始皱眉头；又读到一句“宸游凤辇何处”，脸都气白了，因为宋仁宗前段时间刚为宋真宗做了一首挽词中有相似的句子；再读到“太液波翻”句时，便气得把词稿都扔在地上，勃然大怒：“干脆说太液波澄（挽词有“波澄”，同“波翻”暗合）!”

从此，柳永的仕宦生活再也没有什么起色，宋仁宗皇祐五年（1053年）前后，柳永去世。柳永去世时穷困潦倒，连下葬的钱都没留下，还是柳永当初结识的那些歌伎朋友集资安葬了柳永，春天的时候，她们一起到柳永坟前“吊柳七”。

欧阳修助苏轼“出人头地”

在宋代文坛，欧阳修堪称领军人物，他不仅奠定了宋代古文发展的方向与规模体制，还积极地提拔后辈，奖掖后生。在历史上，文坛领袖欧阳修帮助苏轼“出人头地”的故事更是让人津津乐道。

宋仁宗嘉祐二年（1057年），礼部为了选拔人才，举办了一次全国性的考试，欧阳修任主考官，评委有文坛大家梅尧臣等。当时，欧阳修已是一代文坛领袖，学问和名气都很大，他曾经说过“书有未曾经我读”，意思是天下的书我都已经读遍了，但欧阳修讲究学以致用，主张做学问要“博学之，审问之，慎思之，明辨之，笃行之”，而不是读死书。在这种动机的促使下，欧阳修为这次考试拟定了这样一个题目：根据《大禹谟》中“罪疑惟轻，功疑惟重”这两句话，写一篇策论。这次考试影响很大，盛况空前，后来成为宋代文坛大家的苏轼、苏辙、曾巩、程颢等人都是通过这次考试录取的。而20岁出头的苏轼更是以一篇《刑赏忠厚之至论》在这次考试中脱颖而出。

话说梅尧臣阅卷时，发现了一篇佳作，当时这篇文章仅用不足六百字（545字）就清楚地论述了以仁治国的思想。文章引古论今，思路清晰，说理透彻，颇有大家风范。梅尧臣欣喜不已，立马推荐给欧阳修阅读。欧阳修读完之后，击节赞赏。原来，自五代以来直到宋初，文坛盛行一种华而不实的浮靡之风，欧阳修很不赞同。而这篇文章有理有据，清新朴实，很符合欧阳修所提倡的文学观点。欧阳修本想将这篇文章定为第一名，但越读越觉得这篇文章好像是出自自己的得意门生曾巩，为了避嫌，欧阳修就把这篇文章录取为第二名。

当时有个传统，所有被录取的考生都要来拜见恩师。欧阳修才知道让自己击节赞赏的文章不是出自曾巩之手，而是一个叫苏轼的年轻人。在谈话时，欧阳修问苏轼："你在文章中写道'当尧之时，皋陶为士，将杀人。皋陶曰：杀之，三。尧曰：宥之，三。'这个典故出自哪部书?"因为号称读遍天下书的欧阳修从来不记得在什么地方看过这个典故。苏轼不好意思地承认，这个故事不是出自什么典故，而是自己"想当然"而来的。欧阳修顿时眼前一亮，对苏轼的好感又增加了几分，觉得这个年轻人富有创新精神，将来前途不可限量。后来，欧阳修又收到梅尧臣转交过来的，苏轼之前拜谢师恩的致谢信。欧阳修读罢此信，深深为苏轼的才气所倾倒，不由惊叹道："读轼书，不觉汗出，快哉快哉！老夫当避路，放他出一头地也!"这就是成语"出人头地"的由来。

自此之后，欧阳修多次举荐苏轼，对苏轼的评价甚高。据宋人朱弁的《曲洧旧闻》中记载，苏轼的每一篇诗文，欧阳修都要拜读，每次看完之后都很兴奋。一次，他对儿子欧阳棐说，再过 30 年，苏轼的名气肯定会超过我，到时候，恐怕就没有人记得我是谁了。苏轼果然不负众望，后来成为北宋文坛执掌帅旗的新盟主，且后世无人超越。

苏轼对欧阳修的提拔之恩一直心存感激，欧阳修去世后，苏轼写下了很多首纪念恩师的诗文。例如在《西江月·平山堂》中，苏轼这样写道："三过平山堂下，半生弹指声中。十年不见老仙翁，壁上龙蛇飞动。欲吊文章太守，仍歌杨柳春风。休言万事转头空，未转头时皆是梦。"以寄托自己的缅怀之情。苏轼更是这样高度评价欧阳修："论大道似韩愈，论事似陆机，记事似司马迁，诗赋似李白。"

苏小妹新婚夜三难秦观

苏小妹自幼与哥哥苏轼一起读书学习，诗词歌赋样样精通，很受家人宠爱。苏小妹成年后，苏氏父子开始为她的婚事操心，苏小妹聪慧顽皮又不拘小节，要找到一个称心如意的夫君不是很容易。

千里姻缘一线牵，有缘千里来相会。这时，一个叫秦观的男子进入苏氏父子眼中。秦观，字少游，北宋中后期著名词人，"苏门四学士"之一，很受苏轼赏识。一次，苏小妹看了秦观的文章后，称赞道："不与三苏同时，当是横行一世。"苏小妹从来不曾如此称赞别人，看她如此中意秦观，苏氏父子心领神会，就由黄庭坚做媒，设法促成了秦少游和苏小妹的婚事。

苏小妹和秦少游的婚礼是在苏家举办的，拜完天地之后，苏小妹提出要让秦少游解开她出的三个题目才能入洞房，秦少游答应了。

第一题，苏小妹给秦少游出的是一道诗谜：

铜铁投炉冶，蝼蚁上粉墙；

阴阳无二义，天地我中央。

众人听了，都不知道苏小妹葫芦里卖的是什么药，秦少游凝神一想，哑然失笑。原来，苏小妹的诗谜应该这样解读：第一句铜铁投入炉中冶炼，暗含一个"化"字，第二句暗含一个"缘"字，第三句暗含一个"道"字，第四句暗含一个"人"字。四句合起来就是"化缘道人"。

"化缘道人"是什么意思呢？原来，当初秦少游虽然爱慕苏小妹的才华，但由于没有见过苏小妹，对苏小妹的容貌很好奇，传说苏小妹额头很大，颧骨很高，会不会很丑呢？由于男女授受不亲，秦少游又不好去见苏小妹。一次偶然的机会，秦少游得知苏小妹要去寺庙上香，秦少游就把自己打扮成“化缘道人”的模样，等在苏小妹必经的路旁。

一看到苏小妹的轿子，秦少游就上前去高声央求道：“小姐有福有寿，愿发慈悲！”

苏小妹不拘小节，看有人求布施，就在轿子里回答：“道人何德何能，敢求布施。”

秦少游的目的就是要苏小妹能接他的话茬，他怕苏小妹的轿子离去，就赶紧回答：“愿小姐身如药树，百病不生！”

苏小妹一听这话，也不示弱，接着说：“随道人口吐莲花，分文无舍。”

说完之后，心下纳闷，觉得这个道人好像另有目的，就偷偷掀起帘子看，秦少游一看苏小妹掀起帘子，就赶紧凑过来。苏小妹一打量那道人的模样，豁然明白这人就是自己的未婚夫秦少游，于是就示意轿夫赶紧离去。

秦少游已经看到苏小妹的模样，觉得苏小妹气质好，一看就是很聪慧的样子，非常高兴，就追着苏小妹喊道：“小娘子一天欢喜，为何撒手宝山？”

苏小妹想到秦少游的目的，心中很是生气，就答道：“疯道人恁地贪痴，那得随身金穴。”

就这样，苏小妹一直记着仇，这新婚之夜的第一道难题，就是为了难为一下秦少游，看秦少游到底如何解释这件事情。

秦少游自然不敢再得罪这娇滴滴的新娘子，就认真地提笔写了一首诗：

化工何意把春催，缘到名园花自开；
道是东风原有主，人人不敢上花台。

这四句诗是一个藏头诗，合起来就是“化缘道人”，而且全诗也委婉地表达了道歉之意，苏小妹看了很高兴，一是高兴秦少游果然是名不虚传，才思敏捷；二喜秦少游态度还不错，人也聪明。

苏小妹又给秦少游出了一道诗谜，声明全诗的谜底是四位历史人物：

强爷胜祖有施为，凿壁偷光夜读书；

丝缕缝线常忆母，老翁终日倚门闾。

这道题很简单，根本难不住饱读诗书的秦少游，秦少游赶紧回答，这四个人分别是孙权、匡衡、子思、太公望。

话说苏氏父子和众宾客看苏小妹和秦少游的这场考试越来越有意思，都期待着第三题到底是怎样的。

这时，苏小妹闺房的窗户突然打开，一双纤纤素手扔出一张字条，仆人赶紧接过，秦少游一看，只见上面写着："双手推开窗前月，月明星稀，今夜断然不雨。"

秦少游看了之后，暗暗发笑，很快就写了一个下联交给仆人递过去："一石击破水中天，天高气爽，明朝一定成霜。"

这副对联对得极妙，上联中"今夜断然不雨""雨"字有多个意思，表面上是说今夜不会下雨，实际上隐含了"云雨交欢"的意思，此外，"雨"还与"语"谐音，苏小妹的意思是今夜不会让你入洞房，连话都不跟你说。而秦少游以"明朝一定成霜"作答，"霜"与"双"谐音，巧妙地反击了苏小妹的刁难。

苏小妹看到秦少游顺利地通过了考验，就亲自打开大门，二人结为神仙眷侣，成就了一段千古良缘。

王安石位高权重却无绯闻

"文官不爱钱，武将不怕死"，是中国古代对官员的要求。许多官员能做到"不爱钱""不怕死"，却未必能做到不好色，正如俗话所讲的，"英雄难过美人关"，但宋朝的王安石却是个例外。

王安石生在宋仁宗年间，曾官至宰相，在职期间，致力于变法改革，被称为“中国十一世纪的改革家”。王安石在政坛、文坛上都有很大的影响，他不仅不贪念金钱权势，而且还不受美色诱惑，身居高位却没有任何绯闻。即便是他的政敌，也没人能在他的生活问题上抓住把柄。

一次，王安石因办理公事路过苏州，时任苏州知府刘邠设宴款待王安石。为了娱乐助兴，刘邠专门请了官妓来表演歌舞。没想到，正派的王安石一看到酒席上有官妓，脸色就非常难看，怎么也不肯就座。后来，得知事情原委的刘知府撤掉官妓，王安石这才入座。

北宋是一个重文轻武的朝代，官员社会地位高，收入高，很多官员生活奢侈，讲究享受，家里娶个三妻四妾很正常。但王安石却始终如一，坚持不纳妾。甚至他的夫人吴氏把美女送上门来，他都没有动心。

王安石的夫人吴氏曾瞒着王安石为其买过一个妾。一天，王安石忙完政务回房休息，见房间里坐着一个年轻貌美的女子，而夫人吴氏却不见踪影。追问之下，王安石才知道这名女子是吴氏给她娶的小妾。这名女子原本有丈夫，丈夫还是宋朝负责运送粮草的官员，因为负责的运送粮草的船翻了，丈夫变卖了所有家产来赔偿损失，因为赔偿数额巨大，丈夫无奈之下，只好把美貌的妻子卖掉以筹取费用。

王安石听了之后，非常可怜这位女子的身世，好言劝慰了这位女子。第二天，王安石就派人找来这名女子的丈夫，让他们夫妻团聚。

王安石曾做了多年宰相，在职期间，积极推行变法。王安石的改革措施触动了很多人的利益，因此招来了很多政敌。为了打压王安石，很多政敌紧盯王安石的行事做派，试图找到王安石的一丝半点过错。王安石洁身自好，不慕金钱，不贪官位，始终没有让人抓住把柄。

当年，王安石进士及第后，没有像其他人那样去跑关系，谋求一个馆阁之职或留在开封做京官，而是主动向朝廷请缨，到边远的地方出任县令。后来，官居宰相的王安石主动辞去相位，回家隐居。王安石从宰相府里搬出来的时候，没拿府中任何财物。夫人吴氏喜欢宰相府里的一张床，想买下来，王安石都没有答应。王安石告诉吴氏，即便是花自己的钱买下来，还是会被别人抓住把柄，将来会说不清楚。

王安石不贪官位、不慕金钱、不近美色，从而成就了他在历史上的一世英名。后世梁启超最佩服的人便是王安石，认为王安石是夏商周三代以来唯一的完人。

包拯智断宋仁宗的风流债

宋仁宗早年曾有过三个儿子，但都不幸夭折，后来，虽然后宫嫔妃众多，但一直没生下一个儿子。他在亲政的第三年，就把宗室内濮安懿王赵允让的第十三子赵宗实收为养子，接到宫里抚养，但仁宗迟迟没有册立养子为太子，宋仁宗十分渴望有个儿子，让自己的亲生子嗣来接掌皇权。

为了生儿子，宋仁宗采取“广种薄收”的策略，除了册封的嫔妃外，还临幸了很多宫女。据说宋仁宗每临幸一位宫女，就赐她一个龙凤刺绣抱肚，作为临幸的凭证。当时很多大臣主张宋仁宗应该早立养子为太子，不应该纵欲过度，劳神伤体，几次劝说宋仁宗遣散宫女出宫，宋仁宗听从了大臣的建议。据记载，宝元二年（1039 年），宋仁宗一次遣放宫女 270 人。

就是在这种大背景下，皇祐二年（1050 年），开封城里发生了一个轰动一时的案子。当时在市井百姓中流行一个传言，说宋仁宗有个儿子流落在民间。宋仁宗的这个儿子名叫冷清，他疯言疯语，行为乖张，到处说自己是皇帝的儿子，理应被立为太子。

当时开封府官员钱明逸听到这件事情后，就派人将冷清带回衙门。没想到那个叫冷清的年轻人，俨然一副皇子遇到家臣的架势，对钱明逸呼来喝去。钱明逸摸不准冷清的来头，只能好生招待。冷清告诉钱明逸，自己的母亲是当时侍奉皇上的宫女，曾经得到过皇上的宠幸，被赐予龙凤抱肚。

母亲被宠幸后，不知道自己已经怀孕，于是被遣散出宫。出宫后不久，母亲就生下了他，他肯定是当今皇上的亲生骨肉。钱明逸对这件事不敢贸然处理，于是他先把冷清安顿好，再上奏宋仁宗。

宋仁宗得到消息后，又喜又悲。喜的是自己可能会有儿子；悲的是自己没有办法搞清楚这个孩子是不是自己的亲骨肉，要是认错了亲，岂不有损皇家的脸面？于是，宋仁宗对这件事情不置可否，下令钱明逸详细查办，务必搞清楚冷清的身世。钱明逸觉得这件事情不好处理，关键是不知道宋仁宗的态度。经过一段时间的相处，钱明逸发现冷清说话前言不搭后语，疯疯癫癫，于是就认定冷清是个疯子，将冷清发配到汝州编管。

可是，有一些大臣却在这个问题上大做文章，他们上奏说，如果这个冷清说的是真话，那就应该认祖归宗，不能发配在外；如果他说的是假话，那就是欺名盗世，造谣惑众，应该处死。

宋仁宗下令要包拯重新审理这个案件。包拯亲自审问冷清，发现冷清言词的很多漏洞，掌握了很多关键细节。在此基础上，包拯派人开展了广泛调查，几个月后终于搞清了事实。冷清的母亲确实曾是宫女，手中也的确有宋仁宗赐予的龙凤抱肚。但是经过调查取证，冷清的母亲在出宫嫁人后，先生了一个女儿，而后才生了冷清，这样就完全排除了冷清与宋仁宗的关系。

冷清长大后，听说了皇帝没有子嗣的事实，就动了坏心思，他拿着母亲的龙凤抱肚，自称自己是流落民间的皇子，到处招摇撞骗。后来，遇到一个叫高继安的道士。高继安是个心术不正、不务正业的道士，他认为冷清奇货可居，说不定能有大造化，就教给冷清更多的伪装之道，两人来到京城碰运气，没想到，冷清很快就被抓进官府，高继安一看大事不好，就让冷清装疯卖傻，混淆视听，借此逃脱罪责。

案件查清后，包拯向宋仁宗报告了来龙去脉，请求将冷清和高继安从重判处，以正视听，避免奸邪之徒挑起事端。宋仁宗听从了包拯的建议，下旨将冷清和高继安两个江湖骗子斩首示众。

陆游与唐婉到底是不是表兄妹

陆游自言“六十年间万首诗”，今尚存9300余首，是我国现有存诗最多的诗人，生前就有“小李白”的美誉。他的一生遭受了太多的打击，仕途上遭受当权派的排挤，爱情上也给世人留下了一声叹息。

唐婉是陆游的第一任妻子，后因陆母的原因，两人被迫分离。

关于陆游与唐婉是否是表兄妹？学界一直也是争论不休，莫衷一是。

野史《齐东野语》中记述：“陆务观初娶唐氏，闳之女也，于其母夫人为姑侄。”《后村诗话续集》《耆旧续闻》中亦有关于二人关系的记载，大致结论就是，陆游的母亲和唐婉的父亲是兄妹，也就肯定了陆游、唐婉的表兄妹关系。

但从《宝庆续会稽志》里我们可以查证：唐婉祖籍山阴，唐婉的父亲唐闳、爷爷唐翊。陆母是唐介的孙女，祖籍江陵。两地相隔较远，况且两家并无宗亲关系，所以陆游和唐婉并不是表兄妹关系。

我们可以从陆游的《渭南文集·跋唐修撰手简》《宋史·唐介传》，以及王珪的《华阳集·唐质肃公介墓志铭》中找到一些线索。陆母是江陵唐氏，陆母的爷爷是北宋三朝元老，所以唐介以下都有正史记载，唐介的孙子的名都是以下半从“心”字命名，即懋、愿、恕、意、愚、谰，唐闳没“心”，也就是说，唐闳并不是陆母的兄长。那么陆游与唐婉表兄妹的关系就无从谈起了。

在刘克庄的《后村诗话》中有这样的记述：“某氏改适某官，与陆氏有中外。”意思是唐婉与陆游被拆散后，嫁给一个叫赵士程的人。这个赵士程和陆家有亲戚关系。从陆游的《渭南文集·跋唐昭宗赐钱武肃王铁券文》、王明清的《挥后录》，以及《宋史·宗室世系表》中我们可以得到，陆游的姨母唐氏是宋仁宗女儿秦鲁国大长公主的儿媳，赵士程是秦鲁国大长公主的侄孙，所以表兄妹之说实属讹传。

另外，从陆游晚年的诗作《剑南诗稿》卷十四中我们可以知道，导致陆唐二人分离的原因是唐婉不能生育。这里也有情理不通的地方，不能生育可以纳妾，为何非要弄得生离死别。这样也从另一个侧面反映了唐婉可能不是陆母的侄女。

“世情薄，人情恶，雨送黄昏花易落；晓风干，泪痕残。”

从唐婉的《钗头凤》中可以反映出，唐婉在遭不幸的时候说了句“世情薄，人情恶”，这是否从另一个侧面反映了表兄妹之说纯属子虚乌有。陆游生性豪放，如若和唐婉从小一起长大，在其诗词中必有可查之作，但我们没有找到这样的诗篇，但也不能否定什么。

在这里大致把各种关于“陆游与唐婉是否是表兄妹”的说法概括于斯，不论野史正史，我们考据的是论证的合理性和历史的真实性，不可偏颇其一，也不可全信，读者斟酌之。

书画家米芾以画断案

北宋著名书画家米芾的书画自成一家，世号米颠，在历史上也颇有名气。相传他在安徽无为当县令的时候，还曾巧借几幅画断了一件案子。

这一天，米芾正在县衙里处理公事，突然听到有人鸣冤击鼓，米芾赶紧让人查看情况。进来申诉冤情的是一个年届五旬的李老汉，他神情沧桑，似有无限委屈。他向米芾哭诉，他本来开了一个小商店，靠经营贩卖山货维持生计。可是近期，有三家邻居不断欺负他，先是一个叫侯山的邻居以进货为名，向李老汉借了很多银子；后来另外两个叫马有德和朱进城的邻居，闯入李老汉的店中，说是要帮李老汉调换更好的山货，把李老汉店里的货物拿了个精光。现在，李老汉手中既没有钱进货，也没有货物可卖，已经身无分文。

米芾赶紧升堂审案，派人把李老汉说的那三个邻居找来对质，那三个人在县衙里连呼冤枉。据他们交代，生意人讲究银货两讫，和李老汉之间的货物往来都是一手交钱一手交货。即便是有时候有赊欠，也都打了借据和欠条。现在李老汉来报官府，是栽赃诬陷。

米芾赶紧问李老汉手中可有什么字据，李老汉哭诉："自已势单力薄，又目不识丁，他们人多势众，所写的字据都是假的，跟抢劫没什么两样。但是，货物进出的时候，我记下了所有的经过，请大人明察。"说罢，从怀里摸出三张皱皱巴巴的画，呈给米芾。

米芾把画捧在手中，认真端详了一会儿，微微点头，心里已经明白了几分，他突然大喝一声："大胆狂徒，现有铁证如山，你们休得抵赖。"

那三个邻居不屑一顾，认为李老汉拿出的这三张破烂画，根本说明不了任何问题。

米芾拿出其中一幅画说，这幅画上画的是一只猴子，这只猴子很有意思，背靠大山，大口吃着山货，这说的不就是你侯山借钱办山货的事情吗？然后他指着另一幅话说，这画上有一匹马，背上驮着很多山货，画上还有一个小孩子，站在马下嬉戏，但是马并没有踢这个孩子，这说的不就是马有德行吗，这幅画暗含的意思是马有德驮走了李老汉的货物。米芾指着第三幅画继续解释："这幅画上有一座城门，城门边有头正在吃食的猪，说的不就是朱进城从李老汉那里搬走货物的事情吗？"

米芾说得头头是道，那三个邻居听得浑身发抖，满脸流汗，与此同时，米芾还特地将李老汉的其他邻居找来旁听作证。这些人平日里已经看不惯侯山他们欺负李老汉，只不过是迫于他们的威势罢了，现在听到县官大人断案分明，也就纷纷出头作证。

侯山、马有德、朱进城三人见人证物证俱在，知道这事无法抵赖，只能认罪伏法，后来，三人将本息货物全数归还给李老汉，李老汉的杂货店又重新开张，生意越来越好。

武松并未上梁山

大家都知道，武松是个英雄，功夫也十分了得，他的故事至今让人津津乐道。“赤手空拳打虎”“醉打蒋门神”“大闹飞云浦”等，每一个故事都脍炙人口，让人拍手称快。他的行侠仗义给人们留下了深刻的印象。

《水浒传》是一部小说，所以大家可能会把武松当做小说中的人物，认为武松在现实生活中是不存在的，他的英雄事迹是作者杜撰出来的。其实不然，历史上确实有武松这样一个人，但有其人，却无其事。

《临安县志》《杭州府志》《浙江通志》等史籍中都有关于武松的记载：武松，原系浪迹江湖的卖艺人，“貌奇伟，尝使技于涌金门外”“非盗也”。杭州知府高权见武松武艺高强，人才出众，就邀请他来知府当督头。不久，因有功被提升为提辖，成为知府高权的得力助手。后来，因高权得罪权贵，被奸人诬陷而罢官。武松也因此受到牵连，被赶出衙门。

继任的新知府是太师蔡京的儿子蔡鋆，是个大奸臣。他倚仗其父的权势，在杭州为非作歹，横行霸道，百姓怨声载道，给他起了个外号叫“蔡虎”。武松对这个“蔡虎”恨之入骨，决心拼上性命也要为民除害。

一日，他身藏利刃，藏在蔡府附近，等到“蔡虎”前呼后拥回来的时候，便箭一般地冲上前去，向蔡鋆猛刺数刀，当即结果了这个坏蛋的性命。官兵蜂拥前来围住武松，武松终因寡不敌众被官兵捕获。后惨遭重刑死于狱中。

从这里可以得知，武松除害后在狱中“遭重刑”而死，并没有上梁山。

杭州的老百姓“深感其德”，为了纪念这位好汉，将他葬于杭州西泠桥畔。后人立碑，题曰“宋义士武松之墓”。

施耐庵通过艺术加工，将他塑造成《水浒传》中的武松形象，至于武松最后的结局，《水浒传》中说他成了清忠祖师，得享天年，实在是一种符合老百姓心愿的、美好的艺术处理。

元朝

鲜为人知的大元档案

监国公主帮成吉思汗治理天下

提起历史上著名的巾帼英雄，很多人会首先想到替父从军的花木兰，或者是挂帅出征的穆桂英，鲜为人知的是，成吉思汗的三女儿：监国公主阿剌海别，也非常具有军事才能。

阿剌海别是成吉思汗的正妻孛儿帖所生，出生于南宋淳熙十三年（1186 年）前后。关于公主的容貌，历史上没有明确的记载，不过，既然她是成吉思汗美丽的妻子孛儿帖所生，自然不会太差。

阿剌海别不仅继承了母亲的端庄美丽，而且继承了父亲的雄才伟略。据历史记载，每次成吉思汗出征打仗之时，都将国内政事交给辅臣木华黎处理，与此同时，成吉思汗任命自己的三女儿阿剌海别为“监国公主”，木华黎所经手的所有军国大事、所作出的每一个决策，都必须向监国公主汇报，征得监国公主同意后才能实施。

木华黎对监国公主敬佩有加，凡事经过公主的最后定夺，他才放手去实施。这说明阿剌海别巾帼不让须眉，很有治国的才能，更说明了成吉思汗对这个女儿的欣赏和信赖。《元史》这样评价公主：“公主明睿有智略，车驾征伐四出，尝使留守，军国大政，咨禀而后行。师出无内顾之忧，公主之力居多。”

阿剌海别身为“监国公主”，自然不能天天待在帐房里候着，在父亲出征的时候，她不仅帮助父亲处理政事，还经常带领人马，巡视国防。

监国公主很有才能和威信。一次，在与金国的战斗结束后，蒙古军队来到青冢（今呼和浩特市）休整，人饥马困，粮草匮乏。监国公主听说后，立刻派使者前往驻军所在地慰问，不仅带去了大量的军需补给，还在驻地举行宴会，犒劳所有官兵，封赏立功将士，将士们个个深受鼓舞，战斗力高涨。

从这次犒劳军队的情况来看，监国公主对军队的动向了如指掌，善于从物质、精神等多方面鼓舞将士，难怪将士们也对这位公主非常敬仰。

监国公主威望很高，成吉思汗逝世后，阿剌海别仍然履行监国职权。据历史记载，1228 年，出现许多结伙抢劫的犯罪团伙，监国公主还命令大将王楫率兵前去剿灭。

监国公主还颇有政治远见，她在骑马打仗之外，还起用汉人当老师，学习中原文化。

监国公主的一生都在帮助父亲征服天下，自己的婚姻生活非常坎坷，她一生共经历了三次婚姻。18 岁时，监国公主第一次出嫁，丈夫是铁木真的结义兄弟、汪古部首领阿剌兀思的长子不颜昔班。

汪古部是一个非常强大的部落，控制着阴山要塞，在军事上的地位非常重要。汪古部人是突厥后裔，英勇善战。

在太阳汗的乃蛮部与铁木真的蒙古部激战的时候，双方都希望汪古部能够助自己一臂之力，在这关键时刻，汪古部首领阿剌兀思选择与铁木真结盟。为了表示诚意，他还与铁木真结成儿女亲家，并且要与铁木真一起上阵杀敌。

铁木真非常感动，在阵地上与阿剌兀思结为安答（兄弟），接下来，这一对生死弟兄并肩战斗，消灭了乃蛮部落。

阿剌兀思归心似箭，班师回去的路上，留守大后方的下属部落忽然叛变，先是杀掉了留守的不颜昔班，又设置了陷阱，杀掉了毫无防备的阿剌兀思。

阿剌海别瞬间从天堂跌到地狱。在这千钧一发之际，阿剌海别杀出一条血路，领着婆婆阿里黑、小叔子孛要合、丈夫的堂弟镇国连夜出逃。被一个好心的守城人用绳索吊出城墙后，阿剌海别带着家人投奔自己的父亲铁木真。

第二年（1206年），铁木真成为蒙古大汗，号称“成吉思汗”。成吉思汗发兵平定了汪古部的内乱，汪古部从此归入蒙古，成为四部之一。在祭奠阿剌兀思的时候，成吉思汗折箭发誓：“我有了天下却不报答你的恩德，长生天（蒙古民族以苍天为永恒最高神）不会放过我的。”

成吉思汗追封阿剌兀思为高唐王，阿剌兀思的妻子阿里黑为高唐王妃。封阿剌兀思的侄儿镇国为“北平王”，阿剌兀思的小儿子孛要合还没成年，成吉思汗就决定把孛要合带去西征，以便他立战功封王。阿剌海别第二次出嫁，嫁给了新任“北平王”镇国。成吉思汗亲自主持他们的婚礼，用的是当时最高级别的礼仪。

阿剌海别的第二次婚姻也非常短暂，成吉思汗西征还没回来，镇国就去世了。与此同时，孛要合已经长大成人，在成吉思汗西征过程中，立下了不少战功。西征归来，成吉思汗论功行赏，封孛要合为“北平王”，并让阿剌海别再次下嫁汪古部的新任首领孛要合。

阿剌海别三次婚姻都是嫁给汪古部的首领，这是因为当时流行“收继婚”制度。“收继婚”制度是指女性在丈夫死后嫁给其兄弟的行为、习俗或法律。遗憾的是，阿剌海别在三次婚姻中都没有孕育子女，她后来为孛要合娶了几个姬妾，她们为孛要合生了三个儿子：君不花、爱不花、拙里不花。

阿剌海别对他们三个视如己出，而这三个孩子也非常敬重阿剌海别。

孛要合逝世后，被追封为赵王。阿剌海别逝世后，被追封为皇祖姑赵国大长公主。

成吉思汗死亡之谜

根据历史记载，成吉思汗于宝庆三年（1227 年）死于攻打西夏途中，对于这一历史事件，《元史》中的记载只有 20 余字：“（1227 年）秋七月壬午，不豫。己丑，崩于萨里川哈老徒之行宫。”这没有交代清楚成吉思汗的死因，给后世留下很多悬念，引来了很多猜测。

成吉思汗到底是怎么死的？有以下几种说法：

第一，“坠马说”。据蒙古人撰编的《元朝秘史》（卷十四）记载，宝庆二年（1226 年）秋天，成吉思汗带领蒙古军征讨西夏。征战途中，生性勇猛的成吉思汗以打猎作为娱乐活动，在一次打猎过程中，成吉思汗所骑的马被野马惊吓，突然癫狂，将成吉思汗甩落马下。成吉思汗顿时血流如注，当夜就发起了高烧。因为在征战途中就医不便，好强的成吉思汗也不肯退兵养伤，因此，成吉思汗的伤病久治未愈，一直拖到第二年 7 月去世。

第二，“雷击说”。这种说法认为成吉思汗是被雷电击中毙命。据古代出使蒙古的罗马教廷使者约翰·普兰诺·加宾尼在其文章中记载，当时他到达蒙古国时，发现“在那里却有凶猛的雷击和闪电，致使很多人死亡”。我国历史上也记载，蒙古人很怕雷电，比如，南宋彭达雅就在其所著的《黑鞑事略》中说道：“鞑人每闻雷霆，必掩耳屈身至地，若躲避状。”成吉思汗死于农历七月，正是雷电高发季节，关于成吉思汗死于雷电的说法虽未经证实，但也有几分可能。

第三，“中毒说”。这种说法源于《马可·波罗游记》。元世祖忽必烈当政期间，意大利商人马可·波罗来到中国，他在中国游历了 17 年。《马可·波罗游记》记载的是他在中国的所见所闻，具有一定的可信度。据马可·波罗在书中记载，成吉思汗在攻打西夏时，亲自指挥作战，膝盖中了西夏兵士的箭，箭上有剧毒，成吉思汗无药可医，毒发身亡。

第四，“被刺说”。被刺一说，源于成书于清朝康熙元年（1662 年）《蒙古源流》。据该书记载，成吉思汗在进攻西夏的过程中，蒙古兵士俘虏到了很漂亮的西夏王妃，将这位王妃进献给成吉思汗。王妃表面顺从，其实早已在身上藏好匕首，趁着陪寝的时候，刺杀了成吉思汗。

成吉思汗长子的身世之谜

据历史记载，成吉思汗的长子名为“术赤”，意思为“客人”，成吉思汗为什么要给长子取这样一个名字？术赤到底是不是成吉思汗的亲生儿子？要解开这些谜题，可以先从蒙古族的“抢婚”习俗说起。

成吉思汗的母亲叫诃额仑，是一位美丽高贵的女人，起初诃额仑是漠北草原蔑儿乞惕部首领也客赤列都的未婚妻，在成亲的路上，偶遇正在放鹰的乞惕部首领也速该。也速该被诃额仑的美貌所吸引，带人把诃额仑抢回来与自己成了亲，婚后，二人的第一个孩子出生，也速该为这个孩子取名“铁木真”，就是后来的成吉思汗。由于这一抢婚事件，蔑儿乞惕部与乞颜部结下了冤仇。

铁木真 9 岁那年，由父亲做主，与弘吉剌部的贵族女子孛儿帖定亲，铁木真 18 岁时，与孛儿帖完婚。但成亲后不久，铁木真部落遭到蔑儿乞惕人的偷袭，蔑儿乞惕人为报当年也速该的抢妻之仇，就把铁木真的新婚妻子孛儿帖抢走。为了夺回自己的新婚妻子，铁木真联合其他两个部落，经过精心筹备，打败了蔑儿乞惕部人，救回了自己的妻子孛儿帖。

孛儿帖在回来的路上就生下一个儿子，这就是铁木真的长子。铁木真为他取名“术赤”，意思是客人。从这个名字就可以看出，铁木真对术赤的身世是颇有怀疑的。但蒙古族人有一个传统是可以收养孤儿，但绝对不能弃婴，否则就会遭到报应。于是，铁木真对术赤的身世也没有过多计较，而是对术赤悉心照顾，将术赤培养成一个能征善战、颇有战功的军事将领。

尽管在历史记载中，成吉思汗从来没有明确质疑过长子术赤的血统，但术赤的身世之谜一直笼罩在父子家人之间。据《蒙古秘史》记载，成吉思汗晚年确立继承人的时候，大儿子术赤和二儿子察合台之间起了纷争，二儿子质疑大哥的血统，公然骂术赤是“野种”。这件事说明当时对长子术赤的血统存疑是公开的事情，否则，察合台不可能给父亲戴上一顶“绿帽子”。

术赤本人也深受自己身世阴影的左右，内心十分痛苦。他虽然自幼随父亲南征北战，立下战功无数，但仍时不时受父亲兄弟的猜忌。这位骁勇善战的草原勇士最大的理想是在辽阔的草原上安静地放牧，可见内心的压抑。不知道是不是因为术赤的身世之谜，成吉思汗最终没有立长子术赤为继承人，而是指定三儿子窝阔台为继承人。术赤则被成吉思汗安排在离草原最远的封地，40 多岁便抑郁而死。

忽必烈征伐日本为何失败

成吉思汗的孙子忽必烈成为蒙古的统治者后，继续发动对外扩张，实现自己的扩张野心。于是，忽必烈把目标瞄向了日本。

自 1266 年至 1274 年的 8 年间，忽必烈先后五次派遣使者出访日本，想与日本建立“通项结好、以相亲睦”的关系，但日本统治者拒绝了忽必烈的要求。

雄心勃勃的忽必烈转而采用武力相胁的办法，元至元十一年（1274

年)，忽必烈率兵亲征日本，但因在海上遇到了强台风，无功而返。回国后，不甘心失败的忽必烈于元至元十八年（1281 年)，第二次东征日本，这一次，忽必烈派出了一支由 4400 艘战舰和 10 万大军组成的庞大舰队。没想到，忽必烈的舰队在海上遭遇台风，几乎所有的战舰和士兵都被台风摧毁，沉入海底，葬身鱼腹，忽必烈第二次东征日本又失败了。

后来，日本民间流传这样一个故事，说在元朝时期，蒙古入侵者的船只在“神风”的阻挠下，才没有进入日本。所以日本对“神风”顶礼膜拜，数百年间，他们一直认为是“神风”救了他们。

但是在英国《新科学家》周刊的一项考古文章中，科学家们却提出，当日阻拦忽必烈的并非是什么“神风”，而是元朝船舰的拙劣的造船工艺和设计，令元朝船队在海上行驶时葬身大海。

忽必烈第一次东征日本时，以 900 艘战船、1.5 万名士兵，远征日本。一开始，元军势如破竹，很快占领了对马、壹岐两岛，继而侵入肥前松浦郡。日军节节败退，眼看就要守不住阵地了，但是当日军退到大宰府附近时，一次夜间的暴风雨把元军的军舰打翻了两百余只。

按说军舰应当是最坚固的材料制造，暴风雨应当不会对其造成什么影响。但当台风来临，暴雨倾盆的时候，元军将舰队停泊在博多湾口，船只在风雨中飘摇撞击，无法保持平衡，而相互撞击的力度，使得许多船只破损，进而导致了沉没。

那次之后，元军死亡兵卒达 1.35 万人。兵力大损的元军不得不退回本土，日本这才逃过一劫。日本将那次战役称为“文水之役”。第二次的东征，依然是相同的原因，元军在最后关头功亏一篑。

后世研究者根据打捞上来的蒙古战舰的残骸研究发现，这些战舰做工粗糙，质量十分低劣。很多战舰上的铆钉过于密集，这就说明这些材料是反复利用过的，需要加固才不至于碎裂。

军舰的粗制滥造，无法抵御海浪的冲击，再加上台风来袭，暴风雨加剧，更让这些本就脆弱的船只无法进行战斗。忽必烈一定没有想到，他的雄心壮志最后竟然毁在“豆腐渣工程”上。

“多才多艺的”元顺帝

一代天骄成吉思汗，创建了辉煌的基业。他的子孙也大都是骁勇善战之辈，但也有一位皇帝，不爱骑马征战，偏爱制造一些新奇的东西，他就是人称“鲁班天子”的元顺帝妥懽帖睦尔。

元顺帝是元代的最后一个皇帝，也是元代皇帝中在位时间最长的皇帝。元顺帝从小就喜欢思考，喜欢琢磨发明一些精巧物件，可以说是一位建筑师、设计师和发明家。

元顺帝是有记载的最早的制作建筑模型的人，元顺帝无师自通地将自己的新奇想法制作成建筑模型，还在上面点缀珍珠宝石，雕梁画栋都按照一定比例制作，非常精美。工匠们按照他制作的模型来施工，远比平面图纸更有效率。元顺帝制作模型时精益求精，每制成一件，就让身边的太监宫女们加以点评，如果没有得到好评，元顺帝就毫不犹豫地毁掉自己的模型，然后再重新打造。

元顺帝还通晓机械原理。据文献资料记载，元顺帝曾经自己设计制作了一个宫漏。宫漏是古代的一种计时仪器，可以通过控制水流的速度计量时间。元顺帝制造的这个宫漏，不仅造型精巧绝伦，还创造性地增添了各种自动报时装置，没有半点差错，远比后来西方的“自鸣钟”高级许多。

元顺帝还是个船舶设计师。有一次，元顺帝想建造一艘龙船，于是亲自设计图纸，命令工匠照图营造。据说这条龙船在水中行进时，它的龙首、龙眼、龙口、龙爪、龙尾都能动弹，就像真正的龙在水中嬉戏跳跃一般。

元顺帝还工于音律，在歌舞创作方面下过一番工夫。他曾创制《十六天魔舞》来表现佛家思想，亲自组织宫女加以排练，表演效果非常震撼。《十六天魔舞》是元代很有名的舞蹈，后人提到元代的歌舞艺术成就时，都以《十六天魔舞》为代表。

据历史记载，元顺帝当皇帝期间，朝政大权被权臣把持，元顺帝则躲在深宫里不问政事。他的这种应对方式，一开始本是韬光养晦的无奈之举，但到后来，元顺帝越来越消极怠政，把朝廷大事托付给权臣，自己专心玩乐。为了打发时间，元顺帝甚至在深宫里开起集贸市场，市场中店铺林立，陈列着来自五湖四海的奇珍异品。他还建了一座集宝台，将收集到的珍贵器皿、名人字画等贮存在里面，供人欣赏。

元顺帝在宫里玩得兴高采烈，宫外农民起义的烽火已经燃遍大江南北，天下一时大乱。在群雄争霸中，朱元璋成为最后赢家。在消灭整合了陈友谅、张士诚等割据势力后，朱元璋于至正二十七年（1367 年）下令挥师北伐。元顺帝仓皇北逃，又回到成吉思汗的老家：漠北草原。因为元顺帝一心北逃，未做任何抵抗，创造了中国历史上前朝政权全身而退的奇迹。朱元璋认为他“克顺天命”，就给了他一个“顺帝”的谥号。

津津有味的街巷谈资

成吉思汗称丘处机为“神仙”

金庸先生的名作《射雕英雄传》中有这样一个情节：成吉思汗步入老年后感觉自己的精力大不如前，听说全真道士丘处机有长生不老之术，就派人向丘处机请教养生之道。丘处机欣然从命，率领弟子不远万里，前往西域成吉思汗的大本营，向成吉思汗进谏。

丘处机只是一名全真教的道士，怎么会跟成吉思汗扯到一起呢？

丘处机，道号长春子，全真七子之一。丘处机出身贫寒，年幼时父母双亲离世，遍尝人间疾苦的他从小就向往“神仙”一样的生活。他曾经隐居在一个大山里修炼，过着“顶戴松花吃松子，松溪和月饮松风”的生活。为磨炼意志，丘处机曾想出了一个办法，就是一次次将一枚铜钱从高高的石崖上扔进灌木丛，然后再去把铜钱找出来。

19 岁那年，丘处机拜师王重阳，继承了王重阳所创全真教的宗旨，成为一代宗师。后来，他在北京白云观等地传道修行，光大了全真教，并成为龙门派创始人。丘处机不仅是一位高道，更是一位道德高尚的有志之士，在当时的声望极高。生活在水深火热中的老百姓将全真教视作黑暗之中的唯一光明，对丘处机极其拥护。据说当时山东一带发生起义，当地政府官员还要请丘处机出面平息动乱。

凭借强大的军事力量，所向披靡的成吉思汗为了实现自己的大一统计划，十分注重选招贤能之人，帮助自己治理天下。成吉思汗听说丘处机颇有治国之道，就想请丘处机来做自己的国师，为自己安邦治国。于是先后两次派遣使者传召丘处机，哪知丘处机隐居山林，深入浅出，对他根本是避而不见。但成吉思汗没有放弃，又于1219年第三次派遣近侍臣刘仲禄备轻骑素车、携带手诏请丘处机出山，心之诚不亚于当年三顾茅庐的刘备。

丘处机也终于被成吉思汗的诚意所打动，西行拜见成吉思汗。其实对于丘处机来说，作出这个决定不仅是被成吉思汗的诚意所打动，还有另一个想法，就是试图通过此次西行劝谏成吉思汗“罢干戈致太平”，意思是让成吉思汗放下屠刀，早日实现太平。

在西行途中，丘处机及其18名弟子向各族群众广泛传道，招收信徒。在行至今天的蒙古国西部科布多时，丘处机将弟子宋道安、李志常等留下，建立了全真道观，成立全真教的组织。丘处机不仅在精神层面宣扬全真之法，更是身体力行地让人们了解教义。他沿途广做善事，在中亚的撒马尔罕等地把成吉思汗赐予自己的粮食熬粥施舍给饥民。丘处机所到之处，得到了各州县和行省文武官员的迎送。

嘉定十四年末至十五年初（1221年末至1222年初），丘处机一行人跋山涉水，终于来到成吉思汗的行宫。有关丘处机和成吉思汗的交谈情况收录在元朝著名大臣耶律楚材的记录中，后被整理为《玄风庆会录》一书。

在与成吉思汗的相处过程中，丘处机除了向成吉思汗传授养生之道，还委婉地提到了自己沿途所见蒙古军西征造成的残破景象。丘处机向成吉思汗进谏要以敬天爱民为本，要让百姓休养生息，才能够开创国泰民安的太平盛世。

成吉思汗被丘处机的远见卓识所折服，认为丘处机是助自己一统天下的贵人，对丘处机犒赏大增，还尊称丘处机为“神仙”。在丘处机的影响下，成吉思汗一改往日铁血杀戮的风格，统治政策有所缓和，甚至对一些武装反抗，也改镇压为招安。丘处机还曾向成吉思汗请旨，要求释放沦为奴隶的三万多名汉族人和女真人。

丘处机对成吉思汗的影响很大，在一定程度上使成吉思汗认识到了人性化统治的重要性，对中原地区的经济恢复和民族矛盾的缓和也更加在意。丘处机回到中原的时候，夹道送行的文武百官绵延数十里。成吉思汗下旨为丘处机赐宫名为长春宫，经常派人前去慰问。自此，丘处机地位很高，被尊为“大宗师”，掌管天下道门，全真教也盛极一时。

后世认为，丘处机对成吉思汗有重要影响，史书将成吉思汗的招安政策和丘处机的作用概括为“一言止杀”。

马可·波罗是忽必烈的“间谍”吗

在元代不足百年的历史中，马可·波罗是个大名鼎鼎的人物，他是有历史记载的第一个访问中国的西方人。世人评价他是沟通东西方文化的圣人，是他的游记让世人认识了中国。此外，马可·波罗对中国特别是当时的统治者忽必烈也有很大的影响，甚至有人提出，马可·波罗是忽必烈的“间谍”。

1254 年，马可·波罗出生于意大利威尼斯市的一个商人家庭，1271 年，17 岁时跟随父亲，带着罗马教皇的书信和礼品，从威尼斯出发，由古丝绸之路东行，跋涉了三年，经过叙利亚、两河流域和中亚细亚，越过帕米尔高原，终于在 1275 年抵达元朝皇帝避暑行宫所在地：上都，拜见了元世祖忽必烈。随后在中国居留了 17 年，游历了许多地方。

1292 年马可·波罗离开中国，1295 年回到威尼斯。但不久后，意大利西部城市热那亚发生了海战，威尼斯舰队战败，马可·波罗被俘入狱。在狱中，马可·波罗口头描述了他在东方的所见所闻，并由狱友鲁思梯切诺记录成书，这就是后来闻名于世的《马可·波罗游记》。

马可·波罗在中国期间，受到了忽必烈的热情接待。凭借惊人的记忆力和细致的观察力，马可·波罗只用了很短的时间就学会了元朝宫廷里的礼仪举止，并且精通四种文字，能够熟练地用这四种文字读书、写作。知人善用的忽必烈对马可·波罗很重视，看到马可·波罗有这种才能，就派马可·波罗到哈喇章（今云南省）去执行一件秘密任务。

关于这项任务的具体内容现在已经不为人知。只知道马可·波罗走了 6 个多月，才到了目的地，很快就把事情办好。回来后，他向忽必烈提交了一份报告，不仅详细讲述了完成任务的经过，还详细记叙了他沿途遇到的风土人情。忽必烈如获至宝，受益匪浅。从此之后，忽必烈经常派马可·波罗到各地执行机密任务。

在忽必烈的支持下，马可·波罗游历了当时元朝统治的大半个疆域，先后到过今新疆、甘肃、内蒙古、山西、陕西、四川、云南、山东、江苏、浙江、福建、北京等地，还出使过越南、缅甸、苏门答腊。所到之处，马可·波罗用心收集各地的风俗民情与奇闻逸事，回来向忽必烈汇报。马可·波罗就在这种情况下，或凭自己的观察，或听别人叙述，得到了大量东方各地的风土民情材料，并清楚地把它们记录下来。这也是《马可·波罗游记》内容如此丰富、记录如此详尽的原因。

由此可见，马可·波罗在中国所从事的工作，相当于忽必烈体察民情的“间谍”。据说，马可·波罗向忽必烈提出回国要求时，忽必烈非常伤心，差点拒绝了马可·波罗的要求。

忽必烈赐名涮羊肉

“涮羊肉”，又称“羊肉火锅”，是很多人都喜欢的美食。《旧都百话》云：“羊肉锅子，为岁寒时最普通之美味，须与羊肉馆食之。此等吃法，乃北方游牧遗风加以研究进化，而成为特别风味。”

说到“涮羊肉”的来历，这还与元世祖忽必烈有关。

蒙古族人喜欢吃羊肉，相传，700 多年前，忽必烈率领蒙古铁骑南下征战途中，由于长期的征战加上舟车劳顿，忽必烈起了思乡之情，非常想念家乡的美食：清炖羊肉。在某地驻扎之后，忽必烈吩咐下人赶紧准备。

厨师们赶紧杀羊取肉，准备煮肉的大锅和柴火也预备好了，眼看就能下锅炖肉，忽然有军士来报，周边发现敌情，相距不过数十里，部队必须立即集合，准备转移或者迎战。

忽必烈顾不得羊肉，赶紧投入到战斗准备中去。正在准备做清炖羊肉的厨师看着主帅仍然饥肠辘辘，急中生智，用快刀将羊肉片成薄片，在沸水中一煮即熟，然后把羊肉捞入碗中，随意撒入调料，赶紧端给忽必烈。正欲出征的忽必烈一看，这样的羊肉没有吃过，闻上去香味扑鼻，吃起来也省时省力，鲜嫩可口。忽必烈很快就吃完一大碗，心情大好。忽必烈跨上战马，率军迎敌，旗开得胜。

忽必烈回到营帐，想起战前吃的那碗羊肉，就将厨师叫来细细盘问。听了厨师的解释之后，忽必烈认为这种羊肉的做法简单方便，而且味道鲜美，以后可以经常做来吃。厨师趁机说：“这道菜还没有名字，请大帅赐名。”于是，忽必烈亲自赐名“涮羊肉”。“涮羊肉”自此成为宫廷名菜。

也有人考证，忽必烈并不是“涮羊肉”的发明者，而是成吉思汗的另一位孙子拔都。拔都在指挥蒙古铁骑征战欧洲的时候，蒙古士兵的主要军粮就是羊肉。蒙古兵一般都是将羊肉分割成大块煮熟吃，但在行军打仗的时候，这种做法很费时费力，于是拔都就让士兵把羊肉先切成片再煮着吃，久而久之，这种吃法就演化成“涮羊肉”。

蒙古人还为吃“涮羊肉”发明了专门的铜锅，这样的铜锅，就如同蒙古士兵们的头盔；而如果把锅盖盖上，就是一个蒙古包的形状。马可·波罗在他的《马可·波罗游记》中记载，他在元大都皇宫里吃到过涮羊肉。因为蒙古人发明了“涮羊肉”，所以现在英文、法文中对涮羊肉的译法就是“Mongolia”。

也有人认为“涮羊肉”的发明和流行始于清初，是清朝统治者入关后兴起的。据记载，康熙皇帝在宫中举办的大型宴会“千叟宴”中，就有“涮羊肉”这道菜。但直到光绪年间，有人从宫中偷出了涮羊肉的秘方，这道美食才传到民间，为普通百姓享用。

管道升巧防赵孟頫出轨

爱情从来都是自私的，即便是在古代一夫多妻合法化的情况下，很多女性也会用尽各种办法笼络夫君，阻止相公出轨。元朝时，管道升巧妙制止赵孟頫出轨的故事堪称一段佳话。

管道升，浙江吴兴人，元代书画家赵孟頫之妻。管道升琴棋书画样样精通，是史上公认的才女。她的丈夫赵孟頫是宋太祖赵匡胤的十一世孙，赵德芳的后代。赵孟頫是元代著名的书画家，其书法世称“赵体”，当时被赞为“神品”。其绘画追求“古意”，影响深远。此外，赵孟頫还通晓音律，工于诗文。管道升和赵孟頫的儿子赵雍也以书法绝伦当时。元仁宗曾将赵孟頫、管道升及赵雍书法合装一卷轴，藏之秘书监，曰：“使后世知我朝有一家夫妇父子皆善书，亦奇事也。”

管道升与赵孟頫门当户对，二人都有共同的爱好，结婚后也算是琴瑟相和，其乐融融。虽然伉俪情深，但随着赵孟頫官位越来越高，管道升年色愈老，他们之间的感情也渐渐出现了裂痕。赵孟頫 50 多岁时，一次偶然的机会，爱上一位年轻漂亮的女子，想像当时的很多达官贵人一样纳妾。但他不好意思向管道升明说，于是就写了一首词放在书桌上，故意让管道升看见："我学士，尔夫人。岂不闻：陶学士有桃叶、桃根，苏学士有朝云、暮云。我便我娶几个吴姬、越女，也无过分，你年纪已过四旬，只管占住玉堂春。"

赵孟頫的意思是说，我是翰林学士，你是夫人。陶谷有桃叶、桃根两个小妾，苏轼也有朝云、暮云两个小妾。我就是多纳几个妻妾，也不过分，你已经 40 多岁了，只管当你的正房夫人就行。

管道升看到这首词后，心中一阵失落，对丈夫的请求，她满心不愿意。但她没有大哭大闹，而是不动声色地写了一首《我侬词》放在书桌上，以此来回应赵孟頫：你侬我侬，忒煞情多，情多处，热如火！把一块泥，捏一个你，塑一个我；忽然欢喜啊！将咱俩一齐打破；重新加水，再搅再揉再调和；再捏一个你，再塑一个我；我泥中有你，你泥中有我；我与你生同一个衾，死同一个椁！

管道升这一首《我侬词》，譬喻生动，遣词直白，委婉地表达了自己的委屈和不满。赵孟頫看到这首词后，感到非常惭愧，打消了纳妾的念头。

"纳妾"风波过后，不管宦海沉浮、风雨阴晴，管道升和赵孟頫情感再无间隙。晚年赵孟頫被封为魏国公，管夫人被封为魏国夫人。管夫人 58 岁时病逝，三年后赵孟頫追随而去，两人合葬于浙江德清县千秋乡，真应验了《我侬词》中的那句："与你生同一个衾，死同一个椁。"清代著名词人纳兰性德曾在《拟古四十首》诗中对赵孟頫和管道升的感情深表羡慕，说"吾怜赵松雪，亦有同心人，闺中金兰契。书画掩文章，文章掩经济。得此良已足，风流渺谁继"。

天涯织女黄道婆的传奇人生

南宋淳祐五年（1245年），黄道婆出生在上海乌泥径镇一个贫穷的家庭里。当时正是宋元更替、时局动荡的时代，包括黄道婆一家在内的江南人民饱受战乱之苦，生活苦不堪言。年幼的黄道婆也成了孤儿，为了维持生计，孤苦无依的黄道婆到一个生活还过得去的家庭做童养媳。黄道婆在婆家起早贪黑地干活，却仍然遭受婆家的虐待，挨打受骂更是如同家常便饭。

为了给全家人做衣服，聪明灵巧的黄道婆小小年纪就学会了全套纺织技术：剥棉籽、弹棉花、卷棉条、纺棉纱、织棉布样样在行。但当时通行的纺织技术非常落后，拿棉花去籽这道工序来说，当时没有好的方法，只好用手一个一个地把棉花籽剥出来，非常费力。勤于思考的黄道婆想改进一下纺织技术，却苦于没有思路。一次偶然的机会，黄道婆看到了一种色泽美丽、质地紧密的棉布，打听到这种棉布是从闽广地带贩运过来的，黄道婆有了一个大胆的想法。

一个月黑风高的晚上，黄道婆从婆家逃了出来，跑到黄浦江边，登上一艘正待扬帆出海的商船。在黄道婆的苦苦哀求下，商船的船主同意带上黄道婆。黄道婆跟着商船，一路向南，当她走到海南崖州的时候，看到当地黎族人的纺织技术非常先进，就告别了船家，在当地留了下来。

为了学习当地的纺织技术，黄道婆栖身在一个道观里，她努力学习当地语言，虚心拜当地黎族姐妹为师，很快就适应了当地黎族人民的生活，还跟着当地人学了一手精湛的纺织技术。

一晃黄道婆已经在海南生活了整整30年，日夜思念着故乡的黄道婆很想在有生之年回到故乡，当时，元朝统治者已经统一了中原，在江南实行了鼓励农桑、发展生产的政策，江南经济也开始好转。黄道婆听到这样的消息，终于坐不住了，就乘坐商船回到了家乡上海乌泥镇。

回到家乡的黄道婆看到家乡纺织技术仍然非常落后，就积极传授她在海南学到的先进技术，还在生产实践中大胆创新，全面革新了纺织工具和技术。

黄道婆采用黎族脚踏车的原理，发明了轧棉机，大大提高了棉籽分离的效率。黄道婆还革新了弹棉花的技术，将当地沿用多年的只有一尺半长的小弓改进成四尺多长的大弓，弹棉花的速度大大提高。黄道婆还发明制造了当时世界上最先进的纺车：三锭脚纺车，代替了过去的单锭手摇纺车。

心灵手巧的黄道婆还借鉴黎族人民织“崖州被”的先进经验，改进了织布技术，采用“错纱配色，综线攀花”的方法，织出色彩艳丽、图案丰富的布匹，一时间，“乌泥径被”闻名全国，而松江一带在此后数百年内，都是闻名全国的棉纺织业中心。

元代也有科举制

蒙古族以其强大的武力，不仅征服了中原及长江以南地区，而且还横跨欧亚，是中国有史以来疆域最大的王朝。然而在这样一个庞大的帝国里，最郁闷的是读书人。

因为，古代传统观念里的“学而优则仕”的理念在元朝惨遭打击，从他们的自嘲诗中就可见一斑：“一官二吏三僧四道五医六工七匠八娼九儒十丐。”一向在中国传统社会最受尊敬的儒家知识分子，竟然被划分到社会的最底层，仅只稍稍胜过乞丐。

一般的史学著作或工具书，在谈到科举制度时前举唐、宋，后举明、清，很少提到元代，遂给人造成一种错觉，以为元代根本就没有举行过科举考试。甚至有人推断说，元朝立国到亡国近百年间没有举行过一次科举考试。这一说法在历史上并没有明确记载。元代的确曾经废除过科举，但不代表元代就没有科举。

在元朝成立之前，窝阔台在1238年灭金后急需各级地方管理人才的背景下，采纳契丹出身的谋臣耶律楚材的建议，举行了“戊戌选试”。这虽然是一次临时应急的权宜之举，却是仿照科举考试来进行的。

元仁宗即位，为了整顿吏治，改革由吏入仕制度带来的某些弊端，主张以儒治国，重新提出“求贤取士，何法为上”的问题。皇庆二年（1313年）末，元廷以行科举诏颁天下。每三年举行一次，分为乡试、会试、殿试三道。第二年，元朝第一届科举会试和殿试先后在大都（今北京内城）举行。次春3月，经过严格的科举考试，有蒙古人护都答儿、汉人张起岩等56位士子及第。

延祐二年（1315年）始开科举之后，尽管受政局不安的波及，小有停废，但总的来说，还是坚持下去了。从延祐二年开始，直至元末，共进行了16次科举考试，产生进士1139人。

《元史·选举志》：“三月初四日，中书省奏准以初七日御试举人于翰林国史院。定委监视官及诸执事。初五日，各官入院。初六日，撰策问进呈，俟上采取。初七日，执事者望阙设案于堂前，置策题于上，举人入院，搜检讫，蒙古人作一甲，序立，礼生导引至于堂前，望阙两拜，赐策题，又两拜，各就次。色目人作一甲，汉人、南人作一甲，如前仪。每进士一人，差蒙古宿卫士一人监视。日午，赐膳。进士纳卷毕，出院，监试官同读卷官以所封策第其高下，分为三甲进奏，作二榜，用敕黄纸书揭于内前红门之左右。前一日（亦即三月初六日），礼部告谕中选进士，以次日诣阙前，所司具香案。侍仪舍人唱名、谢恩、放榜。择日赐恩荣宴于翰林国史院。押宴以中书省官，凡预试官并与宴。预宴官及进士并簪花至所居。择日恭诣殿廷，上表谢恩。”

我们不能否认元朝马上得天下，起自漠北，开国之初有100多年没有举行过科举考试这一事实，也不否认元朝时是科举考试的中落时期，但是绝不能因此就断定元朝没有举行过科举制度。更何况，以四书试士还是元代所开的先例。

明朝

令人惊叹的明宫内幕

大脚马皇后是怎么使朱元璋对她死心塌地的

古代女子以三寸金莲为美，可是明朝最有权势的女人：明朝开国皇帝朱元璋的结发妻子马皇后，却是一个大脚女人。马皇后知书达理，贤惠聪明，举止得体，是一个有国母风范的女子，而且她跟随朱元璋同甘共苦，打拼天下，经历了风风雨雨 30 多年，一同度过轰轰烈烈的战争时期，也一同共享成大业之后的富贵荣华。朱元璋相当爱自己的发妻，即使她长了双受人歧视的大脚，她在自己的心中地位还是高于后宫三千佳丽。

关于马皇后的大脚，民间流传着一个故事。据说有一次马皇后坐轿出行，突然吹来一阵大风，把马皇后的裙子吹起来，露出了她的大脚。路上的百姓们看见了，暗地里议论和取笑，坏事传千里，一时间，全城轰动，“露马脚”这个词语就这么流传开了。

马皇后的大脚给她带来了一些困扰，不过，她不在乎，因为，她最在乎的人朱元璋一点儿也不在意她的大脚，而且对自己一往情深。朱元璋脾气很坏，当上皇帝后经常犯疑心病，脾气更是暴躁。当发脾气时，任何人的话他都听不进去，动辄严惩或者杀人。但是，只有马皇后的话能消除他的怨气，而他也只愿意听她的话。这个大脚马皇后究竟有什么特别的地方？

首先，马皇后是个美女。她身材修长，面貌娟秀，气质端庄，而且很有修养。她生于人杰地灵的安徽宿州，名字叫秀英，她早年丧母，12 岁时被父亲的好友郭子兴收养。郭子兴是当时红巾军的首领，她在养父家学到了很多东西，聪明善谋，知书达理，越来越有大家闺秀的风范。21 岁那一年，养父郭子兴做了农民起义军的元帅，把她嫁给了骁勇善战的朱元璋。朱元璋对美丽的马皇后一见钟情，再加上她出身名门，更是对她爱不释手。

和马皇后比起来，朱元璋的出身和修养差了很多。他本是一个穷苦的农民，少年时还做了几年和尚，如今参加了郭子兴的起义军，也只做了一个小小的卫队长。而大元帅竟然把爱女嫁给自己，这让自己喜出望外。朱元璋娶了元帅之女后，身价也直线上升，在军中越来越有威严。

马皇后自从嫁给朱元璋后，就对他死心塌地。精明的她看出朱元璋是个人才，也知道他胸怀大志，于是也竭尽全力地帮助夫君完成心愿。夫妻二人互相依恋，相敬如宾，感情甚笃。朱元璋果然没有让妻子和岳父失望，越来越勇猛善战，行事干练，智勇双全，得到将士们的信赖和尊敬。

然而，朱元璋的岳父经常对朱元璋厉声谩骂，诸多刁难，甚至把他关到柴房里，不给他饭吃，心疼丈夫的马氏悄悄地送了一些刚出锅的烧饼给丈夫吃。

后来，朱元璋成为征战军的首领。马皇后尽全力地照料好丈夫，还尽力照料其他将士，减少朱元璋的后顾之忧。她不时为将士们缝衣做鞋，还在一些关键时候帮助朱元璋渡过难关。一次，朱元璋的大敌陈友谅兵临城下，起义军形势严峻，人心惶惶，很多官兵百姓都准备逃难。在朱元璋都乱了阵脚的时候，马皇后镇定自若，向朱元璋建议，发放宫中的所有金银财宝给大家，以稳定军心。朱元璋听从了她的话，结果的确稳住了军心，朱元璋带领军队获得了胜利。

在朱元璋拼打天下、创建帝业的岁月里，马皇后立下了不少汗马功劳。朱元璋对这个有情有义的妻子非常尊重和感激，当上皇帝后立马封她为皇后，并且后宫三千佳丽中，也对皇后最专情。马皇后对他来说，不仅仅是妻子，还是一种依赖。她的建议，朱元璋最喜欢听。爱屋及乌，朱元璋希望为马皇后的家人做些什么，几次都提议要封赏她的亲族，但都被马皇后拒绝了。

她不主张滥封官爵，朱元璋听从她的话，一辈子也没随意封过官。朱元璋性情多疑，总是担心别人抢走朱家的王位，于是不断寻找借口杀戮功臣宿将。马皇后劝解他，只有礼贤下士，才能得民心，稳住江山。马皇后的明事理识大体的气度，让朝臣们赞叹不已。

如此贤惠英明的马氏，绝对称得上是一个称职的皇后。即使马氏当上皇后以后，仍然亲自为丈夫做饭。她去世以后，朱元璋再也没有立后。因为，没有一个女人能像马皇后一样贤德。

把孟子清理出孔庙的朱元璋

正如佛堂里不仅仅供奉如来佛祖，还有地藏王、观音菩萨、十八罗汉，等等，孔庙里也不仅仅只是供奉孔夫子，还有四位儒家大人物，称为四配。四配仅次于孔子，又称四公、四圣。他们的塑像分坐于孔子像的两侧。依次为：孔子像东为兖国公颜回（复圣）、沂国公孔伋（述圣），西为成国公曾参（宗圣）、邹国公孟轲（亚圣）。早在南宋度宗咸淳三年（1267 年），南宗衢州孔庙开始以四配附祀，并沿袭至今。

但是，四配也经历了不少风波，亚圣孟子就差点被清理出孔庙，因为他“得罪”了明太祖朱元璋。

朱元璋是个极其复杂矛盾的人，在他一生的政治生涯中，他时而重用佛、道，时而又对和尚、道士大开杀戒；时而追崇奉行儒家思想，时而又打心眼里鄙视儒生。所以他对待孔夫子的感情也是矛盾的，既标榜其思想，认同其地位，又觉得他被封为“至圣文宣王”有点过头了，大家都崇拜高高在上的“至圣文宣王”了，那自己崇高的天子地位岂不是有点掉价。

于是，执政的第二年，朱元璋就下诏说道，孔子是曲阜人，那里的人祭祀他是应该的，而其他地方的人不必祀奉他。信奉儒家思想的高官们听后，脸色哗然一变，大家纷纷向皇上据理力争。刑部尚书钱唐、侍郎程徐等都上疏劝谏，天下世人都受教于孔夫子，不让世人祭祀他，恐怕难以说服大众，不足以服人心！朱元璋看大臣们坚决的样子，心想一意孤行估计行不通，只有就此作罢。不过他可没有认同大臣们的话，心里一直窝着火，几年后，他终于把这把火发出来了，不过换了一个对象：亚圣孟子。

孟子究竟是如何惹怒了朱元璋呢？生于战火连天、多事之秋的孟子认为“民为贵，社稷次之，君为轻”，把皇帝放在最低位，这让获取大权的朱元璋很不认同。孟子还奉行“民本”思想，他认为，谁能保护人民，得到人民的拥护，谁就能够称王，而残害百姓的人则是天下的公敌，这样的人是不配得到天下的，也是应该被人民打倒的。

这个思想虽说有一定道理，但是还是不能让朱元璋心服口服。而且，孟子不仅认为“民为贵”，还教唆文武百官不要绝对尊敬及效忠于天子。他说：“君之视臣如手足，则臣视君如腹心；君之视臣如犬马，则臣视君如国人；君之视臣如土芥，则臣视君如寇仇。”没有绝对的天子权威，君臣关系也是相对的，君对臣有礼，臣则对君衷心，君对臣无礼，臣也不必愚忠。朱元璋很不认同孟子的这一观点。洪武五年（1372 年）的一天，翻看《孟子》盛怒之下的朱元璋，下令将孟子的木主牌位从孔庙四配的位置上撤下来，将他逐出孔庙的殿外，取消他配享的待遇。他知道文武百官肯定又要向上次一样反对他，于是抢先下诏道：“有谏者以不敬论，且命金吾射之。”满朝文武听后，虽然心怀不满，但是不敢直言。

这次，又是耿直大胆的刑部尚书钱唐挺身而出，请求圣上收回成命。钱唐知道朱元璋这次不会轻易听劝，便做好了视死如归的打算，他袒着胸，带着自己的棺材走向奉天殿。殿内的所有人都惊恐万分，看着朱元璋暴怒的神情，大伙都为钱唐捏了一把汗。

朱元璋见有人胆敢如此挑战自己，果然履行了自己的命令，让“金吾”卫士射了钱唐好几箭。只见钱唐倒下了，左臂、右肩、胸部都中了箭，但他仍然挣扎着向朱元璋面前爬去，为孟子求情。钱唐这种精神让众百官很是敬佩，他们纷纷为钱唐求情。朱元璋并不想真的把他射死，于是命令太医为钱唐治疗箭伤，并在第二年下了一道谕旨说“孟子辨异端，辟邪说，发明孔子之道，配享如故”，这才把孟子牌位请了回去，恢复了他的四配地位。

孟子回孔庙了，但是朱元璋还是心不甘情不愿的，心里对其一直有个心结。一直到洪武二十七年（1394 年），朱元璋下令删节《孟子》。接受命令的翰林学士刘三吾反复地揣摩朱元璋的心理，最终删掉了 85 条朱元璋厌恶的内容，保留 170 余条，成《孟子节文》一书。从此以后，朱元璋下诏，规定科举考试中不得出现这 85 条内容，天下读书人要考取功名，就只能看《孟子节文》。

不愿意做皇后的美女

历代妃子为争夺皇后之位往往斗得你死我活，被选为皇后更是莫大的荣耀，但是有人居然不愿意当皇后，还敢对皇上说：“我不做你的皇后！”也许有人会觉得这是小说里胡编乱造的，但是历史上的确存在这样一位美女。

她就是徐妙锦，明朝开国元勋、魏国公徐达的第三个女儿。徐妙锦才华出众，美丽动人，其才貌超过了她的姐姐仁孝皇后。正因为她锦心玉貌，所以仁孝皇后去世后，朱棣便一心要把徐妙锦迎进宫去，填补她姐姐留下的那个空位，从此母仪天下。

可是徐妙锦递上一封情词哀恳的书信，婉言谢绝了朱棣的“美意”。徐妙锦熟读史书，深知伴君如伴虎，所以她巧妙设辞，反复强调自己从小生长于豪门大户，性甘淡泊，不慕荣华，而且一心向佛，无复入世之念，宁愿远离红尘俗世，长伴古佛青灯，以此了却余生。清词丽句中透着淡然的悲切，谦辞敬语中带着傲然的尊严。

“臣女生长华门，性甘淡泊。不羡禁苑深宫，钟鸣鼎食；愿去荒庵小院，青磬红鱼。不学园里夭桃，邀人欣赏；愿作山中小草，独自荣枯。听墙外秋虫，人嫌其凄切；睹窗前冷月，自觉清辉。盖人生境遇各殊，因之观赏异趣。矧臣女素耽寂静，处此幽旷清寂之境，隔绝荣华富贵之场，心胸顿觉朗然。

“乃日昨阿兄遣使捧上谕来，臣女跪读之下，深感陛下哀怜臣女之至意，臣女诚万死莫赎也。伏思陛下以万乘之尊，宵旰勤劳，自宜求愉快身心之乐。幸外有台阁诸臣，袍笏跻跄；内有六宫嫔御，粉黛如云。而臣女一弱女子耳，才不足以辅佐万岁，德不足以母仪天下。既得失无裨于陛下，而实违臣女之素志。臣女之所未愿者，谅陛下亦未必强愿之也。

“臣女愿为世外闲人，不作繁华之想。前经面奏，陛下犹能忆之也。伏乞陛下俯允所求，并乞从此弗以臣女为念，则尤为万幸耳。盖人喜夭桃秾李，我爱翠竹丹枫。从此贝叶蒲团，青灯古佛，长参寂静，了此余生。臣女前曾荷沐圣恩，万千眷注。伏恳再哀而怜之，以全臣女之志愿，则不胜衔感待命之至。”

在古代社会，当皇后可以说是很多女子梦寐以求的愿望，更何况是皇帝亲自求婚，但是徐妙锦宁愿出家当尼姑也不愿意当皇后，这多少有点令人意外。

朱棣为什么要捕捉天下尼姑

永乐十八年（1420 年），因为明成祖朱棣的一个命令：捕捉天下的尼姑，全国上下的尼姑都被搅得不得安宁。

这一切都是因为一个女人，唐赛儿。

朱棣对她恨之入骨，因为她揭竿起义，想要推翻大明王朝。这一年二月，唐赛儿在家乡蒲台（今山东滨州）成立了农民起义军，聚集了数千白莲教徒，一路与明朝军队血战到底。

起义军以红白旗为号，以白莲教义为精神号召，迅速发展壮大。虽然这支起义军的规模相比明朝正规军来说是小巫见大巫，但它还是引起了朱棣的震惊和重视，他迅速派出了重量级精英部队："京营"五千精锐人马前往镇压。这一场"内忧"甚至暂时转移了朱棣对"外患"的注意力，他竟然把正在山东沿海"抗倭"的军队也调回来镇压农民起义。

经过一段严查搜捕后，唐赛儿似乎遁形人间，一点儿消息也没有。朱棣左思右想，既然在民间找不到她，她会去哪里了呢？后来，因为一直搜索未卜，朱棣就认为：她兴许是去做了尼姑或者躲到了尼姑庵里。

为什么朱棣会有这样奇怪的想法呢？其实这也不是空穴来风的。唐赛儿起义时，曾自称"佛母"以蛊惑人心，她也许与佛门有着某种关联；而且，佛门是清净之地，她肯定认为军队不会去那里搜捕，于是混迹于尼姑之中，也许为了避人耳目，还削发为尼了。

推理有据，朱棣迅速下了一道命令：命段明为山东左参政，将北京、山东范围内的尼姑、女道士统统逮捕，押送到朝廷审讯，一个个检查是不是唐赛儿。段明把山东、北京的尼姑全部捕捉，逐一搜查后发现还是没有找到唐赛儿。为了完成这个任务，他就把搜索范围扩大到全国范围。于是，与朝廷素无瓜葛的尼姑们都遭受到了前所未有的追捕，清净的尼姑庵被搅得鸡犬不宁。最终，一共抓捕了全国范围内的数万名出家妇女，但是，唐赛儿仍然不知所踪。

这个荒诞的事件，不仅让尼姑们饱受折磨，也让世人为之困惑，究竟唐赛儿与朱棣的梁子结了多大，才使得他这么兴师动众？

从战争这个角度来讲，这场起义不早不晚，偏偏在“迁都北京”前夕兴起，朱棣不能允许有人在这个时候影响迁都大业；而且，起义军还打着“白莲教”的旗号，这些邪门歪道蛊惑民心的事情不能在民间流传，那些被精神催眠的民众最难对付，快速镇压才是最好的解决方案。再者，起义军队伍发展得很快，并且在战争中多次大败官军，这让朝廷十分惶恐。朱棣认为除掉这个邪教才能安抚民心。

起义军只维持了三个月，规模也没发展起来，就被打压下去了。但是，朱棣没有愉悦的心情，因为唐赛儿一直下落不明。直到朱棣逝世之时，他的这个心结仍未解开。唐赛儿到底跑去哪里了？多少年来，不少历史学家深刻研究过这个问题，但始终无解。

朱棣残杀三千宫人之谜

明成祖朱棣是明朝很有作为的一个皇帝。他在位期间，曾五次亲征漠北，七次遣郑和下西洋，加强了明朝与外界的交流，从而树立了明朝的威望。但他又刚愎自用、杀人如麻。永乐末年，他大肆屠杀三千宫女、宦官，为明代后宫最大的惨案。他如此滥杀无辜的宫人，令许多人迷惑不解。

朱棣是明太祖的第四子，被朱元璋封燕王，占据北平。建文帝时期，为了加强中央集权，建文帝开始削藩，这损害了各地藩王的利益。朱棣率先起兵，并以“清君侧”之名攻陷南京。建文帝下落不明，燕王朱棣在北京称帝。

明成祖朱棣是一个十分追求享乐的皇帝，后宫的嫔妃众多。永乐五年(1407年)，皇后徐氏病死，皇后一直没有再立，权氏是他最宠爱的妃子。权氏是一位朝鲜美女，善吹玉箫，成祖很宠爱她。三年后，成祖率大军出征，特地带权氏随侍。不料，权氏在大军凯旋时，竟病死。成祖伤心欲绝。

不久，有宫女揭发说权氏是被吕妃串通太监和银匠用砒霜毒死的。揭发者也姓吕，是一位朝鲜商贾的女儿，史称“贾吕”。她曾想与吕氏交往，不料吕氏对贾吕的为人很是不屑，拒绝结交，贾吕渐生恨意。权氏亡故时，吕氏曾随军侍候过她，于是贾吕趁机诬告。朱棣竟不细查，即下令将被告下毒的太监、银匠处死，吕氏被烙死，受牵连而被杀者达数百人。

永乐十八年（1420年），成祖准备立为皇后的王贵妃也死去，成祖再次悲伤不已。此时，却发生了贾吕与宫人鱼氏私下与小宦官结好之事。

本来，历代宫中都有宫女与宦官结为假夫妻，宫中称之为“对食”。宫女与宦官的这种交往，很多是出于彼此能在生活上互相照顾，在心理上寻求安慰。但成祖听说后大怒。

贾吕和鱼氏惧祸，便上吊自杀。成祖亲自刑审贾吕侍婢，宫婢受不了酷刑，竟谎称后宫有人要谋害皇帝，结果宫女连坐被诛者近2800人。

行刑之日，朱棣亲自监刑。有宫女斥骂他，朱棣更加恼怒，令画工画了一张贾吕与宦官相拥图，挂在后宫，以羞辱无辜的宫女。据说，朱棣杀人时，适有宫殿被雷电击毁，宫女们暗喜，以为朱棣会因害怕上天惩罚而停止屠杀，但他依旧如故。

这两次屠杀宫人事件，被诛杀的宫女和宦官大约三千人。明成祖的这种残暴行为，不禁让人寒噤入骨。有学者认为，明成祖如此凶残，可能因他晚年所患疾病有关，容易狂怒，发作时难以控制。至于他患了什么病，病因又是什么，人们到现在也没有确切答案。但是，明成祖的这种随性残杀宫人的行径，是古代君王中很少见的。

明代宗死后为何未葬在十三陵

北京城有条中轴线，首尾两端即是著名文化景区明十三陵和故宫。来到北京的游客，一定会吃烤鸭，也一定会去这两个地方。故宫坐落在北京城中心，而明十三陵位于北京郊区昌平区境内，坐落在燕山山麓的天寿山，是中国明朝皇帝的墓葬群。

明成祖朱棣移都北京后，历代的明朝皇帝仙逝后都葬在这片墓群。明朝共有 16 位皇帝，从明太祖朱元璋到明思宗朱由检。朱由检即是明朝的亡国皇帝：崇祯帝，他被迫吊死在煤山，之后被人埋葬在十三陵。朱元璋葬在当时的帝都南京的明孝陵，第二任皇帝朱允炆被朱棣夺权后不知影踪。

除了这两位，其余的皇帝皆应埋葬在十三陵：长陵（成祖）、献陵（仁宗）、景陵（宣宗）、裕陵（英宗）、茂陵（宪宗）、泰陵（孝宗）、康陵（武宗）、永陵（世宗）、昭陵（穆宗）、定陵（神宗）、庆陵（光宗）、德陵（熹宗）、思陵（思宗）。然而，第七任皇帝：明代宗朱祁钰，没被葬入十三陵。

这是为什么呢？原来，这源于明代宗与其哥哥明英宗之间的矛盾。

明代宗朱祁钰及明英宗朱祁镇（正统帝）都是明宣宗（宣德帝）之子，哥哥朱祁镇继承帝位，成为明英宗，本来没有朱祁钰什么事，但是在正统十四年（1449 年）“土木之变”中，明英宗被瓦剌所俘。明朝与其多次交涉无果，由于“国不能一日无君”，弟弟朱祁钰就被拥立为帝，年号景泰，成为明代宗。代宗朱祁钰即位后，战胜了瓦剌军队，并成功地迫使瓦剌放回了英宗。

英宗回来了，但是应该怎么安置他呢？代宗为此十分头疼。其实，代宗在做监国时并没有取代哥哥的想法，但是正如“由俭入奢易，由奢入俭难”，如今走上高位的代宗也很难下来了。而且他比哥哥有才干，更加善于纳谏。

他觉得自己是更适合治国的人，而且也萌生了将皇位传给自己后代的私心。

代宗想了一个办法来防止英宗复辟，巩固自己的皇权。英宗一回来便变成了虚设的太上皇，被软禁在冷僻的南宫里，并且一步不能离开。

代宗丝毫不顾及兄弟之情，对英宗不理不睬，太监宫人们也顺着代宗的意思行事，根本不尽心侍奉太上皇。到后来，太上皇就连日常衣食都变得难以维持了。生活艰苦的英宗困在南宫中愁闷焦躁，度日如年，他对弟弟的仇恨越加深。

七年后，英宗终于等到了机会。景泰八年（1457 年）正月，代宗突然病危，英宗在心腹党羽石亨、徐有贞、曹吉祥等的策划下，发动夺门之变，重新当上了皇帝。

代宗病重期间，英宗不准太医帮他看病，让他最终病发死亡。不过也有另外一种说法，说是英宗命太监用白绫将代宗勒死。他死后，英宗不承认他是皇帝，不让他埋在十三陵，而是以“王”的身份将他葬于北京西郊玉泉山。

英宗死后，其子朱见深继位，成为明宪宗。朱见深对叔叔代宗的仇恨不深，而且他念及代宗打败瓦剌、迎还英宗有功，于是又承认了代宗的皇帝地位，恢复景泰年号，并重新为其修墓，以皇帝之礼重新布置。不过，他并没将代宗位于北京西山的景泰陵迁至十三陵。所以，代宗最终还是没能进明十三陵，成为明成祖朱棣迁都北京后，唯一一位未能葬入明十三陵的大明皇帝。

啼笑皆非的江湖趣话

明熹宗乳母为祸后宫至其绝后

明熹宗朱由校是著名的手工艺皇帝，他沉迷在自己的宁静楼阁，揣摩制造自己的手工艺品。明熹宗的这一特性为居心叵测的人扰乱朝纲提供了机会。其中天启皇帝的奶妈客氏是当时最大的祸患。

朱由校从一出生，就由客氏服侍，婴幼儿时期，客氏给了他母亲般的照料和温暖。当时皇家有个不合情理的规矩，严禁生母抚养自己的孩子，必须交给奶妈。朱由校在东宫生活的这一时期只有客氏陪伴他，安慰他，爱护他。所以，他和客氏的感情比和自己亲生父母的感情更深，再加上他生性软弱孤僻，极其依赖客氏，长大后对其也一直唯命是从。

朱由校登基后，客氏一直陪伴在皇帝身边。熹宗即位后第十天，她就怂恿皇帝封自己为“奉圣夫人”，管理后宫事务。在朱由校在位初期，客氏虽然十分骄纵，但并没有残害他人之心。然而，她与宦官魏忠贤结识之后，做了很多祸乱朝政的事情。

魏忠贤对权力的欲望十分强烈。皇上经常不上朝，为他控制朝政提供了契机。朝堂上有很多人上书皇帝指责魏忠贤把持朝政。魏忠贤得知后十分愤怒，想要清除一切障碍。第一个要铲除的就是魏忠贤的死敌，先帝在位时极为器重的亲信宦官、司礼监秉笔太监王安。王安是一个难得的正直宦官，他忠心耿耿，帮助先皇稳固皇位，并有助于熹宗顺利登基。因此，他深受熹宗父子的重视。

熹宗在位期间，本想任命王安为掌印太监，而王安并没有立即接受。安氏听说了这一事情，就对熹宗说："王安年龄大了，而且这么多年精心伺候皇家，如今身体有了很多疾病，也到了该安享晚年的时候了，不如让王安告老还乡，让他颐养天年吧。如今他推辞，想必就是有辞别之意，皇上不如顺了他的意吧。"熹宗听后，深觉有理，于是就让他告老还乡。

这一放，就为王安惹来了杀身之祸。魏忠贤借着秉笔太监的身份矫旨一道，竟将王安发配军队，而不是让他回家。心狠手辣的客氏故意派与王安有仇的太监刘朝去统管南海子净军，刘朝借此机会杀掉了王安。

王安走后，客氏撺掇熹宗任命魏忠贤接替王安，为司礼秉笔太监，魏忠贤独掌了司礼监，独霸内廷。魏忠贤已掌握了内廷二十四监，野心膨胀的他便把手伸向了外廷。首先，他对内阁权臣：皇帝依靠的刘一燝、周嘉谟、左光斗等人下手。他不断讨好皇帝，进谗言，用尽各种手段把他们挤走，此后，明王朝朝政一片混乱，魏忠贤更是趁机扩大势力，独掌朝政。

魏忠贤很会揣摩圣意，对皇帝的喜好摸得一清二楚。为了分散皇帝对政务的注意力，他请皇上欣赏宦官操演、打枪、划船等活动。熹宗最喜欢制造楼阁亭台等，当他做得兴致勃勃时，魏忠贤就赶紧去奏事，兴致盎然的皇帝就会不耐烦地说："你都看着办吧，随便怎么都行!"

同时，后宫也被安氏搅得鸡飞狗跳，片刻不得安宁。熹宗对客氏过度纵容，致使客氏嚣张跋扈，在后宫内为所欲为，顶撞她的人，她便想方设法治之于死地。很多嫔妃对她怨言颇多，她便串通魏忠贤，在后宫大开杀戒。

安氏不仅杀了先皇的选侍赵氏，还伤害了很多天启皇帝的嫔妃，而且手段多样，极其残忍：把怀有身孕的裕妃张氏关进黑巷，不给饭吃，不给水喝，将其活活饿死；把深受皇帝宠爱的吴贵妃毒死；对于一心想要治理客氏的张皇后，他们对她肚里的孩子下毒手，派宫女给她服了打胎药，使孩子流产……就这样，狠毒的客氏和魏忠贤控制了后宫，皇帝对之充耳不闻，默许纵容，其他人也不敢得罪他们了。

唐伯虎何曾点秋香

“唐伯虎点秋香”，一个家喻户晓的古老故事。“点秋香”、秋香“回眸一笑百媚生”的故事至今在民间广为流传。周星驰版的《唐伯虎点秋香》更是塑造了唐伯虎为了追求所爱慕的女人而甘愿卖身为奴的风流才子的形象。人们对他的印象是：才华横溢、风流倜傥、浪漫非凡、挥金如土。唐伯虎真的点过秋香吗？秋香在历史上确有其人吗？

先让我们来看看唐伯虎其人：唐伯虎，名寅，字伯虎，后字子畏，别号六如居士、桃花庵主等，是我国杰出的画家、文学家。明成化六年(1470 年)，唐伯虎生于苏州，其父唐广德是普通的苏州市民，在苏州皋桥开设酒肆做小生意。他出生于寅年寅月寅时，故取名为“寅”，因在家中排行老大，故又称唐伯虎。

唐伯虎自幼聪颖，过目不忘，熟读四书五经，博览《史记》《昭明文选》等史籍。在文徵明父亲文林的介绍下，拜吴门画派创始人沈周为师。

从“唐伯虎”的名字里可以看出，父亲希望儿子在仕途上有所作为，做个高官，光宗耀祖。唐伯虎也没有辜负父亲的期望，16 岁时，秀才考试便得了第一名，一时间，少年唐伯虎成了整个苏州城议论和赞叹的焦点人物。他也自认为是“江南第一才子”。弘治十年（1497 年），唐伯虎参加应天府（现南京）乡试，中解元（第一名），在苏城引起了轰动，“冒东南文士之上”。

可惜，好景不长，考中解元后的第二年，唐伯虎踌躇满志地进京参加会试，在考试过程中，他被无辜卷入一场科举舞弊案中，吃了一连串冤枉官司，也吃了不少苦头。他在给好友文徵明的信中详述了当时的悲惨境状："至于天子震赫，召捕诏狱，自贯三木，吏卒如虎，举头抱地，涕泪横集。"

经过一年多的审讯，案情不明不白，最终虽未判定唐伯虎是考场舞弊案的主犯，但干系是摆脱不掉的。唐伯虎虽被释放出狱，但经过这番折腾，已经声名扫地，朝廷把他的"士"籍革除了。

从此他科举无门，功名路断。

"屋漏偏逢连夜雨"，在他的事业遭受沉重打击的时候，不幸又降临到他的家庭：由于积郁成疾，唐父突然中风过世。就在唐伯虎刚刚料理完父亲的丧事，还没有完全从丧父的悲痛中解脱出来的时候，他的母亲因太悲伤也随其父而去。短短几天，唐伯虎连续失去了两位至亲之人。但是灾难并没有因此结束，不久，心爱的妻子徐氏在生育时染病离世，紧接着，他唯一的幼儿出世后三天也死了。后又惊闻远嫁他乡的妹妹因意外而死，不到一年的时间里，唐伯虎接连失去了五位亲人。

料理完五位亲人的后事，唐伯虎已是心力交瘁，一向刚强、豁达、豪放的唐伯虎，此时接近崩溃了。他在《答文徵明书》中这样写道："不意今老，事集于外，哀哉哀哉，此亦命矣……不幸多故，哀乱相寻，父母妻子，蹑踵而殁，丧车屡驾，黄口嗷嗷。"意思是："我太悲惨了，这些日子祸事连连，都集中在我一个人身上了，父母、爱妻和孩子接踵而殁，我没有办法，只好一次又一次地驾起丧车，这是命啊。"

科举失败，家庭不幸，这些打击使唐伯虎心灰意冷，31 岁的他开始漫游名山大川，足迹遍及江、浙、皖、湘、鄂、闽、赣七省，贫困之下以卖画为生。

从中可以看出，真实的唐伯虎一生坎坷，贫困凄苦，与我们所熟知的"腰缠万贯，风流浪荡，带些喜剧色彩"的唐伯虎形象不相符。

那么，世人口中常说的“唐伯虎点秋香”的故事是真实的吗？秋香又是谁呢？

历史上是真有“秋香”这个人的。秋香本名林奴儿，字金兰，号秋香。她是金陵妓院中的名妓，琴、棋、诗、画样样精通，所以，当时“点”她的人很多。

唐伯虎有没有“点”过她呢？据考证，这位秋香是生于景泰元年(1450 年)，比唐伯虎足足大 20 岁，唐伯虎不可能“点”她。秋香是个才女，当时被誉为“吴中女才子”，早年被迫卖入青楼，从良嫁人后还有些老主顾来找她。她不仅拒绝了，而且还在扇子上画了一幅画叫《新柳图》，题诗曰：“昔日章台舞细腰，任君攀折嫩枝条。如今写入丹青里，不许东风再动摇。”说昔日任人攀折的嫩柳，如今已经像画中的新柳一样了，谁也不能碰它了，什么风来它也不会动摇了。所以唐伯虎肯定没有“点”过！

唐伯虎 19 岁时娶徐氏，后徐氏因产热去世，27 岁时续弦，娶了何氏。在他落魄潦倒时，妻子何氏离他而去，此时幸有好友九娘（青楼女子）在精神上援济他。后来，他娶了能干、贴心的九娘为妻，正因为沈九娘叫九娘，人们才臆造出唐伯虎有九个老婆、有《九美图》、有寻“八美”之说。

那么，为什么人们都说他“点”了秋香呢？“唐伯虎点秋香”的故事从何而来？

唐伯虎点秋香故事的雏形最早出现在明代的笔记体小说中。明代小说《耳谈》中的故事情节和我们熟知的“唐伯虎点秋香”基本吻合。

这个故事，到了明朝末年小说家冯梦龙的手中，就变成了《警世通言》中“唐解元一笑姻缘”的故事，后来又由“一笑”演变成“三笑”，故事情节也由简单发展到了复杂。原本是“陈公子点秋香”这么一个爱情故事，就移植到了唐伯虎的身上。

钱谦益欲殉国嫌水凉

钱谦益是明末舞台上一个颇有影响的人物。钱谦益字受之，号牧斋，晚号蒙叟、东涧老人，江苏常熟人，有出色的文才，是著名的学者、散文家、诗人、明末文坛领袖，与吴伟业、龚鼎孳并称为“江左三大家”。顾炎武、郑成功等都曾经是他的学生。

钱谦益成名甚早，15 岁时他就写出了《留侯论》，大谈神奇灵怪，气势纵横，令人惊叹。他于万历三十八年（1610 年）中进士，直到崇祯十七年（1644 年）明亡，长达 35 年的时间内，三起三落，在明朝廷中担任重要官员。他曾经还参与了东林党人反对魏忠贤阉党的活动，被视为士林领袖之一，德高望重。在众人眼里，钱谦益德才兼备，是个全才。

作为诗人，他开创了一代诗风。当时人称“前后七子而后，诗派即衰微矣，牧斋宗伯起而振之，而诗家翕然宗之，天下靡然从风，一归于正。其学之淹博、气之雄厚，诚足以囊括诸家，包罗万有，其诗清而绮，和而壮，感叹而不促狭，论事广肆而不诽排，洵大雅元音，诗人之冠冕也”！

作为史学家，钱谦益早年撰《太祖实录辨证》五卷，立志私人完成国史，他于顺治二年（1645 年）、顺治三年（1646 年）两次欲修明史，但是并没有如愿以偿。但人们认为“虞山（钱谦益）尚在，国史犹未死也”，可见对他史学才能的极度推崇。

作为文章家，钱谦益名扬四海，号称“当代文章伯”。黄梨洲《忠旧录》称他为王弇州（世贞）后文坛最负盛名之人。

可是，就是这么一个全才，却没有气节。钱谦益生性软弱，贪生怕死，只顾个人安危，不顾国家存亡。清兵入关，势如破竹，崇祯皇帝已经招架不住自缢了。值此危难关头，明朝大臣们只有三条路可以走：一是坚决抵抗，至死不渝；二是苟且偷生，流亡逃命；三是投降敌寇，做亡国奴。

钱谦益的爱妾柳如是是个有民族气节的女人，她曾力劝钱谦益以身殉国，钱谦益同意了，决定率家人投水自尽，以身殉国。钱谦益大张旗鼓地发出了殉国声明，似乎意念笃定。可是，这一天，他却从日上三竿一直磨蹭到夕阳西下，还是没有要投水的动向。钱谦益深情地凝视着西山风景，眼中透露出悲凉之情和忧郁之意，要自己主动投水自尽，实在是需要太多勇气。突然，他探手摸了摸湖水，竟大声说："这水太凉了，怎么办呢？"

钱谦益终究没有投湖，因为他怕冷。他的小妾柳如是看得很气愤，奋身跳入水中，不惜一死，不过，她被人救了。更可笑的是，当被人指责大节有亏时，钱谦益竟把责任全推给了小妾柳如是："我本欲殉国，奈小妾不与可？"这无赖之举，引得后世诸多诟病。大学者陈寅恪曾经在《柳如是别传》中就痛斥钱谦益。

钱谦益没有殉国，反而向清军投降了。自己不肯殉国主动出城投降也就罢了，可他还写信劝降朋友，带头剃发示众。

不过，钱谦益降清以后并没有得到清廷的信任和重用。他接受清廷招安上京做官，顺治三年（1646 年）正月，被授予秘书院学士兼礼部右侍郎，修《明史》，实际上，这一官职是个不折不扣的充场面的闲职。钱谦益的政治理想又一次破灭了，自认怀才不遇的钱谦益干了五个月就托病请辞回乡了。

离开官场，他也没落的清净。清廷不久即借故两次将其投入监狱，甚至在他死后继续奚落他，他不仅在明朝人们心中声名狼藉，在清朝也备受鄙视。乾隆皇帝甚至专门写诗挖苦他"平生谈节义，两姓事君王，进退都无据，文章那有光。真堪覆酒瓮，屡见咏香囊，末路逃禅去，原是孟八郎"。还下令销毁钱谦益所著的《初学集》《有学集》等一百多种著作，甚至凡有钱的序文或列名校勘之书，都在禁止之列。

最早的公共厕所

不少人认为，中国的公共厕所是近代以来，受西方影响“滋生发芽”的。但通过对过往文献的整理，人们发现，早在明代，公共厕所就已经出现，而且这公厕不是政府兴办的，而是私人建设的。

明末清初，有一个乡下人唤作穆太公。人们叫他太公，并非是因为他的年龄高，辈分大，而是出于对他的尊敬。

这位穆太公前无古人地在他所居住的村子里，盖了一座公共厕所。一天，穆太公进城里办事。走在路上的他忽然内急起来，正焦躁不安时，却见路旁设有“粪坑”。这“粪坑”虽然收费，但太公情急之下也顾不得了，于是一溜烟儿地冲了进去。出来后，太公便有了想法：“倒强似作别样生意!”看来，这穆太公是很有商业头脑的。

回到家里，老先生请人把门前三间屋掘成三个大坑，每一个坑都砌起小墙隔断，又将墙粉恻一遍，之后忙到城中亲戚人家，讨了无数诗画斗方贴在这粪屋壁上。如此折腾一番，穆太公觉得尚且不够，又托了熟人，请一位书生，叫他大笔挥毫，写下“齿爵堂”三字，悬在门外，算是给这厕所起了个雅名。

搭好了“台子”，尚且需要有人上来“唱戏”。穆太公央告书生，叫他写了百八十张“广告”，将之散贴于村里村外、墙头树下。其词曰：“穆家喷香新坑，远近君子下顾，本宅愿贴草纸。”

这可能是最早的“街头小报”了，而且免费赠送草纸的“让利大酬宾”的营销手段很快在乡民中激起热烈反响。自家厕所光秃秃“毫无情趣”，又怎及太公的厕所那样精致逢迎：“壁上花花绿绿，最惹人看，登一次新坑，就如看一次景致。”不久，太公又盖起一间女厕。

太公在这公厕上花费了如此多的心思，可谓服务一流，那他的公厕到底如何收费？答曰：免费。

原来，早在城里的时候，太公曾仔细思量，他明白，乡下人手头拮据，把收费厕所这一套照搬到农村去，肯定是行不通的。不过，如厕虽是免费的，可是积攒下来的粪便却可以卖：村里多的是种地的农户，哪个不需要往田里施加粪肥？果然，没过几年，太公就从大粪中得了不少的“油水”，成了当地的一个富翁。好一个“强似别样生意”！

穆太公的故事，其实是出自明末清初时，一个无名氏写就的小说《掘新坑悭鬼成财主》。“艺术源于生活”，作家写出来的东西，在现实生活中必有原型，所以，“穆太公”的名字虽是假的，但他的故事却非常有可能是真的。

明朝人怎么化妆

如今你上街一看，女士们化的妆可谓是五花八门，有欧美的浓黑烟熏妆，有日系风格的森林系清新妆……换一种妆容，即是换一种心情，换一个角色。在如今这个开放包容的时代，你想化成什么样，就可以化成什么样。不过，要是在封建保守的古代社会，你就要小心了，妆容一定要符合时代和社会的审美标准，要不然你出门就等着被耻笑吧。如果你穿越到明朝，你该怎么化妆呢？

明代女子以细眉为美，尤其喜欢柳叶细眉。只有村姑才画浓眉。据说，明朝有一个最著名的浓眉毛女人，那就是明代《新编百妓评品》中记述的一个浓眉之妓。她的眉毛浓得像两座山峰，而且修眉对她没什么用，因为刀剃了又长，而且比原来长得还多还长，没办法，她只有不断要用刀剃，用线绞。为了对得起自己的客人，遵守职业道德，她每天在眉毛上下了不少工夫。

眉毛提神，脸色提气。要想有好气色，就要会打腮红。明代女子也喜欢打腮红，而且流行“桃花妆”与“酒晕妆”，都是以清新红润为特点。明代的胭脂种类很多，女士们可根据需要化出自己想要的腮红。明朝有四种胭脂：一种是红蓝花粉染胡粉而成，一种是山燕脂花汁染粉而成，一种是山榴花汁制成，还有一种是紫矿染棉而成。其中第一种和第三种是最普通的，大部分平民都使用这种，第二种就高档一些，第四种乃是上品，只有少数有钱人家的女子才能消费得起。

为了以最少的成本买到最好的胭脂，女士们想方设法地制造新的廉价的优质胭脂，到了明末，山东人用红花的渣滓制成胭脂，称作“紫粉”。这是价格便宜又好用的胭脂，于是，乡村里的贫穷姑娘也能用得起脂粉了。

明朝人也很潮，那些脸蛋上长有斑点的女孩儿，就会弄些“花子”类的装饰以掩盖。“花子”是什么东西呢？它是一种比较名贵的鲥鱼，贵妇常把它的鱼鳞贴在脸蛋上以掩盖斑点。鲥鱼鱼鳞色泽如银，曾贵为贡品，所以，用得起这个的也只有那些千金小姐和贵妇人了。

女人味，就是香味。明代没有香水，但姑娘们为了让自己更香，想出了一些除掉异味、增加香味的办法。据记载，明代女子用水银、胡粉等，和上面脂，频繁涂抹以去除体味。远离臭味后，再佩戴香囊，姑娘们就芳香四溢了。

明代的香囊主要是兰草香。那个时候最有名的奢侈品香囊则是南京秦淮河教坊旧院市场上出售的香囊，有此香囊傍身的女子，所到之处，气味芬芳。平民女子买不起这种奢侈品，怎么办呢？她们可以去北京城隍庙市上买一种“香串”，它的功能近似于香囊，而且很便宜。

明代的姑娘们也喜欢美甲。明末屈大均《广东新语》中记载当时歌谣“指甲花连指甲草，大家染得春笋好”，说的就是女子用凤仙花染指甲的风俗。当时的原料很单一，所以染的指甲的颜色也很少，基本上都是红色。

明朝女子的化妆风潮，一直延续了下来。如今，我们只是有了更多的选择和花样，有了更多的产品和方法。女孩子爱美、爱化妆的天性，永远是共通的。

虚实莫测的史料掌故

解缙随机应变作对子

随机应变考察的是人们思维的敏捷度，善于随机应变的人一般能化险为夷，扭转对自己不利的局势。明朝有一位大才子，名叫解缙，他利用很多随机应变的智慧成功改变了事态的走向。

解缙年幼时发生的一件事，便能说明他从小便具备随机应变的能力。

有一位李尚书，由于岁数大了，于是不再做官，回到了家乡。李大人听说家乡出了一位小小的能人，名叫解缙，年岁虽小，却学富五车，才高八斗。李大人对于这个传得有点神乎其神的事情，是十二分的不信任。他决定找一天把解缙叫过来，然后再请几个身份显耀的人，共同见证解缙的事情是骗人的。

这一日，解缙收到邀请，到了李大人的家门前，看到大门关得很严。解缙敲了几下大门，仆人打开门迎接了他，却不让他从大门进，必须从旁边的小门进入府中。解缙感到很不解，忽而明白李大人是因为自己年纪小，故意看低自己，所以才安排了一个小门。

于是，解缙停在了大门口，一动不动，任凭仆人怎么劝他走小门，他就是不听。仆人感到束手无策，于是赶忙去禀告内堂等候的李大人。李大人听说后，信步走了出来，来到大门口，见到了稚气未脱的解缙。

李大人对着解缙，轻蔑地高声说道：“小子无才嫌地狭。”解缙听到李大人用对子羞辱自己，也毫不示弱地大声说：“大鹏展翅恨天低。”

李大人见解缙对得如此神速，且下联极为工整，气势一下压过了自己。因此感觉自己有点小看面前这个小孩，于是让仆人让开了门，迎解缙进到了府中。

酒席开始没多久，其中一个人便想用解缙出身寒酸这件事来奚落解缙，因为解缙的父母一个在家磨豆腐，一个将磨好的豆腐送到街上卖。这个人认为没有人会不在乎自己的出身，于是，他向解缙抛出了难题，他装作很自然地说道：“我们都闻知你虽年纪尚浅，但是才识不浅，何不如让我们今天都见识一下，我们今天的主题便是令堂令尊的职业，请才子赐对。”

听完这个人的话，解缙立刻明白对方想用家世来让自己难堪，但是解缙并不慌张，一板一眼地说道：“户挑日月上街卖，手把乾坤日夜磨。”

这个对子依然很大气，在清楚表明父母职业的同时，丝毫没露出任何自哀自怜之意，反倒豪气冲天，令在场的人无不拍手叫好，大呼精彩。而出难题给解缙的人此时脸色一阵青，一阵红，尴尬得不知该说什么好。

见面前的小子不好对付，于是酒席上的另外一个人灵机一动，想出了一个更加卑劣的对子，好彻底打败解缙。因为解缙今日穿了一件大绿色的袍子，所以这个人的对子便是：“井里蛤蟆穿绿袄。”

这个上联让满座宾客哄堂大笑，都想看解缙难堪的样子。可是解缙依旧泰然自若，不羞不恼，他对出的下联是：“锅中螃蟹着红袍。”声音掷地有声，非常有利地回击了刚才那个人。那个人顿时哑口无言，他明白解缙是将锅中螃蟹比喻穿红袍的自己，不想自己苦心想出的比喻，反被解缙巧妙地推了回来。这个人想要发脾气，但是自己羞辱人在先，是自己理亏，所以只能吃个哑巴亏，甘拜下风。

李大人见自己请来的人都不是解缙的对手，仍然非常不服气，决定亲自出马，教训一下这个狂妄的小子。于是李大人将手指向天空，带着不可一世的神情，说道："天作棋盘星作子，谁人敢下？"

宾客们都在心里暗暗想，李大人如此刁钻的对子，这个小子一定对不上来。可是解缙一点也不着急，很自信地用脚点了点地面，然后说道："地作琵琶路作弦，哪个能弹！"李大人听到解缙完美的下联，只好作罢。

看到败阵的李大人，解缙举起了面前的酒杯，笑吟吟地对所有人说："能够与今天诸位一起喝酒，是我的荣幸，我想写一对联，为大家助个兴。"李大人命人将文房四宝备齐，等待解缙赐对。

解缙在纸上挥动着毛笔，写下了下面两句：

墙上芦苇，头重脚轻根底浅；

山间竹笋，嘴尖皮厚腹中空。

写完对子的解缙，离开了酒席，头也不回地走出了李大人府。

徐渭作怪诗折服秀才

逆挽诗是古时人们创作诗歌的一种表达形式，又被称为逆转诗、陡转诗或是雅俗诗。逆挽诗的开篇一般都平淡无奇，用词简单，造句粗拙，让人读来索然无味，诗的结尾却突然逆转，给人一种山重水复疑无路、柳暗花明又一村的感觉。

明朝的大诗人徐渭是一位作逆挽诗的高手。徐渭在诗词绘画方面都颇具造诣，常常因自己对诗词的爱好，引发一系列妙趣横生的故事。

一日，徐渭见到窗外天朗气清，春光明媚，于是决定外出散步。当他不知不觉中走到一座亭子旁时，发现亭中正围站着几名秀才，桌子上是几幅字画，秀才们唧唧喳喳，似乎在讨论些什么。徐渭出于好奇，便凑了过去，往近处一瞧，才了解秀才们是在根据那些画，创作一些诗句。

可是待徐渭仔细去看那些诗句，才发现佳作几乎没有。徐渭的心中十分失望，不由自主摇了一下头，叹息一声，说道："真是非常可惜！"

徐渭无心的一句话被一旁的秀才听到了，这名秀才感到很愤怒，上下打量徐渭一番，看徐渭的穿着像是个读过书的人。于是，这名秀才向徐渭挑衅，说道："这位兄台，想必很有学问，不妨为我们几位题一首诗，我们好学习学习，不枉刚才兄台的一番评论。"

秀才的话刚说完，周围的秀才也都一同附和，全都"邀请"徐渭来题诗。徐渭见到这个情景，也不恼怒，他看到身边有一幅叫《柳亭送别图》的画作，画中是一对有情人于长亭中，双手相牵不忍离别的样子，长亭的四周是一些随风飘舞的柳树。徐渭看到落款人不是一位名家，可是这幅画却画得着实不错。

面对这幅《柳亭送别图》，徐渭沉思了片刻，然后提起毛笔，蘸了一些墨汁，在画作的空白处奋笔疾书：

东边一棵柳，
西边一棵柳，
南边一棵柳，
北边一棵柳。

秀才们看到这样索然无味的四句话后，全都露出十分鄙夷的神情。其中一名秀才不留情面地说道："这些也算是诗吗？总是在说柳树，满篇都是废话。"面对讥讽自己的话，徐渭却仿佛没听到一样，继续在后面写道：

纵有柳丝千万条，怎能绾得行人住？

众秀才看了这两句诗，全都安静了下来，没人再敢讥讽徐渭。突然，从山间传来几声杜鹃的啼鸣，使徐渭获得了灵感，在画上又补了几句：

山前鸣杜娟，
山后鸣杜娟，

山上鸣杜娟，

山下鸣杜娟，

行不得也哥哥。不如归去！

这几句诗写完后，徐渭便头也不回地扬长而去。一首精彩的逆挽诗让所有自视甚高的秀才，全都对徐渭佩服得五体投地。直到徐渭的身影都变小了，有一个秀才想起来要问徐渭的姓名，徐渭只留给众人背影，并不回头，大声说道："山阴徐渭是也。"

明朝的第一位皇帝朱元璋，幼年时生活贫苦，没有读过什么书，也就不爱好吟诗作对。但是有一回，朱元璋作出了一首精彩的逆挽诗，让所有人都眼前一亮，心生佩服。这首逆挽诗叫《咏鸡诗》，朱元璋同样先念出了前两句：

鸡叫一声撅一撅，

鸡叫两声撅两撅。

两句俗不可耐的诗，惹得大臣们很想乐，却又必须忍住。看到大臣们滑稽样子的朱元璋，不动声色，接着吟诵自己的诗：

三声唤出扶桑日，

扫退残星与晓月。

随即的这两句诗立刻让大臣们有惊艳之感，刚才的笑意全都烟消云散，两句诗体现出了王者的霸气，其气势如长虹贯日一般，势不可当。大臣们全都在心中暗暗叹服，一位少时缺乏文化积淀的天子，能作出如此豪迈之作，可见朱元璋平日里在学问方面下了不少功夫。

除了徐渭和朱元璋，历史上还有很多人都写过逆挽诗，例如，唐伯虎、郑板桥等。每个人写的逆挽诗虽然题材不尽相同，但最后几句带给人的震撼感是相同的，这便是逆挽诗的强大影响力，于平淡中酝酿的激荡，总能带给长久的回味与思索。

祝枝山用春联戏谑钱财主

祝枝山是明代著名的文学家、书法家、诗人。他与唐寅、文徵明、徐祯卿被称为“江南四大才子”祝枝山出生在一个官宦世家，祖辈七代为官，在当时有着很高的社会地位。祝枝山天资聪颖，从小对诗歌文章很有天赋。5岁时，祝枝山开始学习诗词，9岁便能作诗，被当地人称为“神童”。

十几岁的时候，祝枝山博览群书，文采非凡。祝枝山虽然才华横溢，但是仕途却极为坎坷。他17岁中秀才，一直到32岁才考中举人，55岁才谋得一官半职。祝枝山曾经在广东省宁县做过知县，后来因为不满官场腐败的风气辞职还乡。

祝枝山不仅在文学上造诣颇深，在书法上也有很深的研究。他的书法集各家书法之长，吸收了唐代虞世南的精髓，还发展了元代赵孟頫的书法神韵。在行书方面，祝枝山将王羲之的行书和唐代怀素的草书融汇在一起，创新了一种新的狂草。祝枝山的书法独领风骚，是“明中期书法三大家”(另外两个人是王宠和文徵明）之一。

祝枝山是一个很风趣的人。他生性洒脱，豪爽直率，不拘小节。民间有很多关于江南四大才子的传说，很多是他们在江南游山玩水的趣事。祝枝山以足智多谋、能言善辩著称，在很多史料和戏剧中都有祝枝山的原型。其中，祝枝山以用春联戏谑财主的事情在当时家喻户晓，成为人们茶余饭后的趣谈。

一年除夕，有一个姓钱的财主想求祝枝山的墨宝，希望祝枝山能为他写一副春联。这位财主平日里十分骄纵，对人很是傲慢。这天，钱财主见到祝枝山一改往日的骄傲神态，笑着对祝枝山说：“祝枝山，我听说你很有才学，书法很好。过年了，你给我好好写副对联，写好了，我会重重赏你。”祝枝山听到财主这么说，并没有立即拒绝。他想，“这个钱财主平日里欺压乡里，搜刮百姓的钱财。人们对他都恨之入骨。今日让我帮他写春联，我可以借此机会教训一下他”。于是祝枝山就答应了钱财主的要求。他让书童准备好笔墨纸砚，大笔一挥为大门、二门分别写下了这样一副对联：

明日逢春好不晦气

终年倒运少有余财

此地安能居住

其人好不悲伤

钱财主的仆人将春联贴在大门和土门上。过往的人看了，都这样念叨：明日逢春，好不晦气。终年倒运，少有余财。大家觉得这副对联骂得妙极了。这件事情传到钱财主的耳朵里，他来到大门和二门一看对联，气得双眼通红。他指着祝枝山的鼻子说：“祝枝山，你如此大胆，公然戏弄本财主，我要去县衙告你。”说完就让人给县太爷送去三百两白银，将祝枝山扭送到衙堂上去。

县太爷收了钱财主的贿赂，也向钱财主保证会帮钱财主打赢这场官司。他升堂办案，准备将祝枝山好好惩罚一顿。看到祝枝山上堂，县太爷问：“祝枝山，你为何写春联辱骂钱财主?”祝枝山说：“大人，我没有辱骂钱财主，他是在诬告我。”县太爷一听，火冒三丈，把案一拍说：“你还想为自己狡辩吗？你自己看春联上写了什么?”

祝枝山坦然一笑说：“大人，我的对联是这么读的，明日逢春好，不晦气，终年倒运少，有余财；此地安，能居住，为人好，不悲伤。这个春联本是五三断句和三二断句。钱财主却读成了四四断句和二四断句。我并没有辱骂钱财主，是他在诬告我啊。”

县太爷听了，觉得祝枝山说得有理就让祝枝山回去了。钱财主不仅没有打赢官司，还白白赔了三百两白银，后悔莫及。

是谁写了《金瓶梅》

《金瓶梅》被许多人视为古今第一奇书，可是这部书里夹杂了太多露骨的性描写，所以又被视为“淫书之首”。自它问世以来，就被历代统治者列为禁书。《金瓶梅》与《水浒传》《三国演义》等名著完全不同。《水浒传》《三国演义》等书是早有故事传说和话本底稿在前，又经过施耐庵、罗贯中等人的艺术加工而最终成书，而《金瓶梅》却是我国历史上第一部由文人独立创作的小说。

说起来，《金瓶梅》与《水浒传》渊源甚深，因为它本就是作为《水浒传》的补书而创作的。《金瓶梅》的男主角是西门庆，全书故事就是以西门庆为线索一步步展开。所谓“金瓶梅”，其实就是书中的三个女主角：潘金莲、李瓶儿、庞春梅。

尽管有种种瑕疵，《金瓶梅》作为我国古代第一部现实主义杰作还是得到了许多人的赞扬，鲁迅等都曾说起它的各种好处，而曹雪芹写《红楼梦》也不能不说是受了它的影响。

《金瓶梅》的作者是兰陵笑笑生，这显然是个笔名。很多人都想知道这位启发了曹雪芹的文学巨匠到底是何人，但始终未果，成了文学史上的一个悬案。

目前能找到的最早版本的《金瓶梅》是万历丁巳刻本。此本中的《金瓶梅跋》的第一句话是：“《金瓶梅传》，为世庙时一巨公寓言。”沈德符《万历野获编》则说其为“嘉靖间大名士手笔”。因此很多人就将这书往当时的文坛领袖王世贞身上贴，说他就是兰陵笑笑生。

这个猜测不无道理，因为在现存的记录中，王世贞是最早的《金瓶梅》手抄本拥有者。

有人说，以王世贞的文坛地位，自然不会承认自己就是这部书的作者，所以要取一个“兰陵笑笑生”的笔名。甚至有人说，王世贞作《金瓶梅》显然不是为了以之载道，不过也绝非为了文学而文学，他真实的目的是为了报父仇。

传说，王世贞的父亲王忬得到了张择端的不世画作《清明上河图》。大奸相严嵩知道了这件事，就蛮横地伸手来要。王忬心里当然舍不得，就找人做了一个赝品送给严嵩。谁知这让一个行家给看了出来，严嵩大怒，最后将王忬迫害致死。

王世贞一心为父报仇，他得知严嵩的儿子严世蕃非常喜欢看黄色小说，于是就专门写就《金瓶梅》一书送给严世蕃。原来，王世贞早在《金瓶梅》的每一页上都涂上了少量的砒霜。严世蕃着魔似的、沾着唾沫翻看这书，自然祸从口入，当他看完全书，也就中毒身亡。

事情真是这样吗？这故事听起来未免太过机巧了。那王忬到底是怎么死的呢？原来，王忬曾抗击倭寇，屡立战功。因为严嵩里通倭寇，当时的兵部员外郎杨继盛弹劾严嵩，结果反被诬陷致死。王忬是站在杨继盛这边的，此后变成了严嵩父子的眼中钉。后来俺答汗率部来袭，直逼京城，严嵩借机奏报，说王忬防守不利，将他下狱砍头。

其实，早在1933年，才华初露的吴晗就写过一篇《〈金瓶梅〉的著作时代及其社会背景》。吴晗对史料进行梳理，证明了王忬并没有得到《清明上河图》，而严嵩的儿子严世蕃也并非是死于中毒。此文一出，鲁迅、郑振铎等文化界名人纷纷表示赞同，认定王世贞并非是《金瓶梅》的作者。一时间，“王世贞说”沉溺江底，再也无人提起。

不过，朱星先生和许建平教授都认为，吴晗只是证明了“王世贞为父报仇作《金瓶梅》说”的荒谬，但并未证明王世贞没有写《金瓶梅》，因此又重申“王世贞说”。

不过，也有人认为这兰陵笑笑生其实另有其人，他就是明代戏曲家、文学家屠隆。

首先，屠隆的籍贯虽是宁波人，但其祖上曾在兰陵待过。其次，屠隆曾用“笑笑先生”的笔名，这“兰陵笑笑生”岂非就是“笑笑先生”的变种？最后，也是最重要的，就是《金瓶梅》中的一段诗文，在屠隆的其他作品中也同样出现过！

如此说来，屠隆便是这千古第一奇书《金瓶梅》的作者兰陵笑笑生吗？持“王世贞说”的人提出了反对意见，他们说，王世贞主张“文必秦汉、诗必盛唐”，一生提倡复古，要他“借鉴”屠隆的诗文以“点铁成金”实在是再正常不过了。而且，《金瓶梅》中出现了大量的山东方言、华北方言和江浙方言。而山东、华北、江浙三地，王世贞都长期生活过，所以不太可能不会说当地的方言。

更重要的是，《金瓶梅》里有70多条太仓当地的方言。其中意指请客提前一天做准备、在书中多次出现的“落作”，是只有当地人才懂的土话。而“落作”的压轴菜“川糟鱼”，也是只有太仓才有的“菜名”。北方语系的作家可能知道“落作”“川糟鱼”这样的词汇吗？可能性极其渺茫。不仅如此，他们还拿出了一个似乎难以辩驳的细节证据。

关于《金瓶梅》的作者到底是谁，争论并没有到此结束。各路学者靠着自己的研究提出了层出不穷的“证据”，可是这些“证据”却带来了更多的疑问。不过，也许“兰陵笑笑生”到底是谁并不重要，重要的是众多学者在探究这一问题时所显示的学术功底和他们所采用的学术路径。他们或许永远也找不出“兰陵笑笑生”的谜底，但他们的这些方法对解决文史领域的其他问题却不无启发。

“弼马温”的确存在

在《西游记》里，孙悟空遭太白金星的愚弄，乐颠颠地做上养马喂料的“大官”：弼马温。后发觉上当，勃然大怒之下，一通金箍棒挥舞，搅得天宫上下鸡犬不宁。

这就是大家耳熟能详的“孙悟空大闹天宫”的故事，只因孙悟空曾担任过“弼马温”一职，在取经途中，总是被猪八戒和妖怪们取笑，可以说

“弼马温”这三个字是孙悟空心底的一个痛。

因为《西游记》是小说，所以就有人认为“弼马温”自然也是作者虚构的了。然而，让人意外的是，“弼马温”不仅确实存在，而且还大有来头呢！

那么，弼马温到底典出何方？

据史料考证，《西游记》虽是神话小说，但其中涉及的官职，都采用明朝的官制。但明朝管御马的机构是太仆寺，正职为太仆寺卿，副职为少卿，以及丞、主簿等，并没有“弼马温”这个职位。而且，不仅明朝官制中没有，任何一个王朝的官制中，都没有“弼马温”这个职位。

但这些都不能证明它是虚构的，其实答案可以在宋元明时期的民俗生活中找到。

弼马温实际就是“避免马瘟疫”的谐音。宋元明时期，民俗中有猴子可以避免马得瘟疫的说法，所以为了使马匹健壮，养马者往往在马厩旁养几只猴子。宋朝笔记《夷坚志》中说：“养马，常蓄猕猴于外厩，俗云与马相宜。”明代也有记载说：“置狙（猴子）于马厩，令马不疫。”另外，明人赵南星所撰文集中说：“《马经》言，马厩畜母猴辟马瘟疫，逐月有天癸流草上，马食之永无疾病矣。”意思是说，母猴每月来的月经，流到马的草料上，马吃了，就可以避马瘟。

吴承恩让孙猴子去管马，恰恰说明他拥有渊博的历史、生活知识。考古学家在四川成都西郊曾家包的东汉墓葬中，发掘出一块《机织、酿酒、马厩、兰绮图》画像石，上面刻有一匹膘肥壮实的马，立于槽旁的一根立柱上悬系一只猴子，屈身面向着马，姿态生动。这说明我国古代的马厩养猴避马瘟的做法由来已久。这样做大概是因为猴子天性好动，这样可以使一些神经质的马得到一定的训练，使马从易惊易怒的状态中解脱出来，对于突然出现的人或物以及声响等不再惊恐失措。这可使马夜间多吃草料而营养充足，身体自然健康，马就不容易生病了。

让西方人刮目相看的火箭

“神五”“神六”的成功飞天，令世人瞩目，但也许你无法相信，数百年前的明代已成为中国古代火箭技术运用的全盛时期。

“火箭”一词最早见于《魏略》，魏明帝太和二年（228 年），蜀国出兵攻打陈仓（今陕西宝鸡市东），《魏略》中记载魏军“以火箭逆射其云梯，梯然（燃），梯上人皆烧死”。当然，这个“火箭”与我们当今社会的火箭的武器原理是完全不同的，它只是在箭杆上捆绑一些易燃物，然后弓弩发射，进行纵火。

到了北宋时期，民间出现了一种观赏物品，利用燃气反作用力推动的火箭“起火”，这应该就是早期的烟花爆竹。

到了南宋初期，这一推进技术开始用于军事，在普通箭杆上捆绑一个火药筒，发射时用引线点燃火药，燃气从尾部喷出，产生反作用力推动火箭前进。最早的军用火箭便由此产生。虽然构造简单，但组成部分却很完整，具备了现代火箭的雏形。

此后，火箭技术不断提高，到了明朝时期，火箭技术已经非常完善，不仅有单支火箭，还先后出现了并联火箭、有翼火箭、多级火箭和多发齐射火箭等多种武器装备。

明初，燕王朱棣于河北的白沟河同建文帝的部队作战时，遭到“一窝蜂”火箭的袭击。“一窝蜂”是一种多发齐射火箭，事先将 32 支火箭的引线全部连在一根总线上，点燃总线，所有火箭同时齐射。这是中国最早将“喷气火箭”用于战争的记载。

此后，火箭的种类越发繁多，如“震天雷”（《武备志》记载它可以依靠自身装药燃烧推进）、“火龙出水”（《武备志》记载，“火龙出水”专用于水战。竹筒制的龙内装火箭，外装“起火”。“起火”将龙身射至空中，又点燃龙身内的火箭，于是火箭再次射出)、“神火飞鸦”(外形如乌鸦，用细竹或芦苇编成，内部填充火药，鸦身两侧各装两支“起火”，“起火”的药筒底部和鸦身内的火药用药线相连。作战时，用“起火”的推力将飞鸦射至100丈开外，飞鸦落地时内部装的火药被点燃)、“飞空砂筒”“万人敌”等。

大约14世纪末，一个叫万虎的中国人设想是否可以依靠火箭的推进力将自己送上天空，于是在一只椅子上捆绑了47支大火箭。结果当然没有成功，万虎也因此而失去了性命，但这是人类历史上最早的载人火箭。

到了16世纪，名将戚继光抗倭，创制了飞刀箭、飞枪箭、飞剑箭三种喷气火箭，统称“三飞箭”。这三种火箭在戚家军水兵营的10艘战船上装备了2000多支，在车炮营、骑兵营和步兵营中，共装备了4760支，平均每人4支。装备之精良，在世界军事史上都是空前的。

戚家军还常将多个火箭筒固定在火箭车上发射，一次可射几百支乃至上千支火箭，是后世火箭炮车的前身。戚继光在北方守备东段长城时，至少装备了40辆火箭车，之后，西方才出现火箭炮车。

军事技术家还创制了“神火飞鸦”与球形带双翼的“飞空击贼震天雷”两种“有翼式火箭”，是破阵攻城的利器。后来的导弹可以说是这种火箭合乎逻辑的发展。

明代后期还创制了神奇的“火龙出水”等二级火箭。发射时，先点燃龙身下部的4个火药筒，推进火龙向前飞行。当起飞火箭的火药线燃尽时，龙身内的神机火箭即被引燃，从龙口射向目标。它既可以射向天空，也可以用于水战。此外，当时还创制出三种可返还、可回收的二级火箭“飞空砂筒”，把古代火箭技术推进到高级阶段。

从史料记载来看，明朝时期，我国的火箭技术是世界最先进的，从数量到质量都领先世界二百余年，对世界火箭发展做出了重大贡献。

清朝

云谲波诡的清廷秘谈

努尔哈赤为何让爱女嫁有妇之夫

绝大多数父亲都不愿意女儿嫁给一个老男人，尤其是和自己年纪相当的人，大名鼎鼎的努尔哈赤，就是一个例外，他把自己最疼爱的长女许配给了一个有妇之夫，她便是努尔哈赤原配所生的东果格格（后被册封为“固伦公主”），她生于万历六年（1578 年）2 月 22 日，不仅是长女，而且是努尔哈赤 16 个子女中最长者。她聪明伶俐，深得努尔哈赤的喜爱，现在被嫁给一个 27 岁的有妇之夫，还做其侧室，实在是让努尔哈赤很心痛。不过，好在这一场政治联姻，成果还是显著的。

这个有妇之夫叫何和礼，是建州女真五大部落之一栋鄂部落的首领。何和礼武艺高强、为人正派、内敛而富谋略、胆识过人。而且他率领的栋鄂部落实力强大，兵精马壮，身经百战，经验颇丰，如此一个猛将在面前，努尔哈赤不禁对他又欣赏又忌讳。如果让他归顺于自己，那就是如虎添翼，统一女真的大业便指日可待了；而如果他与自己不同心，必将成为统一大业的一大阻碍。所以，必须把他拿下。和亲，用姻亲关系把他套牢。

努尔哈赤是一个很有政治见解的人，他认为不能一开始就直接和亲，不能让对方觉得自己很卑微，得慢慢行事。万历十六年（1588 年）4 月，努尔哈赤纳海西女真哈达贝勒王台的孙女纳喇氏为妃，欲前往迎娶。趁此机会，努尔哈赤便邀何和礼来参加，想要与其多接触接触，加深感情。这条迎亲路，果真成为二人的友谊之桥。

两人得以长时间近距离接触，互相对对方都更加了解，也更加欣赏。何和礼敬仰努尔哈赤的雄才大略，礼贤下士，认为他将来必为英主。何和礼“性宽和，识量宏远”，正是努尔哈赤最需要的将才。二人越聊越投机，这为之后的和亲埋下了伏笔。

之后，努尔哈赤邀请何和礼到佛阿拉城（今属辽宁新宾永陵镇），并以贵宾之礼相待。这一次会晤，两人纵论古今，推心置腹，相谈甚欢。投机之时，努尔哈赤趁机向他表露出招纳之意，希望何和礼能与自己合兵一处，共同统一女真，进而统一全中国。

何和礼欣然应允了，并迅速率领本部军民万余人马投奔努尔哈赤，正式归附努尔哈赤。这一下，努尔哈赤心里乐开了花，对何和礼更加刮目相看，既然人家这么仗义，为了表示自己的诚意，努尔哈赤决定把自己的长公主许配给他，而且，一旦姻亲关系确立，双方关系就更加稳固了。

努尔哈赤向何和礼提亲后，把何和礼吓了一跳，他急得满脸通红地说：“感谢您的好意，但我恐怕受不起啊！我家中已经有了妻儿。”努尔哈赤心意已决，说道：“这有什么不合适的，哪个首领不是妻妾成群的。我的女儿嫁给你做偏房，你还不愿意吗？我是真心欣赏你，看你有出息，才想把女儿嫁给你。而且我们两部联姻，合兵一起，我们也能更好地打天下、创大业。”

经不住努尔哈赤的再三劝导和好意，何和礼忐忑不安地接受了和亲，努尔哈赤为他们举行了隆重的婚礼。何和礼一直担心自己的妻子知道后会冲动行事，果真，他的妻子知道后，愤怒至极，率领留在栋鄂部的人马，杀向佛阿拉城的婚礼，要与何和礼决战。

何和礼的妻子赛堪不仅人长得漂亮，还武功高强，骑射功夫一流，且擅长统兵征战，是个不让须眉的巾帼。性子刚烈的赛堪听说丈夫在外又娶了别人，一时火冒三丈，不听任何解释就要去向丈夫讨个公道。

一番打斗后，赛堪输了，被绑进殿，努尔哈赤和颜悦色地走过来，给她松绑赐座，还叫人上茶，他说："这事儿没有事先通知你，我做得有点不对，你不要责怪你的丈夫，要怪就怪我吧。你要恨我，骂几句我也听着。"

努尔哈赤的态度让赛堪愣了一下，这个大首领不像是欺人的霸王。努尔哈赤又说："我把女儿嫁给你丈夫，是要通过联姻的方式把我们的部落与你们的部落联合起来，壮大实力，一起干大事业。和亲只是一个形式，我不想霸占你的丈夫，我的女儿只当个侧室，不会影响你的地位，你把她当妹妹看就行。"说完，他命人将东果格格叫到殿上来。10 岁的东果格格，就是个连蹦带跳的小孩子，赛堪看后心想自己与她吃醋，真是有失风度。于是，她接受了和亲。

何和礼成为努尔哈赤的女婿后，自然更加忠心辅佐努尔哈赤，努尔哈赤也对其信赖有加，所有军政大事，都会先与他密议，然后再付诸实施。何和礼足智多谋，深谋远虑，深沉稳重，很少有失误之时，努尔哈赤对他尤为信任，他成为努尔哈赤的第一亲信，努尔哈赤越来越离不开他，便特命在赫图阿拉城内北城城墙外的高埠台地上，为何和礼营造了额驸府。额驸府离努尔哈赤的宫府很近，两人随时可以面见，商谈大事。

在何和礼的辅佐下，努尔哈赤最终统一了女真，南下征战节节获胜。万历四十三年（1615 年），努尔哈赤正式建立满洲八旗制度，何和礼及所部被编入正红旗。忠心耿耿的何和礼，跟随努尔哈赤起兵一直到死，始终团结一致，为大清国立下了汗马功劳。

可见，努尔哈赤的这次和亲之举，绝对是一个英明的决策。

董小宛不是顺治皇帝的董鄂妃

秦淮名妓董小宛，色艺双全，名满金陵。她与“复社”中的书生冒襄（即冒辟疆）一见钟情，双双遁迹杭州，结成夫妻。顺治二年（1645 年），清兵攻陷杭州，董小宛被掳掠，献给清世祖顺治皇帝。顺治帝对董小宛恩宠有加，未过多久，董小宛被封为淑妃，为六宫粉黛第一美人。然而，董小宛红颜薄命，顺治帝悲痛欲绝，感到人生虚无，万物皆空，也无心再做皇帝，就遁入山西五台山，削发披缁，皈依净土。

世人认为，董小宛就是顺治的爱妃：董鄂妃，顺治帝对董鄂妃的感情是非常深厚的，都说顺治皇帝就是为了她而出家的。

那么，董小宛是不是董鄂妃呢？

在历史上，董小宛确有其人。

董小宛名董白，除了“小宛”，她还有一个号“青莲”。她和陈圆圆、柳如是、李香君、顾眉、朱无瑕、赵令燕、马湘兰等，都是明末的名妓。她出生在明天启四年（1624 年），到崇祯十七年（1644 年），作为早已艳名远播的美女，她已经 20 岁了。

此时的顺治皇帝，他的年纪最多也超不过七岁（因为直到七八年之后，14 岁的小皇帝才够年龄册立他的第一位皇后）。

真正的董小宛在崇祯末年便从良了，当时她 20 岁。她的丈夫冒辟疆，与方以智、陈贞慧、侯方域一起，被称为明末的“江南四公子”。冒辟疆是江苏如皋人氏，名襄，号巢民。明朝灭亡之后，他便隐居乡里，终生不仕。才色双绝的名妓，嫁给颇具民族气节的名流公子，这段姻缘还是十分般配的。在顺治十一年（1654 年），一代名妓死在水绘园影梅庵家中。

董鄂妃，据《清史稿·后妃传》记载：“孝献皇后董鄂氏，内大臣鄂硕女，年十八入侍。上眷之特厚，宠冠后宫。”就是说董鄂氏（后来的董鄂妃）是内大臣鄂硕的女儿，18岁入宫，受到顺治的宠爱。当董小宛去世的时候，董鄂妃刚刚年满13岁。

从中可以看出，董小宛嫁给冒辟疆后，两人生死与共，没有分开过，董小宛死后，冒辟疆还写了一篇《亡妾董小宛哀辞》悼念她，文章中有“今幽房告成，素疢将引，谨卜闰二月之望日，安香魂于南阡”的记载。据时人记载，冒辟疆把她葬在影梅庵，所以董小宛不可能到宫里去当顺治帝的妃子。

显而易见，董小宛和董鄂妃根本不是一个人。

那么，为什么民间传说会将董小宛与董鄂妃拉到一起了呢？可能是因为她们俩的姓中都有一个“董”字，二人又都是倾国倾城的绝色佳人。一些文人在编写野史时，为了使情节离奇、有吸引力，于是便采用了移花接木的手法，将董小宛说成是董鄂妃了。

董小宛是江南名妓，有着一段不凡的经历，顺治又是个重感情的皇帝，有段缠绵的感情史。这种情况到了文人的笔下，添枝加叶，杜撰出许多无根由的情节来，于是一个个具有传奇色彩的故事便诞生了。

鳌拜也曾忠勇过

近年来，随着各种清代题材历史剧的热播，康熙智擒鳌拜的故事成了人们津津乐道的话题，鳌拜也以大奸臣的形象家喻户晓。实际上，鳌拜后期虽然对皇帝飞扬跋扈，但想当年鳌拜的确是个忠勇之臣。早年南征北战，屡建奇功，忠于故主，始终不渝，是功臣也是忠臣。这是他不该被抹杀的功绩。

鳌拜，生年不详，卒于康熙八年（1669年），满洲镶黄旗人。鳌拜出身将门，精通骑射，从青年时代起就效力军中，屡立大功。他曾跟随清太宗皇太极攻察哈尔部、征朝鲜，均有战绩。

在皮岛之战中，鳌拜主动请缨，并与准塔一同向阿济格立下军令状：“我等若不得此岛，必不来见王。誓必克岛而回。”胜败关键时刻，鳌拜第一个冲向明军阵地，冒着炮火与敌人展开近身肉搏。清军遂一举跟进，攻克皮岛。

在松锦会战中，鳌拜冲锋陷阵，一马当先，五战皆捷，因功晋爵一等梅勒章京。

顺治元年（1644 年）10 月，鳌拜随靖远大将军英亲王阿济格取道陕北，攻陷四城，降 38 座城，随即挥师南下，直逼西安。李自成被迫放弃西安，退往湖广。阿济格奉旨率军剿除“流寇余孽”，鳌拜等遂分翼出师，水陆并进，于河南邓州和湖北承天、德安、武昌等地前后 13 战，重创大顺军。

打垮李自成之后，顺治三年（1646 年）正月，鳌拜又随肃亲王豪格等率军进攻张献忠大西农民军。鳌拜再次充当先锋，率领先头部队前往狙击。两军相遇，鳌拜等人又是身先士卒，往前猛冲。狭路相逢勇者胜，昔日威风一时的大西军抵挡不住而溃败，张献忠也于此役中被杀。打败大西军主力之后，鳌拜等又继续深入，基本上肃清了四川一带张献忠余部。击破大西军，鳌拜实居首功。

由上可见，鳌拜早年无论是在关外与明军的反复交锋中，还是在入关定鼎中原后巩固统治的大小战斗中，出生入死，转战南北，都立下了汗马功劳，是当之无愧的清初开国功臣。

鳌拜不仅是战场上的一员骁将，也是皇太极忠心耿耿的心腹。崇德八年（1643 年）八月初九，皇太极逝世，满洲亲贵在帝位继承上出现矛盾。皇太极长子肃亲王豪格与皇太极之弟多尔衮争立。皇太极生前统领的正黄旗与镶黄旗拥立豪格，而多尔衮自领的正白旗与镶白旗则拥立多尔衮。双方争持不下，形势极其严峻。

镶黄旗护军统领鳌拜手握重兵，与两黄旗的其他大臣索尼、谭泰等八人会集于豪格府邸，“共立盟誓，愿死生一处”，密谋拥立肃亲王为帝。鉴于当时紧张的局势，鳌拜等严加戒备，密令兵丁守卫门禁，以防不测。

八月十四日，代善于崇政殿召集会议讨论继承人选。鳌拜于当天清晨与两黄旗大臣盟誓于大清门，坚决拥立先帝（皇太极）之子，并命两旗精锐护军全副武装环卫崇政殿，做好了不惜兵戎相见的准备。当会议争论不休时，鳌拜与效忠于皇太极的一批将领纷纷离座，按剑而前，齐声说道：“我们这些臣子，吃的是先帝的饭，穿的是先帝的衣，先帝对我们的养育之恩有如天高海深。如果不立先帝之子，我们宁可从死先帝于地下！”在这种形势下，多尔衮不得不做出让步，提出拥立皇太极第九子 6 岁的福临继位，由自己和郑亲王济尔哈朗一同辅政。这一折中方案最终为双方所接受。

顺治亲政后闻知鳌拜、索尼等人曾经盟誓“一心为主，生死与共”，忠心耿耿，遂对鳌拜极为敬重，视为心腹重臣。从此，鳌拜随侍顺治身边，直接参与管理国家各类事务，如商讨本章批复程序、联络蒙古科尔沁部、协和太后与皇帝之间的关系、祭奠过世王公嫔妃、协助会审案狱，并倡议“大阅以讲武”，自教武进士骑射，等等。

应该说，鳌拜对顺治帝还是忠心耿耿的。正是由于这个原因，顺治对他也十分关心和信任。顺治十三年（1656 年），鳌拜旧伤复发，卧床不起，顺治亲临鳌拜府邸去看望慰问。顺治十四年（1657 年）冬，孝庄太后病重，顺治朝夕侍候。鳌拜昼夜于宫中侍候，都顾不上自己休息吃饭，深得顺治帝的赞赏。

鳌拜忠心事主，始终不渝，在皇太极去世后坚决拥立其子为皇位继承人，甚至不惜兵戎相见，最终争得福临继位。他为此与睿亲王多尔衮结下怨仇，在后者摄政期间，多次遭受残酷打击，三次论死。

故主皇太极既已去世，其子福临也得以即位，鳌拜此时完全可以为谋求个人利益而攀附多尔衮，这在古往今来的官场上是司空见惯之事。但鳌拜面对如此险恶处境，仍然不屈不挠，始终没有迎合多尔衮。就此而言，鳌拜作为清初一员骁将，其性格是耿直倔强、敢于抗争的。他对故主皇太极忠心耿耿，一片赤诚，而对顺治也始终坚守臣节，称得上是一个难得的忠义之臣。在目前热播的影视剧中，鳌拜给人们留下的都是骄横跋扈、贪婪不法的奸恶形象，他忠贞耿直的这一面则鲜为人知。

令人惊而色变的雍正密折

故宫里现存雍正朝数万件原始秘档，其中最多的是详加批点的密折。雍正帝借助密折制度把自己的触角伸向各地，无处不及。

所谓秘密奏折，就是折子报皇帝亲拆御览，皇帝用朱笔批于折后，然后再密封发还给原奏人，所有内容只有君臣二人知晓。臣子得到朱批，会根据朱批上的指示行事。清朝的很多皇帝都善于利用朱批激励朝臣。对于臣子来说，这是一种激励也是一种荣誉。

雍正刚登基，便下了一道有关密折的谕旨。在他钦定的规章里，从缮折、装匣、传递、批阅、发回本人，再缴进宫中，都有一定的程序。按照密折的内容，分别规定用素纸、黄纸、黄绫面纸、白绫面纸四种纸缮写，并使用统一规格的封套。密折须本人亲笔，臣工缮写完后，加以封套、固封，装入特制的折匣，用宫廷锁匠特制的铜锁锁住，并派专人送达。

对于官员来说，上书密折是一个与皇上交流的机会。雍正之前，只有中央派到地方上的常设官员，如江宁、苏州织造等有权密奏。康熙一朝密奏者只有百余人，而雍正朝却达 1100 多名，逐步扩大到各省督抚、藩等。然而，雍正朝的密折不但用来陈事，还用来荐人。他给官员授权，允许越境奏事，可以越级监视，上下牵制。

雍正的朱批，嬉笑怒骂，极有个性，他驾驭臣子尤其擅长恩威并施。并且，通过这些常人喜怒哀乐的一面，我们可以更全面地了解雍正。他的朱批很多是带着情绪色彩的，如表示喜悦之情的折子：“好事好事！此等事览而不嘉悦者除非呆皇帝也!”“李枝英竟不是个人，大笑话！真笑话！有面传口谕，朕笑得了不得，真武夫矣。”

有安慰朝臣的朱批：“真正累了你了，不但朕，怡亲王都心疼你落眼泪。阿弥陀佛，好一大险!”有痛骂臣子的：“你是神仙吗？似此无知狂诈之言，岂可在君父之前率意胡说的!”还有一些表达真挚情感的朱批，如：“朕就是这样汉子！就是这样秉性！就是这样皇帝！尔等大臣若不负朕，朕再不负尔等也。勉之!”“凡请外用大臣陛辞，朕不忍别，至于落泪者，唯卿一人耳。”雍正皇帝的朱批将自己的情感淋漓地展现出来，让我们认识到了他的另一面。

大臣们面对雍正的朱批更是很谨慎地对待，对于皇帝的责备更加严于律己，对于皇帝的安慰和关怀更是感激涕零。他们对皇帝更加忠心耿耿，鞭策自己更加上进敬业。

臣子向皇帝上奏密折的行为，一直延续到清朝末年。鸦片战争期间，英法联军在广州缴获了一些两广总督耆英写给道光皇帝的密折，其中一些侮辱洋人的语言让英国人怀恨在心。后来耆英在谈判时遭到英国人的当面羞辱，中途离去，结果以失职罪被皇帝赐自尽。

纪晓岚是否与和珅斗法

关于纪晓岚与和珅的电视剧不断被推出。在剧中，乾隆皇帝和两个爱臣打成一片，纪晓岚时时不忘捉弄一下和珅，让他在皇帝面前出尽洋相，又每每能化险为夷，成功避开来自和珅的报复。剧中的纪晓岚正直、英俊、机智、洒脱，与油腔滑调、不学无术的和珅形成了鲜明对比。观众在忍俊不禁的同时也无不深感痛快。

可是，历史上纪晓岚真的与和珅处处作对吗？《铁齿铜牙纪晓岚》反映了真实的历史吗？

查阅史籍，可以发现《铁齿铜牙纪晓岚》的剧情情节与史实有几处出入：

第一，据史书上记载，纪晓岚“貌寝短视”。所谓“寝”，就是相貌丑陋；所谓“短视”，就是近视眼。跟纪晓岚打了 10 年交道的朱珪曾经有诗这样描述他：河间宗伯姹，口吃善著书。沉浸四库间，提要万卷录。从诗中得知，纪晓岚还有口吃的毛病。原来，纪晓岚不仅比较丑，还有近视眼、口吃，这些与银屏上风流倜傥的纪晓岚形象，颇有些不同。

而令人大喊意外的是，和珅在当时被称为“满洲第一美男子”，据说他身材颀长、眉清目秀，不仅是个标准的美男子，而且还是一个聪明绝顶、出口成章、处事机敏的干练之材；而且很会理财、敛财，精通满、汉、蒙、藏四种语言，平时巧答应对、处理政务干练决断，都甚合乾隆心思，并不是影视剧中所展现的那个又矮又肥的胖子形象。

第二，在影视剧中，纪晓岚和乾隆皇帝之间的君臣关系表现得十分融洽，乾隆对纪晓岚十分信任。于是我们都得出一个结论：纪晓岚是乾隆皇帝的“爱臣”。其实，这是一个误会。

乾隆是中国历史上有名的“圣主”，也是一位自小生长在深宫的皇帝，有很多独特的喜好。比如，乾隆对身边的近臣有他自己的一条选择标准，首先必须机警敏捷、聪明干练，并且要相貌俊秀、年轻漂亮。这样的例子很多，例如，和珅、王杰、于敏中、董诰、梁国治、福长安等人，都是数一数二的“美男子”。

而相貌丑陋的纪晓岚遇上乾隆，即便他再才华横溢，也难得到真正的重用，难以参与重大的政治决策，只能以文字安身立命，即他只能做乾隆的“词臣”，而难以做乾隆的宠臣、重臣。纪晓岚一生中两次任乡试考官，六次任会试考官，三次任礼部尚书，均是这种际遇的体现。这种官职并无重权、实权，纪晓岚一生没有当过真正有实权的官。

其中，有一件事可以证明乾隆对他的态度：一次乾隆派他出任都察院，他因判案不力，本应受罚，乾隆却说：“这次派任的纪晓岚，本系无用腐儒，本来只不过是凑个数而已，况且他并不熟悉刑名等事务，又是近视眼……他所犯的过错情有可原。”可见纪晓岚在皇帝心里的地位。相反，和珅却得到了乾隆的青睐，官至军机大臣、大学士。

所以，纪晓岚无法与权臣和珅斗法，因为不是一个“重量级”，而且纪晓岚也没有与和珅为敌的意愿。因为与和珅作对的人，都没有什么好下场，贬官的贬官，流放的流放，杀头的杀头。

第三，在电视剧中三个人的年龄看上去差不多，这一点也不符合历史实际。

据载，和珅的生卒年是（1750～1799 年），纪晓岚是（1724～1805 年），纪晓岚要比和珅大 26 岁，纪晓岚考中进士的时候和珅才出生，等到和珅飞黄腾达的时候，纪晓岚已经 60 多岁，他俩基本上没有同朝为官。

综上所述，纪晓岚不可能也没有资格与和珅斗法。

打破三项皇帝纪录的皇帝：乾隆

电视剧《还珠格格》为我们展现了一个文韬武略、大气豪迈、智勇双全、风流多情的乾隆皇帝。在康熙和雍正打下的良好基础上，乾隆皇帝把康乾盛世推向了顶峰。开疆扩土，平定动乱，壮大版图，修《四库全书》，建三山五园……事迹颇丰的他曾大言不惭地说自己是“十全老人”。皇帝都有些自恋，我们姑且不去仔细清算他到底是不是十全，但是我们不得不知道乾隆打破了三项皇帝纪录，这可是史上没有的。

第一项记录就是当政时间最长。乾隆属兔，过完第二轮本命年之后便接雍正的班，登基成帝，在位 60 年，后又作太上皇 4 年，实际执政 64 年，成为中国所有皇帝中掌权时间最长的人。他的爷爷康熙，在位 61 年，而且幼年时间由索尼、鳌拜等四个辅政大臣主政，直至 16 岁才最终掌权，所以实际掌权时间是 53 年。除了乾隆和康熙，第三名竟然是女皇武则天，她 32 岁做皇后，开始实际干预朝政，直至 82 岁病逝，掌权时间达 50 年之久。

第二项纪录即是他的年龄。乾隆其终年 89 岁，是个绝对的耄耋老人，为历代皇帝长寿之首。

最后一项纪录是他不仅安享荣华富贵，还特别注重精神文化享受。多情浪漫的他极其爱好诗歌，如果他不是皇帝，也许就会成为一代大诗人。他的一生，都在写诗。他在登基前就写有《乐山堂全集》诗集，禅位后又有《御制诗余集》。

疑窦重重的官场新证

自称“奴才”地位高

细心的观众在看《铁齿铜牙纪晓岚》时可能会发现，和珅在皇帝面前自称“奴才”，而纪晓岚却自称“臣”，为什么会有不同呢？会不会是编导按剧情的需要故意丑化和珅呢？

按现代人的眼光，“奴才”的地位肯定要比“臣”的地位低，但是，和珅是满族人，纪晓岚是汉族人，在当时的历史情况下，汉人应比满族人地位低，这是怎么回事，难道编导弄错了？

很久以前，“奴才”一词，本是古代北方游牧民族的一句骂人话，意为无用之人，只配为奴，故又写作“驽才”，当时中原并没有这种说法。

“奴才”一词，虽含鄙意，却在清朝典章制度上有着一个特殊的位置。清朝规定，给皇帝上奏章，如果是满臣，便要自称“奴才”；如果是汉臣，则要自称“臣”。汉臣如果自称为“奴才”就算是“冒称”，就是说，汉人称自己为“奴才”是不够资格的。

在乾隆三十八年（1773年），满臣天保和汉臣马人龙共同上了一道关于科场舞弊案的奏折，因为天保的名字在前，便一起称为“奴才天保、马人龙”。乾隆皇帝看到奏折后，大为恼火，斥责马人龙是冒称“奴才”。于是，乾隆皇帝作出规定："凡内外满汉诸臣会奏公事，均一体称'臣'。"这个规定，目的就是不让汉臣称"奴才"，为此，宁肯让满臣迁就汉臣也称"臣"。

满族人入关前，大体处于奴隶制向封建制过渡的社会，虽然占据了中原，但奴隶制的胎记并未完全退去，即使到了晚清，满洲人内部仍保持着很浓厚的奴隶制习气，主奴之间等级森严。这个习惯反映到典章制度上，便是满臣奏事时要自称"奴才"。满臣自称"奴才"，不仅表示自己是皇帝的臣子，更表示自己是皇帝的家奴；而汉臣则没有满族人传统的主奴关系，所以也就只有臣子的身份，也就不能称"奴才"。正因为这个原因，马人龙奏事时自称"奴才"，便被认为是冒称。

原来，在满族人的眼里，"奴才"要比"臣"金贵得多。"奴才"，实际是一种满族人主奴之间的"自家称呼"，非"自家人"的汉人是没有资格这样称呼的。

鲁迅先生的杂文《隔膜》里的一段话，也印证了这个问题，他说："满洲人自己，就严分着主奴，大臣奏事，必称'奴才'，而汉人却称'臣'就好。这并非因为是'炎黄之胄'，特地优待，赐以佳名的，其实是所以别于满人的'奴才'，其地位还下于'奴才'数等。"

理解了两者之间的差别，才能更深刻地理解那段历史。

刘墉不是罗锅儿

现在很多电视剧中，在剧作家的安排下，刘墉和大贪官和珅成了死对头和欢喜冤家。和珅在他面前总是显得笨手笨脚，经常弄巧成拙，想算计人却反遭算计。乾隆皇帝对他又爱又恨，又有点无可奈何。这个人物寄托了中国老百姓太多的理想和愿望，他是智慧的化身，也是正义的化身，甚至连他的罗锅儿也让人不但不觉其丑陋，反成为他的标志性特征。

其实，历史上的刘墉不可能是罗锅儿。因为，在封建社会，选官向来是以“身、言、书、判”作为首要条件的。所谓身，即形体，需要五官端正、仪表堂堂，否则难立官威。所谓言，即口齿清楚、语言明晰，否则有碍治事。所谓书，即字要写得工整漂亮，利于上级看他的书面报告。所谓判，即思维敏捷、审判明断，不然便会误事害人。在这四条标准之中，“身”居首位，是最重要的。刘墉系科甲出身，必在“身言书判”四方面合格，方可顺利过关。因此可以肯定地说，刘墉不会是“罗锅儿”。姜纬堂先生早在 1996 年时，就曾在《北京晚报》上专门撰文《刘墉绰号“罗锅”考》，指出过这一点。

另外，按照当时的科举制度，举人应会试三科不中者，还可以应“大挑”一科。这一科不考文章，全是以貌取人，标准是“同田贯日身甲气由”八个字。“同”指长方脸，“田”指四方脸，“贯”指人的头大而身体直长，“日”指身体端直而高矮肥瘦适中，这四个字是好字，符合者才有中选的可能；“身”指身体不正，“甲”指头大身子小，“气”指一肩高耸，“由”指头小身子大。这四个字是不好的字，沾上一个就会落选。清朝选官如此重视相貌，若刘墉是罗锅儿的话，又怎有可能被选上？由此可以推出：刘墉即使算不上仪表堂堂，但也不至于是个残疾人。

史书上记载，嘉庆帝的确称过刘墉为“刘驼子”，但是刘墉当时已年届 80，80 岁的老头难免会有些驼背弯腰，但是如果以此认定刘墉年轻时即为“罗锅”，或者以为他生来就是个“罗锅”，那就不准确了。

清朝考生也作弊

科举制度是我国历史上的官员选拔制度，它始于隋，止于清末，前后历经一千多年，为朝廷选拔、输送了许多优秀人才。

令人意想不到的是，作弊并非现代独有。在古代，就有许多学子禁不住“十年寒窗无人问，一举成名天下知”的诱惑，研究出了各种各样的考场作弊手段。这些作弊手段与现今的高科技相比，一点儿都不逊色。

如天津一青年收藏了一套完整的清朝道光年间考试作弊工具。这套作弊工具共9卷本，均长4.5厘米，宽3.8厘米，厚0.5厘米。每卷本内有10余篇文章，共10多万字，并配有一双可藏匿卷本于鞋内底层的加厚底男布鞋。让人称奇的是卷本内文字约有1毫米见方，通过牛角刻版印刷而成，可见当时作弊手段高超，并形成规模。

另外，在一场拍卖会上，出现了一件清朝末年间的“作弊坎肩”，在坎肩上面，有用毛笔抄写的“四书五经”。

坎肩看上去是用麻布做的，尺寸不大，可以推测这件坎肩的主人并不胖，个头也就一米七左右。但有一点是可以肯定的，他的眼神一定特别棒。坎肩上的字最大也不过三四毫米宽，有观众试图辨认一下，结果读两个字就串行了。

现场还出现另外两件“挟带品”，都是一尺见方的绢，上面同样抄满文字，其中一块正反面都是字，而且字体更加小。据有关专家说，这样的“挟带”以前听说过，但是将“挟带”做成坎肩儿样式的极为少见，目前存世则更为稀少。从这3件“挟带”上可以看出，清朝末年的政治腐败，为了仕途各位举人可谓煞费苦心。

这些作弊器具让今人大跌眼镜，手艺之精，用心之巧，令人叹为观止。

林则徐暴死之谜

林则徐是清朝末期的爱国政治家。史学界说他是近代中国“开眼看世界第一人”。林则徐是福建福州人，年轻的时候，曾经与龚自珍、魏源等人提出经学致用，主张学习西方学说来壮大自己。道光年间，林则徐出任盐运使、江宁布政使，后来出任江苏巡抚、湖广总督等官职。

林则徐为官最突出的政绩是虎门销烟。1837 年，林则徐出任湖广总督。当时英国殖民者为了扭转中英贸易逆差，开始向中国输入鸦片，对中国人民毒害至深。爱国的林则徐主张禁烟，并且得到了道光皇帝的支持，他封林则徐为钦差大臣前往广东查禁鸦片。于是，这一次硝烟活动震惊了中外的统治者。

1840 年，第一次鸦片战争爆发，清政府战败议和。除了割地赔款之外，英国还提出了一个要求，就是必须罢免林则徐的官职。道光皇帝无奈，将林则徐充军新疆伊犁。咸丰皇帝即位后，重新启用林则徐。1850 年，清政府为剿太平军，再任命他为钦差大臣，督理广西军务。在赴任途中，于 1850 年 11 月 22 日暴卒于潮州普宁县行馆。事后，人们提出了疑问：他是病故，还是被人暗中毒害而亡呢?

林则徐在新疆长期居住，身体一直不太好。一路行至广州的普宁时，林则徐卧病在床。

当时，林则徐突然患病不能成行，幕僚刘存仁差人飞骑到潮州，请名医诊治。三天后，林则徐病情好转，感到腹中饥饿，儿子林聪奕急忙令人到厨房传饭。片刻工夫，新来的厨子端来了一碗林则徐平时最爱吃的鸡丝小米粥。他吃完小米粥，觉得味道跟以前不一样，这才想起这个厨子是他在广州查禁鸦片时，衙门里雇来的厨子郑发。自己充军后，他去替洋人做饭，怎么今天到这里？急忙命人去传，郑发已不知去向！

是夜，林则徐腹泻不止，药石不灵，第四天已经奄奄一息。他握着儿子的手说：“为父禁烟，壮志未酬，番鬼仍在我神州大地横行，为父死不瞑目……”说完指着前方大喊了三声“星斗南”，便猝然倒地而亡！“星斗南”是福建方言，与广州的街名“新豆栏”发音相同。新豆栏是贩卖鸦片的洋人（番鬼）聚居的地方。林则徐在临死前已发觉自己是被人所害，但为时已晚。而当时人们也没有猜出“星斗南”是何含意，错过了破案机会。

林则徐死后，广东一带就传说是厨子郑发在粥中放入了巴豆。巴豆能使人大泄。有人亲眼看见在广州一家酒店，十三洋行总头目伍绍荣手下的一名亲信与郑发窃窃私语，桌上有一堆元宝……

也有人认为，林则徐当时已66岁高龄，身体虚弱，平时又患有痔疮和心肺旧疾，加上在寒冷的冬天，日夜颠簸，因此病情加重，虽经医生诊治，结果无法挽救而死。

有关林则徐暴死的原因，还有其他说法，这也成为100多年来的一个未解之谜。

大渡河畔的一封密信

石达开是太平天国农民起义的杰出领袖，少年投身太平天国，英勇善战，足智多谋，功勋显著，被封为翼王。可惜，太平天国后期，内部混乱，石达开终于在1857年率20万兵马从天京出走，转战数年，却难觅一足之地。后来他毅然决定进军四川，最终丧命于大渡河畔。一代英豪，饮万古长恨。

石达开向四川进军，路过大渡河畔，遭到清军与地方土司紧紧围困。经过六月征战，却仍未能摆脱困境。无奈之下，石达开决定用自己的头颅换取数万将士的生命，自投清营，不幸牺牲。

《太平天国文书汇编》记载，石达开在无可奈何的情况下，命军师曹伟人给清军写了一封信。信的内容是：石达开愿意以自己的生命为代价，请清军放过几万将士。这封信被射入了驻守在大渡河对岸的清朝四川重庆镇总兵唐友耕的军营中。因此，人们一直认为此信是石达开写给唐友耕的。然而，近来史学界对这封信的收信人提出了新观点，众说纷纭。那么，这封信的收信人到底是谁？

最值得关注的说法有两种：一是，收信人是重庆镇总兵唐友耕，另一种说法是四川总督骆秉章。

收信人是唐友耕的说法来源于1908年唐鸿学所编《唐公年谱》。此书中就提到了石达开在大渡河畔所写的信。据《唐公年谱》记载，信的内容是："惟是阁下为清大臣，当得巨任，志果推诚纳众，心实以信服人，不蓄诈虞，能依清约，即冀飞缄先复，拜望台驾近临，以便调停，庶免贻误，否则阁下迟行有待，我军久驻无粮……"

持这种观点的人还有萧一山，他认为《唐公年谱》附录的石达开信函是可靠的，该信的确是石达开写给唐友耕的。萧一山还写成了《翼王石达开致清重庆镇总兵唐友耕真柬伪书跋》一书。《广东文物》按照萧一山的说法，著有《石达开致唐友耕书》一书。因此，此种说法一直广为流传。

简又文先生也认为收信人应该是唐友耕，他提出，据《太平天国全史》记载："致唐函更见之《唐公年谱》，尤为可信。"

但是，罗尔纲先生却认为《唐公年谱》所收录的信件的确出自石达开，但收信人并非唐友耕，而是骆秉章。因为唐鸿学是唐友耕之子，唐鸿学著《唐公年谱》，并收录了石达开的信，可能是为了给父亲脸上贴金，故意把收件人改为了唐友耕。

那么，收信人是骆秉章的说法从何而来呢？主要来源于四川《农报》的一篇标题为《致四川总督骆秉章书》的文章，该篇文章表明收信人应是骆秉章，而不是唐友耕。因为四川农民高某在紫打地偶然发现了石达开的函稿三通，稿中内容说明石达开是要写信给骆秉章的。罗尔纲先生认为此稿为真实信函，是没有经过唐鸿学篡改的。

人们之所以赞成这种说法，另外一个依据主要是根据书信的内容来分析。《太平天国文书汇编》记载："惟是阁下为清大臣，肩蜀巨任，志果推诚纳众，心实以信服人，不蓄诈虞，能依清约，即冀飞缄先复，并望贲驾遥临，以便调停，庶免贻误，否则阁下迟行有待，我军久驻无粮……”

此处的说法与《唐公年谱》大致相同，但还是有区别。首先，把“肩蜀巨任”改成了“当得巨任”，其次把“并望贲驾遥临”改成了“拜望台驾近临”。罗尔纲先生认为，这是唐鸿学为了使人相信此信是石达开写给唐友耕而故意篡改的。因为从唐友耕和骆秉章的职位来看，唐友耕是重庆镇总兵，而骆骆秉章是四川总督。能担当“肩蜀巨任”的人只有可能是骆秉章。从当时两人所处的地理位置来看，当时唐友耕与石达开隔河相望，而骆秉章却在四川，适合“贲驾遥临”的也只有骆秉章。此外，唐友耕是降清太平军，而且作为重庆镇总兵，也无生杀释放大权，石达开又怎么可能会写信乞求唐友耕放自已的将士生路呢？显然，此封信的收信者最有可能的就是骆秉章。

然而，直到现在，石达开到底写信给了谁仍没有定论。

被小偷改变一生的曾国藩

梁启超道：“岂惟近代，盖有史以来不一二睹之大人也已；岂惟我国，抑全世界不一二睹之大人也已。”这个人就是被称为“晚晴中兴名臣之首”，又被称为中国近代史上最后的理学大师与一代大儒的曾国藩。曾国藩是中国近代史上的最著名人士之一，有个对联高度概括他的一生：立德立功立言三不朽，为师为将为相一完人。如此高的评价，曾国藩受之无愧。

他克已唯严，崇尚气节，标榜道德，身体力行，获得上下一致的拥戴，此乃立德，为世人做精神楷模；他组建湘军，打败太平天国，保住了大清江山，他学习西方文化，拉开洋务运动序幕，使晚清出现了“同治中兴”，此乃立功建业；他的学问文章兼收并蓄，博大精深，并革新新桐城派的文章学理论，著有《曾国藩家训》《冰鉴》《挺经》等传世名著，此乃立言，为后人留下学说。综上所述，曾国藩实现了儒家修身、齐家、治国、平天下之人生使命。

在官场，曾国藩被奉为“官场楷模”。他升官最快，是清朝唯一一个37岁就官至二品的人物；他政绩突出，为官清廉，深受朝臣及百姓赞扬；他深谙官场规则，历尽宦海风波而荣宠不衰，稳稳地做好重要官职。于中国官场，他既可呼风唤雨，又能明哲保身，是最高明的官员。

曾国藩之所以这么成功，也要归功于他卓越的识人用人功力。他擅长结识、网罗、培育、推荐和使用人才，几乎将全国的人才都招来自己的幕府，并秉持“立人达人”的理念屡屡上书举荐部下，使得人尽其才。于是他深受幕僚尊敬和爱戴，而众心归附的他也发掘出了很多近代史上的著名人物，例如，李鸿章、左宗棠、郭嵩焘、彭玉麟、李瀚章等政治军事人才，又如俞樾、李善兰、华蘅芳、徐寿等一流的学者和科学家。

学富五车、胸怀开阔的曾国藩还培养出了一批国际化近代教育人才，他派学生赴美留学，为国家培养了大批栋梁之材，这其中就包括中国“铁路之父”詹天佑、民国第一任总理唐绍仪、清华大学第一任校长唐国安等。

曾国藩不仅对国家的政治、军事、科教事业有卓越贡献，在家教事业也大有建树。他的《曾国藩家训》被称为“千古家训之首”，他也被钱穆先生称为“算得上是一个标准的教育家”。

其实，曾国藩小时候的天赋并不高，甚至可以称为愚笨，他也曾不止一次地表示自己天资驽钝，那这个笨小孩是怎么变成这个大人物的呢？一个梁上君子激发了这个笨小孩的能量。

道光五年（1825年）的一个数九寒天的晚上，在湖南湘乡（今湖南双峰县）一户书香世家的书房里，一个男孩儿正在刻苦地用功读书。由于天气寒冷，大家都早早地躲进被窝里取暖了，小偷趁着这个夜深人静的时候出行。他早早地趴到这户人家的屋梁上，观察下面的动静，等待着所有人都熄灯睡觉。可是，屋里的这个小孩一直在背书。小偷心想，这个小孩不过是在背一篇不是很长的古文，应该用不了太长时间就可以搞定了，于是他就趴在那听着他背书，等着他结束。不料，这个孩子重复朗读很多遍了，还是没有背下来。他还特别执拗，背诵不下来就不肯去睡觉，于是一遍遍地读，一遍遍磕磕巴巴地背。小偷等啊等，心急万分，这么简单的文章背那么久还不会，真是可以气死教书先生了。

这个贼虽然恼怒，但也不敢贸然下来，于是，他就趴在梁上继续等着，竟然睡着了。他醒了又睡，睡了再醒，眼瞅着天都快亮了，这孩子还没背顺溜！终于，小偷实在忍不住了，他“蹭”的一下从房梁上蹦下来了，大声对曾国藩说：“这种水平读什么书？瞧你笨得那样，我听你背都听会了。”说完，他张口背诵出了曾国藩一晚上没背下来的古文，这让曾国藩目瞪口呆，羞愧难当。然后，小偷轻蔑地看了曾国藩一眼，一脸激愤地扬长而去。

这件事对曾国藩触动很深，他深知自己天资愚笨，于是知耻而后勇，刻苦治学，奋发图强，自省修身，通过后天的不懈努力，最终成为史上著名全才。他说过，最大的教育是自我教育，曾国藩的一生，就是不停地自我教育，攀登一个又一个高峰。

出人意料的秘史档案

科举弃儿成为商海宠儿

北京城最著名的豆腐乳，非王致和豆腐乳莫属。倘若，当年王致和科举考中，那也许就不会有王致和豆腐乳问世，并延续至今了。

康熙八年（1669年），王致和又一次进京考试，这已经是第四次了，同样，他又一次失败了。王致和来自安徽仙源县，大老远地赶到京城，那么多年的寒窗苦读又一次功亏一篑，他心生悲凉，滞留在京城，不知所措。

王致和家境贫穷，通过知识改变命运是他唯一的出路，如今他又一次失望了，不仅浪费了这么多年的心血，也浪费了家人为其辛苦凑集的赶考盘缠，他心生愧疚，无颜回家面对父老乡亲。于是，他决定不回家了，便捎信回家说自己在北京找到一份差事，准备半工半学，等着明年继续考试，且一定要中榜，以光宗耀祖。

于是，王致和就在北京待了下来。但是没有钱，他怎样养活自己呢？王致和想了想，自己除了学习也没有其他一技之长。突然他想起自己小时候曾在老家帮人做过豆腐。于是，他就准备“重操旧业”，跑到在北京的安徽会馆附近租房制作豆腐，豆腐坊只有他一个人，买原料、制作、贩卖，都是他一人负责。做好豆腐后他就沿街叫卖，晚上收摊后，他就抓紧时间挑灯夜读，准备下次再考。

豆腐的生意能够支撑王致和的生活和学习。一转眼到了夏季，天气炎热，豆腐坏得很快，当天没有卖出去的，很容易就发霉变质。这一天，王致和的豆腐做多了，剩下了不少。他就想着扔了还不如尝试着把它腌了，至少还可以当个咸菜下馒头。于是他按着自己的想法，将豆腐切成小块，稍加晾晒，配上盐、花椒等佐料，腌在坛里。

夏天的豆腐生意实在不好做，王致和不得已停业了，靠着之前的积蓄生活，一心攻读。等到秋风拂晓、天气凉爽的时候，他才开始重操旧业。这个时候他才突然想起那些腌在坛里的豆腐。王致和刚打开豆腐罐子，顿时，一股臭味扑鼻而来，他仔细一看，豆腐都已经变成青绿色的了。王致和还是觉得扔了怪可惜的，于是心怀侥幸地弄下一块用舌头舔了舔，这豆腐味道很特别，开始觉得有点咸，有点黏，有点臭，慢慢地就觉得臭里透着浓郁的鲜香。于是，他又弄下一小块尝尝，味道真不错。

王致和非常惊喜，赶紧叫了一些同乡来品尝坛子里的豆腐，大家吃了以后，都觉得十分美味，赞不绝口。这下，王致和忽然有了一个念头，以后就可以卖这个独家秘制的腌制豆腐了。从此，他醉心于制作贩卖臭豆腐，渐渐对八股文和科举考试失去了兴趣，既然自己在科举领域不顺，不妨换个方向扬名立万。

果真，他创造的“臭豆腐”，闻着臭，吃着香，别具风味，开胃下饭，很快吸引了越来越多的顾客，而且它物美价廉，深受人们的喜爱，于是，此豆腐的销路越来越广，王致和赚得越来越多。几年后，王致和在繁华地段开起了“王致和南酱园”，自产自销，以经营臭豆腐为主，兼营酱豆腐、豆腐干及各种酱菜。不久，臭豆腐走出了北京城，被贩卖到东北、西北、华北各地。王致和臭豆腐渐渐成为全国著名食物。

不过，王致和坚持改进生产技艺，不断制作出质量更好的臭豆腐。后来，这著名的优质豆腐还传入了宫廷，连慈禧太后也喜欢吃，还给它取名为“青方”。“青方”被定为“御膳小菜”。

《聊斋志异》手稿的下落

蒲松龄花费20多年的时间与精力著成《聊斋志异》。《聊斋志异》传到现在，公开印刷发行的版本非常多，其中以《聊斋志异》手稿的影印版最为珍贵。《聊斋志异》的手稿经历了各种坎坷，目前只剩下了半本。

蒲松龄的好友、大文人王士祯曾经愿意出500两黄金购买《聊斋志异》的手稿，却被蒲松龄坚定回绝了，并且规定自己的后人，手稿要传给历代的长子，不得外传，可见蒲松龄有多么爱惜自己的手稿。

蒲松龄是山东淄博人，且后代也一直居住在那里，直到清同治时期，事情发生了转变。大旱降临了山东地区，很多百姓为了活下去，开始举家迁往东北，这就是声势浩大的“闯关东”。当时，蒲松龄的后代已经传到了七世，后人叫做蒲价人，他们同自己的乡民一样，全家都来到沈阳谋求生计。由于蒲价人略懂占卜之术，于是他在沈阳街头摆了个算命滩。蒲价人死之前，依照蒲松龄定下的规矩，将《聊斋志异》的手稿交给了自己的大儿子蒲英灏。

光绪二十年（1894年），蒲英灏是依克唐阿将军的一名小小的统领。依克唐阿将军知道蒲英灏是蒲松龄的后人，他很想读一下《聊斋志异》的手稿，于是开口向蒲英灏借。

蒲英灏陷入左右为难之中，如果贸然借给依克唐阿将军，要承担手稿收不回来的风险。因此蒲英灏想到一个方法，先借依克唐阿半本手稿，等到依克唐阿阅读完并如约归还，再将手稿的下半部借出。

依克唐阿读完前半本手稿后将其归还，拿到了下半本手稿。光绪二十五年（1899 年），依克唐阿将军在北京因病逝去，后八国联军攻占了北京，将京城中很多珍玩都抢掠过来，《聊斋志异》的半本手稿有可能在此时落到了八国联军的手中，但是具体行踪不得而知。

蒲英灏后来全家都迁到了辽宁省铁岭市的西丰县，蒲英灏到了晚年之际，开始思考该把这半本手稿给谁。本来他要依照祖上的规定，将手稿传给大儿子，但是发生了一件事，改变了蒲英灏的想法。

蒲英灏的四个儿子都清楚《聊斋志异》手稿的重要性，其中一个儿子起了贪念，将手稿从家中偷了出来，交与商务印书局，得了一笔钱。蒲英灏获悉这件事后，大发雷霆，他不能让手稿流落在外。

蒲英灏多番与商务印书局交涉，希望要回手稿。商务印书局最后没有办法，收了蒲家的一些赔偿费，交还了手稿。由于蒲英灏的小儿子蒲文珊对书画很热爱，品行也不错，蒲英灏经过再三考虑，决定把《聊斋志异》的手稿传给小儿子。

小儿子蒲文珊后来成为西丰县图书馆的馆长。奉天（今沈阳）的图书馆馆长是一个叫袁金铠的人，他认识蒲文珊，并知道他手中有珍贵的半卷手稿。袁金铠不仅想印刷手稿，还想得到手稿。印刷的要求蒲文珊答应了，可是他万万不会将手稿卖给旁人。后来，蒲文珊不再担任图书馆馆长一职，转而到西丰医院工作。袁金铠很多次要买手稿，都被蒲文珊拒绝了，甚至后来蒲文珊不幸入狱，袁金铠的儿子想用保蒲文珊出狱这件事来交换手稿，蒲文珊都没有答应。

蒲文珊早已将珍贵的手稿藏了起来，半本手稿因此可以保存周全。1948 年，西丰县实行土地改革，手稿因此重见天日。

唯一记录皇帝与草民辩论的奇书

从古至今，皇帝都不会允许批评自己的文章，或是不利于自己的故事，公然在街市中流传。春秋时期的齐国大夫崔杼弑杀了自己的君主齐庄王，崔杼要求太史伯不能如实地在史书上写下这件事，要改写齐庄公的死因是疟疾。这一要求遭到太史伯的断然拒绝，太史伯遵照历史的原貌，写道："夏五月乙亥，崔杼弑其君。"

崔杼于是将太史伯残忍杀害。后来，太史伯的三个弟弟接连成为太史，和哥哥一样，在史书上写下："夏五月乙亥，崔杼弑其君。"前两个弟弟都被杀害，直到最后一个，崔杼感觉实在扭转不了事实了，只得作罢。

但是，清朝的一个皇帝却违反了千百年来这条不成文的规定，那便是雍正。雍正曾为教化百姓，肃清"反清复明"思想，公开印刷了一本名叫《大义觉迷录》的书。《大义觉迷录》中详细记录了一件有关"反清复明"案子的全过程，其中便包括皇帝与囚犯之间讨论的事情，讨论双方的地位之悬殊，书中泄露不利于雍正和皇宫的事件之多，都创下了历史上的一个奇迹。

曾静是湖南的一名书生，他参加了很多次的科举考试，却都没有考中，因此曾静放弃了当官的念头，在自己的家乡做了一名教书匠。由于曾静有一点反清的思想，平日里在教学生读书时，也会传播一些反清的言辞。一次偶然间，曾静拜读了清朝初期著名思想家吕留良写的文章，顿时对吕留良产生了崇高的敬仰之情。于是曾静让自己的学生张熙，代自己拜会吕留良。可是吕留良已经死去 40 多年了，吕留良的儿子吕毅中为了感谢长途跋涉拜会父亲的人，取出吕留良曾经写过的一些文章，交给了张熙。

仔细阅读吕留良文章的曾静，心中反清复明的想法更加牢固了。他接连撰写了几篇言辞激烈的文章，抨击当朝皇帝雍正，还列举了雍正的种种罪状，要大家团结一致，共同反清复明。

当时的川陕总督岳钟琪战功赫赫，雍正对他委以重任，遭到了其他一些朝中官员的嫉妒，于是这些人暗地里向雍正中伤岳钟琪，说他对朝廷不忠心。恰巧在雍正五年（1727 年），成都的街市里突然出现一个疯汉，大喊岳钟琪要领兵造反，一时间风言四起。虽然造谣者疯癫，岳钟琪还是害怕得向雍正请辞，但是雍正丝毫没有怪罪岳钟琪，反而大加鼓励，让岳钟琪继续留在自己身边效力。

但是曾静偶然间听说雍正有两次拒绝见岳钟琪，所以认为二人之间已经有矛盾产生，于是写下一封煽动岳钟琪拥兵造反的书信，派学生张熙送到岳钟琪的手中。因为之前雍正对自己的不计较，岳钟琪一直想找个机会回报，如今看到张熙送谋反的书信来，于是秘密地将这封信呈到了雍正面前。

雍正很快下旨让岳钟琪查办这件案子，但是不能严刑逼供，要想出些谋略，让其主动说出。岳钟琪揣摩了一下雍正的意思，于是假意告诉张熙自己也有造反的打算，张熙轻信了他的话，将曾静秘密谋划的一些反清复明事情都告诉了岳钟琪。岳钟琪将得到的一切情况都如实报告了雍正。

雍正抓捕了曾静，面对之前张熙已经说出的种种细节，曾静也无力狡辩，所以将自己所做的事情和盘托出，包括与吕留良的儿子还有学生暗中联络的事情。随后，雍正命令刑部侍郎和副都统一起再次详细审问曾静。当雍正了解到曾静是受到了吕留良文章的蛊惑时，他对这个之前便对自己和朝廷持蔑视态度的吕留良愤恨更深。

雍正下旨焚烧吕留良之前所著的全部文章，并处死很多吕家的后人。而对于曾静与张熙，雍正认为他们是被蛊惑的人，所以网开一面，劝导曾静放弃反清复明的思想。曾静表示自己已经悔过，并写下赞美朝廷的《归仁说》。后来曾静便成为雍正宣扬朝廷的工具，不仅如此，雍正还将之前吕留良、曾静等人反清复明的言论，和这件案子的始末等重要内容集结成《大义觉迷录》，并大肆发行。

可是雍正的儿子乾隆却将《大义觉迷录》列为禁书，严禁传阅，究其原因还是书中陈列了太多对清朝不利的事情和思想，最重要的是还有雍正与曾静之间的关于朝廷是否合法的讨论。但是，《大义觉迷录》无疑是为我们后世人披露众多真实历史资料的一本书，很有研究价值。

为狗肉上当的郑板桥

“乌纱掷去不为官，囊橐萧萧两袖寒。”这两句诗据说是郑板桥被罢官，为前来送行的潍县百姓赠画留念时所题。那时的郑板桥做县令长达 12 年之久，一向清廉。临行前，他只雇了三头毛驴，一头自己骑，一头让人骑着前边领路，一头驮行李。前来送行的百姓见了都很感动，依依不舍。郑板桥因此作画留念。从此，郑板桥回乡以画竹为生度过了他贫寒而很有气节的一生。

对于这位奇人异士，民间流传着许多传说，其中“郑板桥上当”的故事颇有意思。

清代的郑板桥才华横溢，以三绝“诗书画”闻名于世，是当时著名的“扬州八怪”之主要代表。在当时就有许多的文人雅士以得到他的字画为荣，一些权贵与富商更是不惜千金以希望求得他字画。但是郑板桥一生清高孤傲、蔑视权贵，向来不为他们作画，正因为如此，郑板桥的字画更显得弥足珍贵。

不过，郑板桥有一个癖好，就是特别爱吃狗肉，只要有人送他狗肉，他都一律收下，从不拒绝。而且，狗肉下肚后他便会挥毫泼墨，画一幅画给那送肉的人。

当时扬州有一个富盐商，很喜爱郑板桥的画，虽辗转购得几幅，却没有上款，所以总觉得不很光彩。于是，他总想得到一幅郑板桥提款的画。

一天，郑板桥出门散步，走了好远，忽然听见前面传来琴声，便寻声而去。在一片竹林之中，有一个大的院落，他便推门进去了。他看见一个白发老者在弹琴，更有狗肉的香味扑鼻而来。他大喜过望，便上前打招呼："您也爱吃狗肉吗?"老者听出他喜欢吃狗肉，便说："百味中只有狗肉最佳，你既然也喜欢，请尝一块。"

两人没通姓名，就进屋吃起狗肉来。郑板桥见屋里四壁皆白，连一幅画也没有，便问："为什么不挂幅字画?"老者说："不是不想挂，是因为没有好的。听说这里有一位郑板桥，很有名气，可惜老夫未能见过他的书画，不知是否真好?"

郑板桥笑着说："我就是郑板桥，为您作画如何?"老者高兴地说："太好了!"说着拿出纸张笔墨。

郑板桥挥毫而就。老者说："贱字'昌荣'，可为落款。"他一听，是那个盐商的字，便问："这不是那个盐商的字吗，您为何叫这个字?"老者答道："老夫取这个字的时候，那个盐商还没出世呢！同字又何妨？清者自清，浊者自浊，各走各的路。"郑板桥于是不再追问，落款而去。

第二天，那个盐商大宴宾客，郑板桥也在被请之列。他见四壁所挂书画正是昨天为老者所作，才知那老者是盐商所派。心下大呼上当，却悔之晚矣。

原来盐商苦于无计得到郑板桥亲笔题写的字画，于是想到了让人摸清了郑板桥的饮食起居、兴趣爱好，以及出门散步之地，并重金聘请了一位老秀才，耐心地等待郑板桥上钩，终于是"苦心人"天不负，没想到郑板桥还真的上当了。

唯一被载入正史的千古乞丐

鲁迅先生说过：“中国自古以来就不缺埋头苦干、拼命硬干、为民请命和舍身求法的人。”在这些人中，有一个名叫武训的人，虽然是当时中国社会最底层的一个普普通通的乞丐，却靠着乞讨，历时三十年，积累办学资金达万贯，购置学田三百多亩，修建起了三处义学。武训的事迹后来被编入《清史稿》中，成为中国历史上以乞丐身份载入正史的第一人。

武训是山东省堂邑县（今冠县柳林镇）武庄人，与很多出身贫苦的人一样，武训没有名字，“训”是清政府为嘉奖他的事迹而赐的名。

武训自小家境贫苦，七岁时就死了父亲，自幼随母亲以乞讨为生。武训渴望读书，每次路过学堂都驻足良久。他曾请求私塾先生准许他入学念书，私塾先生嫌他没钱，辱骂了武训一顿，并将他赶出门。

后来，武训外出做工，多次吃了不识字的亏。有一次，武训在李举人家当长工。武训的家人托人捎来一封信和一些钱，李举人欺负武训不识字，把信给他，没有给他钱。武训在李举人家里做工三年，讨要工钱时，李举人拿出了一个假字据，硬说武训已经把工钱领走。悲愤交加的武训讨要说法，反被李举人诬为有意讹诈，最后，武训被李举人的家丁拳打脚踢轰至门外。

这一系列的遭遇让武训深深体会到：自己之所以受尽欺辱，就是因为不识字。周围像他这样的穷人还有很多，如果不念书，遭受欺负的人会更多。于是武训萌发了办学堂的念头，让人们都能读书识字，不再受人欺负。

武训想到用乞讨的办法来筹备办学所需的花费。

咸丰九年（1859 年），21 岁的武训开始了乞讨办学的生涯，他手持破碗，衣衫褴褛，边走边唱，乞讨的足迹遍及大半个国家。武训一边行乞，一边唱着自己编的歌谣，歌谣的内容全都与办学有关，如：

干活受人欺，不如讨饭随自己，

别看我讨饭，早晚修个义学院。

为了尽快积累资金，武训还到处出卖自己的劳力，苦活累活抢着干。为了引起人们的注意，武训有时还到各处的庙会集市上耍把戏，拿大顶，以取赏钱。另外，乞讨之余，他还当邮差、捡破烂，搓麻线、纺线等。虽然过着牛马式的生活，武训不以为苦，还快乐地唱道：

出粪，锄草，拉砘子来找，管黑不管了，不论钱多少。

给我钱，我砘田，修个义学不费难。

又当骡子又当牛，修个义学不犯愁。

经过多年的辛劳，武训终于积少成多，存了一笔数目可观的钱。光绪十二年（1886 年），49 岁的武训已购买学田 200 余亩，资金也攒了近 4000 吊，武训决定创建义学。光绪十三年（1887 年），两位开明地主仰慕武训的人品，免费送给武训一部分土地，供武训办义学之用。学堂开始动工后，武训亲自购买砖瓦木料，每天早起晚睡，在工地上做饭打水，和工人们在一起共同劳动。

光绪十四年（1888 年），武训花钱 4000 吊所建的第一所义学在堂邑县柳林镇东门外建成，取名“崇贤义塾”。“崇贤义塾”建成后，武训亲自跪请有学问的人任教，跪求贫寒人家送子上学。当年招生 50 余名，分蒙班和经班，不取分文。武训还十分关心义学里学生的读书情况。师生们感动于武训的真挚诚恳，学风甚好。

时任山东巡抚张曜听说武训的义行，下令免征武训义学的钱粮和徭役，还捐银二百两，同时奏请光绪帝颁以“乐善好施”匾额。朝廷授给武训“义学正”的名号，赏赐黄马褂。

光绪十六年（1890 年），武训又在今属山东临清市的杨二庄兴办了第二所义学。光绪二十二年（1896 年），武训花了 3000 吊钱于临清御史巷办起第三所义学，取名“御史巷义塾”。此外，武训还搜集购买了大量有益图书，建起了读书会，专供没有钱买书的人自由借阅。

武训一心一意兴办义学，一辈子孤身一人，没有娶妻生子。有人劝他娶妻，他回答说：“不娶妻，不生子，修个义学才无私。”

“御史巷义塾”建成不久，武训就积劳成疾身染重病，光绪二十二年（1896 年）4 月，武训离世，终年 58 岁。根据武训遗愿，人们将武训葬于柳林崇贤义塾旁。下葬时，前来送葬的人过万名，师生们哭声震天。

武训办义学对中国近代文化和教育事业有很大贡献，在国外也有很大声誉。武训被收入《世界教育辞典》中，因为他没有文化，所以称他为“无声教育家”“平民教育家”。